教育部　财政部中等职业学校教师素质提高计划成果

会计专业师资培训包开发项目(LBZD057)

会计专业教学法

Kuaiji Zhuanye Jiaoxuefa

教育部　财政部　组编

刘继伟　主编

王　觉　执行主编

中国财政经济出版社

图书在版编目（CIP）数据

会计专业教学法/王党执行主编．—北京：中国财政经济出版社，2011.9
教育部、财政部中等职业学校教师素质提高计划成果．会计专业师资培训包开发项目（LBZD057）
ISBN 978－7－5095－3052－8

Ⅰ．①会…　Ⅱ．①王…　Ⅲ．①会计学—教学法—中等专业学校—师资培训—教材
Ⅳ．①F230－42

中国版本图书馆CIP数据核字（2011）第164462号

责任编辑：陈　冰　　责任校对：王　英
封面设计：陈　瑶　　版式设计：董生萍

内容提要

本书是教育部和财政部"中等职业学校教师素质提高计划"中"会计专业师资培训包开发项目（LBZD057）"的成果之一。本书分为两个部分：第一部分是会计专业教学特点分析，主要介绍了会计专业的学生特点、会计专业的教学内容和教材分析以及会计专业的现状和前景等；第二部分是会计专业教学方法应用，主要包括头脑风暴法、卡片展示法、思维导图法、角色扮演法、案例教学法、任务驱动教学法等12种教学法。

本书可用于中等职业学校会计专业教师上岗层级、提高层级和骨干层级的培训指导用书，也可以作为各级会计专业教师培训的指导与参考用书。

中国财政经济出版社出版
URL：http：//www.cfeph.cn
E－mail：cfeph@cfeph.cn

社址：北京市海淀区阜成路甲28号　邮政编码：100142
营销中心电话：88190406　北京财经书店电话：64033436　84041336
北京中兴印刷有限公司印刷　各地新华书店经销
787×1092毫米　16开　13.25印张　306 000字
2011年12月第1版　2011年12月北京第1次印刷
定价：30.00元
ISBN 978－7－5095－3052－8/F·2589
（图书出现印装问题，本社负责调换）
质量投诉电话：88190744

教育部　财政部中等职业学校教师素质提高计划成果
系列丛书

编写委员会

专家指导委员会

教育部　财政部中等职业学校教师素质提高计划成果
系列丛书

会计专业师资培训包开发项目
(LBZD057)

项目牵头单位　东北财经大学
项目负责人　刘继伟

出版说明

根据2005年全国职业教育工作会议精神和《国务院关于大力发展职业教育的决定》（国发［2005］35号），教育部、财政部2006年12月印发了《关于实施中等职业学校教师素质提高计划的意见》（教职成［2006］13号），决定"十一五"期间中央财政投入5亿元用于实施中等职业学校师资队伍建设相关项目。其中，安排4 000万元，支持39个培训工作基础好、相关学科优势明显的全国重点建设职教师资培养培训基地牵头，联合有关高等学校、职业学校、行业企业，共同开发中等职业学校重点专业师资培训方案、课程和教材（以下简称"培训包项目"）。

经过四年多的努力，培训包项目取得了丰富成果。一是开发了中等职业学校70个专业的教师培训包，内容包括专业教师的教学能力标准、培训方案、专业核心课程教材、专业教学法教材和培训质量评价指标体系5方面成果。二是开发了中等职业学校校长资格培训、提高培训和高级研修3个校长培训包，内容包括校长岗位职责和能力标准、培训方案、培训教材、培训质量评价指标体系4方面成果。三是取得了7项职教师资公共基础研究成果，内容包括中等职业学校德育课教师、职业指导和心理健康教育教师培训方案、培训教材，教师培训项目体系、教师资格制度、教师培训教育类公共课程、职业教育教学法和现代教育技术、教师培训网站建设等课程教材、政策研究、制度设计和信息平台等。上述成果，共整理汇编出300多本正式出版物。

培训包项目的实施具有如下特点：一是系统设计框架。项目成果涵盖了从标准、方案到教材、评价的一整套内容，成果之间紧密衔接。同时，针对职教师资队伍建设的基础性问题，设计了专门的公共基础研究课题。二是坚持调研先行。项目承担单位进行了3 000多次调研，深度访谈2 000多次，发放问卷200多万份，调研范围覆盖了70多个行业和全国所有省（区、市），收集了大量翔实的一手数据和材料，为提高成果的科学性奠定了坚实基础。三是多方广泛参与。在39个项目牵头单位组织下，另有110多所国内外高等学校和科研机构、260多个行业企业、36个政府管理部门、277所职业院校参加了开发工作，参与研发人员2 100多人，形成了政府、学校、行业、企业和科研机构共同参与的研发模式。四是突出职教特色。项目成果打破学科体系，根据职业学校教学特点，结合产业发展实际，将行动导向、工作过程系统化、任务驱动等理念应用到项目开发中，体现了职教师资培训内容和方式方法的特殊性。五是研究实践并进。几年来，项目承担单位在职业学校进行了1 000多次成果试验。阶段性成果形成后，在中等职业学校专业骨干教师国家级培训、省级培训、企业实践等活动中先行试用，不断总结经验、修改完善，提高了项目成果的针对性、应用性。六是严格过程管理。两部成立了专家指导委员会和项目管理办公室，在项目实施过程中先后组织研讨、培训和推进会近30次，来自职业教育办学、研究和管理一线的数十位领导、专家和实践工作者对成果进行了严格把关，确保了项目开发的正确方向。

作为“十一五”期间教育部、财政部实施的中等职业学校教师素质提高计划的重要内容，培训包项目的实施及所取得的成果，对于进一步完善职业教育师资培养培训体系，推动职教师资培训工作的科学化、规范化具有基础性和开创性意义。这一系列成果，既是职教师资培养培训机构开展教师培训活动的专门教材，也是职业学校教师在职自学的重要读物，同时也将为各级职业教育管理部门加强和改进职教教师管理和培训工作提供有益借鉴。希望各级教育行政部门、职教师资培训机构和职业学校要充分利用好这些成果。

为了高质量完成项目开发任务，全体项目承担单位和项目开发人员付出了巨大努力，中等职业学校教师素质提高计划专家指导委员会、项目管理办公室及相关方面的专家和同志投入了大量心血，承担出版任务的11家出版社开展了富有成效的工作。在此，我们一并表示衷心的感谢！

编写委员会

2011年10月

前言

由于历史的原因，我国中职教师队伍存在着教育教学理论修养不高、行业和企业经验缺少，以及职业技能操作指导水平不能很好满足职业教育需要等状况。为大面积提升中职教师职业素质，从2001年开始，国家陆续在全国各地有条件的单位成立了国家级中职师资重点培训基地，进行了大量的师资培训，取得了较好的成绩。2005年11月9日，新华社授权发布《国务院关于大力发展职业教育的决定》，强调“各级政府要把发展职业教育作为关系全局的大事来抓。要把发展职业教育纳入国民经济和社会发展‘十一五’规划，统筹安排，加大扶持力度。国务院已决定，‘十一五’期间中央财政对职业教育投入100亿元，重点用于支持实训基地建设，充实教学设备……”因此，进一步促进全国中职教师师资培训工作规范化、科学化，提升职教师资基地的培养培训能力，完善职教师资培养培训体系，形成一系列具有应用价值和示范作用的中等职业学校教师培训包，对于扶持中等职业教育发展，解决中职教育中存在的师资水平较低的现状，进一步将巨大的人口压力转化为人力资源优势，使我国经济建设切实转到依靠科技进步和提高劳动者素质的轨道上来，有着重大的意义。这项工作的具体思路是：

1. 以专业教师的能力标准确保中等职业学校的教师具有较高的职业道德水准，掌握本专业的基本理论和教学能力，掌握实践、实训的指导能力，使教师具备“双师素质”素质。

2. 通过制定与实施新上岗教师、提高教师和骨干教师三种培训方案，为中等职业学校培养一支层次搭配合理、科学有效的职教师资队伍。

3. 通过编写一整套专业核心培训教材，以改变现有中职教师培训教材短缺，质量不高和不成体系的问题。

4. 在系统搜集、调研和总结教学实践的基础上，整合出中职会计专业科学、有效的教学方法，形成在全国范围内有指导和示范价值的优秀教学法教材。

5. 在研究各种培训经验和科学研究的基础上，设计新进、提高和骨干教师的专业教师培训质量评价指标体系，为评价培训机构专业师资培训质量与中职学校聘用、选拔和考核专业教师提供一个系统的质量评价指标体系。

鉴于上述设想，2007年11月，我们接受教育部和财政部的委托，开始进行“中等职业学校重点专业师资培养培训方案、课程和教材开发项目”——会计项目的开发。这个项目主要包括会计专业教师的能力标准，会计新上岗、提高和骨干教师的培训方案，会计专业核心教材，会计专业教学法教材和会计专业教师培训质量评价指标体系五个部分。《会计专业教学法》教材是其中一个重要的组成部分。

开发《会计专业教学法》教材，可以说是一项前无古人的工作。由于没有多少可资参考的经验和做法，我们处在一种边学习、边调查、边研究、边实践和边总结这样一种“摸着石头过河”的工作状态。三年来，我们在教育部职成教司的正确领导下，在专家指导小组的科学指导下，在项目组全体同仁的努力下，终于将这本《会计专业教学法》教材呈现在读者面前。

《会计专业教学法》教材开发以中职会计专业教师的职业能力标准为依据，以理论讲授和实践教学并重的培训方式，培养教师树立先进的职业教育理念，学会先进的教学方法，掌握现代教育技术，形成开展职业教育科学研究的能力。为此，我们根据“调研报告”中关于会计专业的国内师资总体状况、全国范围内会计专业的师资教学能力现状和全国范围内相关专业的师资培训需求以及专业教材需求热点等，结合《会计专业教师能力标准》对教师教学能力的基本要求，按照理论教学胜任能力，实践、实验实训指导能力，课程和专业建设规划能力的专业培训方案的具体内容，编写会计专业师资培训专业教学法教材。

本教材具有以下特点：第一，注意职业教育理论、方法与会计专业的特点相结合，将职业教育的理论、方法有机而不是生硬地融入会计专业教育中来。第二，根据专业项目和公共项目的分工，本教材在涉及职业教育的理论和方法时，一般只涉及它们在会计专业中的应用方法。第三，注意会计理论与会计的技术、方法和程序相结合，在适当地考虑会计理论的广度和深度时，着重考虑了会计技术、方法和程序教学法的应用指导。第四，本教材在厘定涉及的内容时，充分考虑了项目包关于教师层次的界定要求，在内容选择上充分考虑了对新进教师、提高教师和骨干教师的培训需求。第五，本教材涵盖了财务会计、管理会计和鉴证咨询三个会计职业领域，以保证不同专业课教师的不同需求。

本书在写作过程中得到了商贸管理类专家指导小组石卫平教授、邓泽民教授、杨铭铎教授、卜军教授、王奕俊副教授、师慧丽和郑建萍讲师以及职教专家辽宁师范大学张桂春教授、辽宁省教育厅董新伟研究员的悉心指导和热忱帮助。在三年多的时间中，专家们渊博的职业知识、循循善诱的职业素养、诲人不倦的职业精神，指导和激励着我们完成项目的每一项工作。可以说，项目的每一项进展，都凝聚着专家们的心血，在此，向你们致以诚挚的感谢。在我们这个领域中，最受尊敬的称呼就是老师，让我们项目小组真诚地称呼你们为老师。

本书由东北财经大学王觉教授主编，参编人员有：东北财经大学窦洪波副教授、杨洁教授、张艳英副教授、陈岩副教授、姜洁副教授；河南省商丘职业技术学院聂卫东副教授；江苏丰县职业技术教育中心管振行高级讲师；广西银行学校陆振萍高级讲师；河南省平顶山市财经学校 、平顶山市干部学校翟新芳高级讲师；广州市财经职业学校梁浩彤高级讲师；哈尔滨市第一职业高级中学中教一级教师祈海艳；河南省农业经济学校张瑞英讲师；河南水利学校王克美讲师；山东省鲁中职业学院刘霞讲师；山西省运城市财经学校刘淑云讲师；大连正安会计师事务所有限公司卢忠所长，辽宁时代进出口股份有限公司邓庆祝财务总监等。

由于本项目是一项前无古人的工作，没有现成的经验可资借鉴。本项目涉及职业教育学、会计学和教育技术方法等多门知识，加之我们学识有限，才力不逮，难免挂一漏万，恳请大家指正，我们将在以后修订时改进。

教材编写小组

2011 年 7 月

目　录

第一部分
会计专业教学特点分析

1. 会计专业现状和发展前景

1.1 会计专业技术应用领域

生产活动是人类赖以生存和发展的基础，也是人类最基本的实践活动，它决定着人类所进行的其他一切活动。生产活动，既能够创造出物质财富，取得一定的劳动成果，同时也必然会发生劳动耗费，其中包括人力、物力以及财力的耗费。如果劳动成果少于劳动耗费，则生产就会萎缩，社会就会倒退；如果劳动成果等于劳动耗费，则只能进行简单再生产，社会就会停滞不前；如果劳动成果多于劳动耗费，则可以进行扩大再生产，社会就能取得进步。生产发展、社会进步是一切社会形态中人们所追求的共同目标，因此，无论在何种社会形态中，人们都必然会关心劳动成果和劳动耗费，并对它们进行比较，以便科学、合理地管理生产活动，提高经济效益。

为了对生产活动的成果进行分配并按一定的规则消费，也为了便利生产活动的进行，人类逐步形成了生产、流通、分配、消费和服务等经济活动体系。无论是生产、流通还是分配、消费和服务等活动，为了使各类经济活动能重复和顺利进行，都有一个劳动所得与劳动所耗的管理问题。为了满足经济活动管理的需要，就要有一个为经济管理当局提供相关会计信息的问题。

无论是生产还是其他经济活动，都是基于所有权所对应的经济活动。在早期，经济活动的管理者本身也是物权所有者，会计为经济管理当局提供相关的会计信息就等于为物权所有者提供会计信息。工业革命以后，随着经济活动日益复杂和经济规模日益扩大，物权所有者由于缺乏专业管理知识，只能将经济活动交给具有专门管理知识的经理人去管理，出现了所有权和经营管理权的分离。在所有权和经营管理权分离之后，物权所有者为了保护自己的经济利益，就有了对经济管理当局的经济责任进行考核的需求。由于可以通过会计信息来评价经济管理当局的经济责任完成情况，从而会计也就有了评价经济管理当局经济责任完成情况的工作职能。

由于会计是从具体的经济活动记录中来汇集、分类、甄别和加工会计信息的，因此会计不能离开经济活动主体，也就是说，会计的雇佣、升迁和奖惩是由经济管理当局来决定的。这样，在会计是经济活动主体内部人员的情况下，要隶属于经济活动主体的会计人员去公允地评价经济活动主体管理者的经济责任完成情况就成为现实。同时，游离于经济活动主体之外的经济利益相关者，由于专业上和不相容职务应分离等原因，也有一个从经济活动主体以外的专业机构和人员处了解、咨询会计信息以达成某种经济决策的目的，也需要有能独立于经济活动主体之外的鉴证、咨询机构和人员，从独立第三者的地位，客观、公允地评价经济管理当局经济责任的完成情况，鉴证经济活动主体会计信息的可靠性和相关性，并为相关需求者提供财务和会计咨询等。

综上所述，可以看出，会计的专业领域主要涉及以下五个部分：一是以经济活动主体为依托，以会计准则为行动准绳，采用专门的会计确认、计量和呈报方法（包括相应的程序和技术）的会计核算领域；二是以经济活动主体为依托，以管理当局的需求为依据，为进行财务、成本的管理，控制提供会计信息的财务成本管理会计领域；三是以经济活动主体为依托，以内部控制为指针，采用专门的测试、验证和评价方法的内部控制和内部审计领域；四是以会计师事务所等中介机构为依托，以独立审计准则为行动准绳，采用专门的测试、验证和评价方法的鉴证领域；五是以财务公司等中介机构为依托，以客户委托为核心，采用专门的预测、决策方法为客户提供所需产品的财务咨询领域。

从理论上来说，会计专业的中职毕业生可以参与上述五个领域中每一个领域的基础工作，但鉴于我国现阶段的国情，重视高文凭、轻视低学历的现象比较严重，因此，会计专业的中职毕业生很难在会计师事务所、理财咨询公司等中介机构就业，也难在财务成本管理会计领域从业。目前，会计专业中职毕业生一般只能在中小企业或乡镇一级的单位从事具体的会计核算工作，而且，很多毕业生在超市、商店、酒店等地方的收银、存货仓储、采买岗位工作。随着就业形势的日益严峻，这种现象还会在相当长的时间内延续下去。这值得我们在专业设置、课程设置、教学内容规划等诸多方面进行深思，要以市场需求为依据、以就业为导向、以岗位技能和素质要求为指针，进行教育改革，培养出符合社会需求的人才。

1.2 会计专业的方法、程序、处理基础和产品

会计之所以存在，是由于其在经济活动管理中能发挥特定的作用，具有一定的职能。要说明会计专业的方法、程序、处理基础和产品，首先要了解会计的具体职能。会计的职能是指会计在经济管理中所具有的功能，具体来讲，就是会计是用来做什么的。

1.2.1 会计的职能

会计的职能与会计的目标密切相关。一般认为，会计有两个目标，即为会计信息的使用者提供与其决策相关的会计信息，以及评价受托责任者受托责任的完成情况。从会计的目标来看，会计的职能可以归纳为反映、核算和监督、预测、鉴证评价和咨询五个方面。

1）会计的反映职能

会计的反映职能是指会计能够按照公认会计准则的要求，通过一定的程序和方法，全

面、连续、系统、及时、准确地将一个会计主体所发生的会计事项用特定的会计语言①描述出来，以达到揭示会计事项的本质、为经营管理者提供经济信息的目的。会计的反映职能具有以下特征：

（1）会计是以货币为主要计量单位，从价值量方面反映各单位的经济活动情况。会计在对各单位经济活动进行反映时，主要是从金额数量而不是从其他方面反映企业的价值流动和结存情况。如企业对存货进行反映时，主要记录其入账价值、减值准备等价值量的增减变化及结余情况，而并不反映其质量水平、使用功能等。会计在反经济活动时主要以货币为计量单位，实物计量单位、其他指标及其文字说明等都处于附属地位。

（2）会计反映是一种对客观事实的说明，而客观事实是一种已有存在。也就是说，会计只反映过去已经发生的经济活动，对于未发生的经济业务，由于不能取得该项经济业务的书面凭证，该项经济业务不具有可验证性，不能据以记录账簿，不能保证会计所提供的信息真实可靠。因而虽然会计具有预测职能，其核算的范围可能扩大到未来的经济活动，但从编制会计报表、对外提供会计信息来看，仍然是面向过去的。

（3）会计反映具有连续、系统和全面的特点。这里的“连续”，是指会计要按经济业务发生的时间次序，不间断地顺序记录；这里的“系统”，是指要对会计对象按一定的方法进行分类，进而系统地加工、整理和汇总，以便提供信息需求者所需要的各类信息；这里的“全面”，有两个含义，一是指对每个会计主体所发生的全部经济业务都应该进行记录和反映，不能有任何遗漏，二是对某一项经济业务所涉及的所有方面都应该进行记录和反映，不能有任何遗漏。

会计的反映职能在客观上体现为通过会计的信息系统对会计信息进行汇集、归类、加工、储存和输出。这一过程又具体体现为记账、算账和报账三个阶段。记账就是把一个会计主体所发生的全部经济业务运用一定的程序和方法在账簿上予以记载；算账就是在记账的基础上，运用一定的程序和方法来计算该会计主体在生产经营过程中的资产、负债、所有者权益、收入、成本费用以及损益情况；报账就是在记账和算账的基础上，通过编制会计报表等方式，将该会计主体的财务状况和经营成果向会计信息使用者报出。

2）会计的监督职能与会计的控制系统

会计的监督职能是指会计按照一定的目的和要求，利用会计信息系统所提供的信息，对会计主体的经济活动进行控制，使之达到预期的目标。会计的监督职能就是监督经济主体的经济活动是否按照有关的法规和计划进行。会计监督职能具有如下显著的特征：

（1）会计监督具有强制性和严肃性。会计监督是依据国家的财经法规和财经纪律来进行的，会计法不仅赋予会计机构和会计人员实行监督的权利，而且规定了监督者的法律责任，如果放弃监督，听之任之，情节严重的，给予行政处分；给公共财产造成重大损失，构成犯罪的，依法追究刑事责任。因此，会计监督以国家的财经法规和财经纪律为准绳，具有强制性和严肃性。

（2）会计监督具有连续性。社会再生产过程不间断，会计反映就要不断地进行下去，在整个持续过程中，始终离不了会计监督。会计主体每发生一笔经济业务，都要通过会计进

① 会计语言主要是指现代世界范围内运用最广泛的商业记录语言——借贷记账法。

行反映，在反映的同时，就要审查它们是否符合法律、制度、规定和计划。会计反映具有连续性，会计监督也就具有连续性。

(3) 会计监督具有完整性。会计监督不仅体现在已经发生或已经完成的业务方面，还体现在业务发生过程中及尚未发生之前，包括事前监督、事中监督和事后监督。事前监督是指会计部门或会计人员在参与制定各种决策以及相关的各项计划或费用预算时，就要依据有关政策、法规、准则等的规定对各项经济活动的可行性、合理性、合法性和有效性等进行审查，它是对未来经济活动的指导。事中监督是指在日常会计工作中，随时审查所发生的经济业务，一旦发现问题，及时提出建议或改进意见，促使有关部门或人员采取措施予以改正。事后监督是指以事先制定的目标、标准和要求为依据，利用会计反映取得的资料，对已经完成的经济活动进行考核、分析和评价。会计事后监督可以为制订下期计划、预算提供资料，也可以预测今后经济活动发展趋势。

3) 会计的预测职能

根据过去可以预知未来，历史具有预测功能。会计通过对已发生的会计事项的确认和计量，生成具有预测价值的会计信息。通过专门的技术方法，可预测经济活动的未来发展趋势，供会计信息使用者作为决策参考。这就是会计的预测职能。

4) 会计的鉴证评价职能

由于会计信息是由从属于经济活动主体的会计机构中的会计人员提供的，这些信息的可靠性和公允性需要由独立的第三者来鉴证评价，一些会计专业人员从经济活动主体中分离出来，建立专门的鉴证评价机构（如会计师事务所、资产评估机构等），接受客户的委托，对会计信息的可靠性和公允性进行评价。这就是会计的鉴证评价职能。

5) 会计的咨询职能

由于会计信息的使用者大部分不具备会计专业知识，不能理解会计信息所表达的内容，从而在使用会计信息方面存在困难。为了满足这种咨询需求，一方面，经济活动主体的会计人员要为企业管理当局提供咨询服务和政策建议；另一方面，一部分会计从业人员从经济活动主体中分离出来，建立专门的咨询机构（如财务咨询公司等），接受客户的委托，为客户解释会计信息；或是按特定的要求，采用专门的技术方法，为客户提供可理解的和可靠的会计信息。这就是会计的咨询功能。

在了解了会计具备的功能之后，我们来讨论会计的专业方法。

1.2.2 会计的专业方法

会计的专业方法是从会计实践中总结出来的，并随着社会实践的发展、科学技术的进步以及管理要求的提高而不断地发展和完善。会计方法作用于会计对象，由于会计对象多种多样，错综复杂，从而决定了会计方法不是单一的方法，而是由一个方法体系所构成。会计要完成不同的功能，就要采用不同的专业方法。如上所述，会计有核算、监督、预测、鉴证评价和咨询几个方面的的功能，相应地，形成以下几个方面的专业方法体系：

1) 会计核算和监督的方法

会计核算方法，是指会计对企、事业、机关单位已经发生的经济活动进行连续、系统、全面和综合地反映和监督所采用的方法。由于会计对象的多样性和复杂性，决定了用来对其进行反映和监督的会计核算方法的复杂性。会计核算方法由一个相互关联的体系组成，具体由七种方法所构成，它们是：设置账户、复式记账、填制和审核凭证、登记账簿、成本计算、财产清查、编制会计报表。

(1) 设置账户。账户是对会计对象的具体内容，按其不同的特点和经济管理的需要，分门别类地进行反映的项目。设置账户就是根据会计对象的特点和经济管理的要求，科学地确定这些项目的过程。进行会计核算之前，首先应将多种多样、错综复杂的会计对象的具体内容进行科学的分类，通过分类反映和监督，才能提供管理所需要的各种指标。每个会计账户只能反映一定的经济内容，将会计对象的具体内容划分为若干个项目，即设置若干个会计账户，就可以使所设置的账户既有分工、又有联系地反映整个会计对象的内容，提供管理所需要的各种信息。

(2) 复式记账。复式记胀就是对每笔经济业务，都以相等的金额在相互关联的两个或两个以上的有关账户中进行登记的一种专门方法。复式记账有着明显的特点。它对每项经济业务都必须以相等的金额，在相互关联的两个或两个以上账户中进行登记，使每项经济业务所涉及的两个或两个以上的账户之间产生对应关系；同时，在对应账户中所记录的金额又平行相等；通过账户的对应关系，可以了解经济业务的内容；通过账户的平行关系，可以检查有关经济业务的记录是否正确。复式记账可以相互联系地反映经济业务的全貌，也便于检查账簿记录是否正确。例如，从银行提取600元现金这笔经济业务，一方面要在“银行存款”账户中记减少600元；另一方面又要在“库存现金”账户中记增加600元。使“银行存款”账户和“库存现金”账户相互联系地分别记下600元。这样既可以了解这笔经济业务的具体内容，又可以反映该项经济活动的来龙去脉，完整、系统地记录资金运动的过程和结果。

(3) 填制和审核凭证。填制和审核凭证是指为了审查经济业务是否合理合法，保证账簿记录正确、完整而采用的一种专门方法。会计凭证是记录经济业务、明确经济责任的书面证明，是登记账簿的重要依据。经济业务是否发生、执行和完成，关键看是否取得或填制了会计凭证，取得或填制了会计凭证，就证明该项经济业务已经发生或完成。对已经完成的经济业务还要经过会计部门、会计人员的严格审核，在保证符合有关法律、制度、规定而又正确无误的情况下，才能据以登记账簿。填制和审核凭证可以为经济管理提供真实可靠的会计信息。

(4) 登记账簿。登记账簿亦称“记账”，就是把所有的经济业务按其发生的顺序，分门别类地记入有关账簿。账簿是用来全面、连续、系统地记录各项经济业务的簿籍，也是保存会计信息的重要工具。它具有一定的结构、格式，应该根据审核无误的会计凭证序时、分类地进行登记。在账簿中应该开设相应的账户，把所有的经济业务记入账簿中的账户里后，还应定期计算和累计各项核算指标，并定期结账和对账，使账证之间、账账之间、账实之间保持一致。账簿所提供的各种信息是编制会计报表的主要依据。

(5) 成本计算。成本计算是指归集一定计算对象上的全部费用，借以确定该对象的总成本和单位成本的一种专门方法，通常是指对工业产品进行的成本计算。例如，按工业企业供应、生产和销售三个过程分别归集经营所发生的费用，并分别与其采购、生产和销售材料、产品的品种、数量联系起来，计算它们的总成本和单位成本。通过成本计算，可以考核和监督企业经营过程中所发生的各项费用是否节约，以便采取措施降低成本，提高经济效益。通过成本计算，还可以确定生产补偿尺度，对正确计算和分配国民收入、确定价格政策等都具有重要作用。

(6) 财产清查。财产清查就是通过盘点实物、核对账目来查明各项财产物资和资金的实有数，并查明实有数与账存数是否相符的一种专门方法。在日常会计核算过程中，为了保证会计信息真实正确，必须定期或不定期地对各项财产物资、货币资金和往来款项进行清查、盘点和核对。在清查中，如果发现账实不符，应查明原因，调整账簿记录，使账存数额同实存数额保持一致，做到账实相符。通过财产清查，还可以查明各项财产物资的保管和使用情况，以便采取措施挖掘物资潜力和加速资金周转。总之，财产清查对于保证会计核算资料的正确性和监督财产的安全与合理使用等都具有重要的作用，是会计核算必不可少的方法之一。

(7) 编制会计报表。会计报表是根据账簿记录，以一定的表格形式，定期总括地反映企业单位一定时期的经济活动情况和期末财务状况的书面报告。编制会计报表是对日常会计核算资料的总结，是将账簿记录的内容定期地加以分类、整理和汇总，形成经营管理所需要的各种指标，再报送给会计信息使用者，以便据此进行决策。会计报表所提供的一系列核算指标，是考核和分析财务计划和预算执行情况以及编制下期财务计划和预算的重要依据，也是进行国民经济综合平衡所必不可少的资料。编制完成会计报表，就意味着这一期间会计核算工作的结束。

在会计对经济业务进行记录和反映的过程中，不论是采用手工处理方式，还是使用计算机数据处理系统方法，对于日常所发生的经济业务，首先要取得合法的凭证，按照所设置的账户，进行复式记账，根据账簿的记录进行计算，在财产清查、账实相符的基础上编制会计报表。会计核算的七种方法相互联系，一环套一环，缺一不可，形成一个完整的方法体系。

2) 会计预测的方法

会计预测的方法多在财务、成本管理会计中使用，主要的方法有成本性态分析法、本量利分析法、边际分析法、成本效益分析法、折现的现金流量法等。使用这些方法的主要目的有两个：一是评价经济活动的运行状况；二是预测经济活动发展趋势。

3) 会计鉴证评价的方法

由于会计鉴证评价内容广泛，其方法是一个完整的方法体系，如顺查法、逆查法、详查法、抽查法、核对法、审阅法、观察法、询证法、盘存法、比较分析法、比率分析法、因素分析法、趋势分析法等。这些方法要根据不同的鉴证评价项目的内容和要求，有针对性地选择使用。

4) 会计咨询的方法

会计咨询的方法要按客户委托的具体内容来选择使用，会计预测的方法和会计鉴证评价的方法都可以在会计咨询中使用。

上述各种会计方法紧密联系、相互依存、相辅相成，形成一个完整的会计方法体系。其中，会计核算和监督的方法是基础，会计预测、鉴证评价和咨询的方法是会计核算和监督方法的继续和发展，会计方法之间既相互联系，又有相对的独立性。它们所应用的具体方法各不相同，并有各自的工作和研究对象，形成相对独立的专业方向。

学习会计的方法首先应从基础开始，即要从掌握会计核算和监督的方法入手。

1.2.3 会计的程序

会计的程序，应会计的技术方法不同而不同。如前所述，会计的职能可分为反映、监督、预测、鉴证评价和咨询五个方面，每个方面所使用的技术方法不同，会计的程序也不相同。另外，在不同的技术环境下（如手工会计环境和电算化会计环境），会计的程序也不相同。说明全部会计程序是不可能的，也没有必要。现以手工会计环境下的会计核算和监督为例，说明众多会计程序中的一种。

在手工会计环境下，会计核算和监督的基本程序可以分为以下几个步骤：第一，在经济业务发生或完成时取得、填制、汇总和审核原始凭证；第二，采用一定的商业语言（如借贷记账法）编制、汇总和审核记账凭证；第三，根据记账凭证或汇总的记账凭证登记总账；第四，根据原始凭证、汇总的原始凭证、记账凭证和汇总的记账凭证登记库存现金日记账、银行存款日记账和各种明细账；第五，对账、证、物和往来款项进行核对，并对核对结果在批准处理后进行账项调整；第六，在上述各项核对相符的基础上编制会计报告。

1.2.4 会计的处理基础

会计在对会计对象的确认、计量中要确定处理基础。会计的处理基础，是指会计在确认、计量各会计要素时秉持的时间和范围观念，即在什么时间、多大范围上确认与计量。会计有两种处理基础，即收付实现制与权责发生制。

收付实现制与权责发生制是确定收入和费用的两种截然不同的会计处理基础。正确地应用权责发生制是会计核算中非常重要的一条规范。企业生产经营活动在时间上是持续不断的，不断地取得收入，不断地发生各种成本、费用，将收入和相关的费用相配比，就可以计算和确定企业生产经营活动所产生的利润（或亏损）。由于企业生产经营活动是连续的，而会计期间是人为划分的，所以难免有一部分收入和费用出现收支期间和应归属期间不相一致的情况。于是在处理这类经济业务时，应正确选择合适的会计处理基础。可供选择的会计处理基础包括收付实现制和权责发生制两种。

1）收付实现制

收付实现制亦称“现收现付制”，是以款项是否实际收到或付出作为确定本期收入和费用的标准。采用收付实现制会计处理基础，凡是本期实际收到的款项，不论其是否属于本期实现的收入，都作为本期的收入处理；凡是本期付出的款项，不论其是否属于本期负担的费用，都作为本期的费用处理。反之，凡本期没有实际收到款项和付出款项，即使应归属于本期，但也不作为本期收入和费用处理。这种会计处理基础，由于款项的收付实际上以现金收付为准，所以一般称为现金制。现举例说明收付实现制下会计处理的特点：

【例1-1】 企业于7月10日销售商品一批，7月25日收到货款，存入银行。

分析：这笔销售收入由于在7月份收到了货款，按照收付实现制的处理标准，应作为7月份的收入入账。

【例1-2】 企业于7月10日销售商品一批，8月10日收到货款，存入银行。

分析：这笔销售收入虽然属于7月份实现的收入，但由于是在8月份收到货款，按照收付实现制的处理标准，则应将其作为8月份的收入入账。

【例1-3】 企业于7月10日收到某购货单位一笔货款，存入银行，但按合同规定于9月份交付商品。

分析：这笔货款虽然属于9月份实现的收入，但由于是在7月份收到了款项，按照收付实现制的处理标准，则应将其作为7月份的收入入账。

【例1-4】 企业于12月30日以银行存款预付下一年度全年的保险费。

分析：这笔款项虽然属于下一年度各月负担的费用，但由于在本年12月份支付了款项，按照收付实现制的处理标准，应将其作为本年 12 月份的费用入账。

【例 1-5】 企业于 12 月 30 日购入办公用品一批，但款项在下一年度的 3 月份支付。

分析：这笔费用虽然属于本年 12 月份负担的费用，但由于款项是在下一年度 3 月份支付，按照收付实现制的处理标准，应将其作为下一年度 3 月份的费用入账。

【例 1-6】 企业于 12 月 30 日用银行存款支付本月水电费。

分析：这笔费用由于在本年 12 月份付款，按照收付实现制的处理标准，应作为本年 12 月份的费用入账。

从上面的举例可以看出，无论收入的权利和支出的义务归属于哪一期，只要款项的收付在本期，就应确认为本期的收入和费用，不考虑预收收入和预付费用以及应计收入和应计费用的存在。到会计期末，根据账簿记录确定本期的收入和费用，因为实际收到和付出的款项必然已经登记入账，所以不存在对账簿记录于期末进行调整的问题。这种会计处理基础核算手续简单，但强调财务状况的切实性，不同时期缺乏可比性，所以它主要适用于行政、事业单位。

2）权责发生制

《企业会计准则——基本准则》第九条指出："企业应当以权责发生制为基础进行会计确认、计量和报告。"

权责发生制亦称应收应付制，是指企业以收入的权利和支出的义务是否归属于本期为标准来确认收入、费用的一种会计处理基础；也就是以应收应付为标准，而不是以款项的实际收付是否在本期发生为标准来确认本期的收入和费用。在权责发生制下，凡是属于本期实现的收入和发生的费用，不论款项是否实际收到或实际付出，都应作为本期的收入和费用入账；凡是不属于本期的收入和费用，即使款项在本期收到或付出，也不作为本期的收入和费用处理。由于它不管款项的收付，而以收入和费用是否归属本期为准，所以也称为应计制。以前面所举例子说明：

在权责发生制下，上述所举例子中的第一种情况和第六种情况收入与费用的归属期和款项的实际收付同属相同的会计期间，确认的收入与费用与收付实现制相同。

第二种情况应作为 7 月份的收入，因为收入的权利在 7 月份就实现了；第三种情况应作为 9 月份的收入，因为 7 月份只是收到款项，并没有实现收入的权利。

第四种情况应作为第二年的费用，因为支出的义务应在第二年。第五种情况应作为本年 12 月份的费用，因为 12 月份已经发生支出的义务了。

可见，与收付实现制相反，在权责发生制下，必须考虑预收、预付和应收、应付。由于企业日常的账簿记录不能完全地反映本期的收入和费用，需要在会计期末对账簿记录进行调整，使未收到款项的应计收入和未付出款项的应付费用，以及收到的款项而不完全属于本期的收入和付出的款项而不完全属于本期的费用归属于相应的会计期间，以便正确地计算本期的经营成果。采用权责发生制核算比较复杂，但反映本期的收入和费用比较合理、真实，所以适用于企业。

1.2.5 会计的产品

严格地讲，会计的产品就是各种会计信息。但会计的专业领域不同，会计信息的加工方式、内容和内容表达方式也有很大的区别。

在会计核算和监督领域，会计的产品是会计报告，由资产负债表、利润表、现金流量表、所有者权益表、分部报告和会计报表附注等组成。其中，资产负债表、利润表、现金流量表、所有者权益表和分部报告是定量产品，会计报表附注是定性产品。如果营利组织由母子公司组成，会计核算和监督产品则由合并报表和个别报表组成。如果非营利组织有分支机构，则会计核算和监督产品由汇总报表和个别报表组成。

在会计预测领域，会计的产品是各种预测、分析报告。这些产品或由经济主体内部的会计机构加工形成，或由独立的中介机构加工形成。按会计信息的使用者需求产品的目的不同，各种预测、分析报告的内容、生成方式和报告方式也有很大的不同。

在会计鉴证评价领域，会计的产品是各种鉴证评价报告，最典型的是审计报告。这些产品或由经济主体内部的内部审计机构加工生成，或由独立的第三者中介加工形成。按会计信息的使用者需求产品的目的不同，各种鉴证评价报告的内容、生成方式和报告方式也有很大的不同。

在会计咨询领域，会计的产品也是各种预测、分析报告。但与会计预测领域的会计产品不同，会计预测领域的会计产品往往产生在经济主体内部，产品加工者是经济主体内部的会计机构和会计人员，会计信息的使用者是经济主体的管理当局，产品是为经济主体的管理当局经营决策服务的。会计咨询领域的会计产品往往产生在经济主体外部，其中相当一部分产品是会计信息的衍生产品。产品加工者往往是独立的第三者中介。会计信息的使用人或是经济主体管理当局，或是外部经济利益相关者。按会计信息的使用者需求产品的目的不同，各种预测、分析报告的内容、生成方式和报告方式也有很大的不同。

1.3 会计专业中等职业人才的典型职业工作

根据我们对辽宁省、黑龙江省、浙江省、湖北省、河南省、江苏省、新疆、福建省、山东省等省市的实地调研，会计专业中等职业人才的典型工作为中小企业的会计、出纳、仓管员、统计人员、文员、银行柜员、业务员及各类商业企业的收银员、销售人员，从事保单销售、售后服务、市场调查、咨询等工作。

1.4 会计专业中等职业人才的能力要求

从会计专业中等职业人才的典型职业工作来看，我们通过对相关企业的走访，了解了中等职业学校会计专业毕业生的就业岗位与岗位群。从中等职业学校会计专业毕业生就业的企业规模看，主要集中在中小型企业；从企业从事的业务看，主要包括商品批发零售、服务性行业、制造业，以及街道、乡镇和村级单位会计；从企业的所有权性质看，主要集中于非国有企业。从中等职业学校会计专业毕业生的工作岗位看，手工会计环境下最主要的工作岗位是出纳、仓库保管员、制单、固定资产会计、存货会计、成本会计、薪酬会计、往来账项会计、销售会计、资金会计及报表会计等；从电算化会计环境来看，主要是数据录入、数据保管和数据呈报。

首先，通过对会计专业岗位与岗位群的职业能力分析，初步了解企业对中等职业学校会计专业毕业生的专业能力基本要求，形成“中等职业学校会计专业毕业生专业能力要求调查问卷”、“会计人员岗位及岗位群问卷调查”、“会计专业毕业生从业岗位情况调查表”。其次，对会计行业的相关企业进行更广泛的问卷调查，进一步总结会计行业对中等职业学校毕业生的专业能力要求。为此，我们分别在辽宁省、黑龙江省、浙江省、湖北省、河南省、江苏省、新疆、福建省、山东省等省市展开异地全面调研，主要访问了中等财经职业学校、中小企业、财政局、税务局、会计师事务所、会计行业协会等，共设计问卷调查5套，发放问卷1000多份，通过问卷调查、异地调研、专家咨询、行为访谈、专家座谈等方法，进一步总结了会计行业对中等职业学校毕业生的专业能力的基本要求，主要包括以下内容：

1.4.1 协调沟通能力要求

中等职业学校会计专业毕业生主要在中小型企业从事出纳、收银员、纳税申报、企业登记和其他会计工作，与银行、顾客直接打交道，因而对毕业生的沟通协调能力要求较高。这种能力包括两个方面：一是对内的组织、协调、沟通能力；二是外部协调和沟通能力（如处理与工商、税务、金融等部门之间的关系）。此外，会计人员要确认、计量、记录、跟踪各方面的会计信息并提供会计资料，要与采购、生产、保管、销售等环节和部门的人员来往，要全面、系统、总括地了解企业的经营情况，要通过对经营活动的处理、分析和汇总，向决策层提供决策依据的生产经营数据资料。

1.4.2 业务能力要求

（1）熟悉会计业务的基本流程（包括手工环境和电算化环境）。

（2）熟悉现行的专业相关规范，如《企业会计准则》、《会计人员职权条例》、《财务通则》、《银行结算办法》和《会计基础工作规范》等。

（3）熟悉我国税制及税法的基本知识，掌握企业日常纳税申报、税务处理的方法。

（4）能熟练掌握手工环境下的出纳、仓库保管员、制单、固定资产会计、存货会计、成本和费用会计、薪酬会计、往来账项会计、收入和利润会计、投资和融资会计及总账和报表会计等业务技能。

（5）能熟练掌握网络环境下的数据录入、数据审核、数据保管和数据呈报等业务技能。

（6）掌握一定的统计知识，能从事基本的统计工作。

（7）有一定的文字处理和提炼总结能力，能进行一般文书的处理工作。

1.4.3 电子信息技术能力要求

现代网络会计业务的不同岗位对毕业生的电子信息技术能力要求较高，一般而言，会计专业的毕业生除应能熟练地使用word、excel和access等办公软件外，还应掌握主流会计核算应用软件（如用友、金蝶等），此外，还要了解一般网络平台的操作方法，达到经过简单培训后能够熟练使用专业网络平台的水平。

1.4.4 外语能力要求

1）听说能力

中等职业学校会计专业毕业生主要从事的是中小企业及街道、乡镇和村级单位预算的会计业务，很少与国外机构直接发生关系，因而对毕业生的外语口语和听力基本上没有特别要求。

2）读写能力

中等职业学校会计专业毕业生主要从事的会计业务中使用的单据（即便是在与国内各相关部门之间的业务中）绝大多数是中文单据，极少有外文的单据，因而对毕业生的外语写作和阅读能力要求较低，相应地，对中职会计专业的外语水平要求也不高。

2. 会计专业的学生特点分析

2.1 职校学生的认知和情感特点

我们通过问卷调查和座谈、专访和随机抽样等手段，对有关职业高中、中专、技工学校的70余名学生的认知领域和情意领域特点进行比较分析，同时，还参阅对比了近年来有关研究人员①的调查资料。研究结果表明，中等职业学校学生认知领域和情意领域具有不同于普通中学学生的特点。

中等职业学校学生年龄一般为16~18岁，属于青年早期，是人生认知能力、情感特征形成的关键时期。经历了激烈的初升高比拼后，有相当一部分学生是在压力、无奈和沮丧的交织下进入职业学校的，在这样一种氛围中从普通初中到职业学校，从单纯接受文化科学知识教育到以学习职业技术为主的职业教育，都会引起职业学校学生的认知和情意领域的急剧变化。同一般普通高中学生的心理特征相比，在认知和情感领域，中等职业学校学生具有以下特点：

2.1.1 认知特点

1）感知方面

中等职业学校财经类专业与普通教育中的同类专业相比，其特点是实践性强、偏重于操作性技能要求，在教学过程中重视实践性教学，要求学生有较高的模仿能力。一般而言，经过强化训练，中等职业学校学生感知能力比普通中学学生发展要快一些，也比较高。

2）记忆方面

以记忆映像的性质划分，记忆分为形象记忆、语言和逻辑记忆、情绪记忆和运动记忆。形象记忆可以是视觉的、听觉的、触觉的、嗅觉的和味觉的等。普通中学和中等职业学校学生的视觉记忆和听觉记忆的发展基本上没有什么差别，但在触觉记忆、嗅觉记忆与味觉记忆等从一定意义上称之为职业形式的记忆上，中等职业学校学生的发展就比普通中学学生要快，由于从事某种职业特殊活动的需要，如烹饪专业的学生在嗅觉、味觉记忆方面便得到了高度的发展。

语言、逻辑记忆是通过语言的作用和思维过程来实现的，这方面强调实践的中等职业学校学生的发展水平略低于普通中学学生。情绪记忆可以成为一个人因某种体验经常激起或制止行为的力量或出现某种心境的原因。中职学校学生的情绪记忆的发展与普通中学学生无差异。

运动记忆对形成各种熟练技巧非常重要，由于财经类专业的中职学生在专业教育中强化了点验钞、珠算和计算机使用等方面的训练，这方面中等职业学校学生比普通中学学生发展更快。

3）思维方面

---

① 2.1部分较多地引用了《职业院校中大学生认知领域和情意领域特点与教育对策研究》课题组的研究成果，特表谢忱。

思维是人脑对客观现实的反映，中等职业教育要求学生具有一定的从事某种职业或专业方面的知识、技能和能力的特殊性反映在学生思维模式上，使中等职业学校学生的思维模式具有职业化的特点。中等职业学校学生在认识事物的性质及其与他类事物的关系时，或者从部分事物相互联系的事实中去寻找普遍的或必然的联系时，或者借助于某些媒介物与头脑加工来进行反映时，往往具有职业化特点。如会计专业的学生常常习惯于用有借有贷的记账逻辑去观察和思考问题，甚至在日常生活管理上也习惯于用记账方法来思考。

4）想象方面

中等职业学校学生在想象方面虽然与普通中学学生有许多相同点，但由于受求职需要和学习动机的推动，受职业学校教育目的的调节，其想象又有其不同于普通中学学生的特点，表现为中等职业学校学生的想象已由抽象的、虚幻的向具体的、现实的方向发展，这使得中职学生在创造性想象方面与普通中学学生相比越来越不占优势。

2.1.2 情感特点

1）动机方面

中等职业学校学生与普通中学学生相比较，由于挫折感和对前途信心不足，其内部动机因素的激励作用较小，而外因驱使比较明显。这表现在大部分中等职业学校学生对所学专业不感兴趣，不满意。因为中等职业学校学生尤其是职业高中和技工学校的学生是由于考分低上不了普高才勉强进入职高或技校的，他们对专业的选择不是根据自己的意愿，其学习动机来自于社会和家庭的压力，相对于普高那些迫切想上大学的学生而言，其学习状况总体是被动接受，缺乏内驱力。

2）情感方面

当代中等职业学校学生与普通高中学生一样，大多是独生子女，是家庭的中心，情感方面具有独生子女的任性、娇气、爱激动、发脾气的特征。一般说，当代独生子女们主导情感是乐观的，但情感不稳定，活动受情绪支配，这是由于他们在家庭中的特殊地位和家长经常满足他们不合理的需求所致。家长的溺爱迁就，使他们产生“优越感”，缺乏对情绪的自我调控能力。这种对情绪缺乏自我调控的能力反映到中等职业学校学生心理上，便演变为强烈的自卑情感。

3）意志方面

中等职业学校学生与普通中学学生比较，有一部分学生进入某个专业学习后，像普通中学学生以升学为目标一样，具有坚强的意志，能自觉地根据专业目标来支配和调节自己的行动，克服各种困难和障碍，力求成为合格的专业人才。但也有相当一部分学生与普通中学少数“差生”一样，缺乏远大理想，学习目的不明确，得过且过，自制力较差，不能控制和约束自己的行为，一遇挫折，便畏缩不前，没有克服困难的勇气和决心，意志品质较差。

2.2 职校学生的非智力因素特点①

当前，人们对非智力因素的定义和范畴尚无一致的看法。燕国材教授认为，非智力因素有

---

① 2.2 引用了孙国庆：《浅议对学生非智力因素的培养》，《职业教育研究》，2004 年第 10 期；张丽霞、许继英、张云昌：《试论非智力因素与学习质量的关系》，《边疆经济与文化》，2004 年第 11 期；杜永红、冯涌：《非智力因素在学习中的作用及其培养策略》，《教育与教学》，2005 年第 3 期等研究成果，特表谢忱。

广义和狭义之说，广义的理解是指除智力因素以外的一切心理因素，狭义的理解是指兴趣、动机、情感、意志、性格。林崇德教授则认为，非智力因素是以智力作为参照物，并与智力活动相比较而言的，是指除智力与能力以外，又同智力活动效益发生相互作用的一切心理因素，这种观点与燕国材教授狭义的理解趋于一致。我们认为，智力因素与非智力因素都属于人的心理活动，人的心理活动可分为两类：一是对客观事物的反映活动，包括记忆、思维、感知、想象等基本因素，直接参与对客观事物认识的具体操作；二是对客观事物的对待活动，包括注意、情感、需要、动机、兴趣、性格、意志等基本因素，不直接参与对客观事物认识的具体操作，但是具有动力和调节等机能。前者的构成因素被称为智力因素，后者的构成因素被称为非智力因素。

现代心理学研究表明，人的知识的获得是智力因素与非智力因素相互影响，而又以非智力因素起决定性作用的过程，良好的非智力因素对智力因素的发挥有促进作用，并对智力的某些不足有明显的补偿作用；相反，不良的非智力因素对智力因素的利用、开发则有抑制性。爱因斯坦说，他的成功公式是：$A = X + Y + Z$，其中，A 指成功，X 指艰苦和劳动，Y 指正确的方法，Z 指少说废话。在三个因素中，仅有 Y 为智力因素，而 X、Z 均为非智力因素。一项对 20 万名学生的调查统计结果表明，其中智力超常和智力低下的比例之和不足 5%，其余 95% 在智力方面所差无几。同时对该地区学生学习成绩的调查结果还显示，他们之间的学习成绩却相差悬殊。由此可见，一个人的成功与否并不完全取决于智力高低、天赋如何，关键在于非智力因素。

2.2.1 非智力因素的内容和含义

一般而言，非智力因素内容和含义如下：

(1) 自律性，是指对自己的言行等进行自我反省、自我批评，换言之，指自觉地追求理想行动的倾向。

(2) 自信心，是指一个人对自己力量的充分估计，相信凭借自己的能力能够克服各种困难，在学习与工作中有所成就，它是自我意识的重要成分。自信是一种积极的自我评价或自我意识，它表现为喜欢自己、肯定自己、相信自己。

(3) 责任感，是指个人对于自己所在的群体的共同活动、行为规范及其所承担的任务能够自觉完成的态度。

(4) 创造性，是指以感知、记忆、思考、联想、理解等能力为基础，以综合性、探索性和求新性为特征的心理活动。它是多种思维形式，特别是形象思维与辩证思维的高度结合的结果。

(5) 独立性，是指一个人独立分析和解决问题，通过自身的努力获取知识和不断提高的能力。它是社会生存及进行创造性活动必备的心理品质。

(6) 社交欲望，是指渴望与他人交往，并能主动地与他人沟通，建立良好的社会关系的愿望。

(7) 学习毅力，是指在明确的学习目的指导下，在长期的学习过程中，克服和排除学习中的内外困难与干扰，以顽强的意志、坚持不懈地努力，完成学习任务的品质。它反映出学习主体是否有持久力，学习是否能持之以恒。因为学习是一个终身进行的过程，这种持久力在学习过程中是一个不可缺少的要素。

(8) 学习热情，是指对学习表现出较高的积极性，即在求知需要的基础上，在学习活动过程中不断体验成功的喜悦的品质。它是对学习意义的认识不断深化而逐步形成的，是推动学生学习的有效动力，对学习的成败起着十分重要的作用。

(9) 成就动机，是指个人认为重要的事情非常愿意去做，并有追求一个比较理想结果的愿望。

(10) 应付逆境的能力，是指当环境对自己不利时，主动地去克服困难、迎接挑战的能力。

2.2.2 职校学生的非智力因素特点

从目前中职学校的学生状况来看，在非智力因素方面，在相当一部分学生中有以下普遍的共同点：

(1) 缺乏自律性，即在长期的环境压力下，形成比较强烈的逆反心理。自我反省能力弱，对人要求严，待自己要求松懈，自我约束力差，缺乏坚忍的毅力和刻苦钻研的精神，注意力易分散、难集中，自觉地追求理想行动的倾向较弱。

(2) 在长期的挫折感压迫下，自信心缺失。由于一些家长和教师的经常性批评，以及在各种考试、考核中分数常居下游，不少中职学生对自己的前途悲观失望，有一种“反正我已经这样了，也没有希望了，爱怎样就怎样吧”自暴自弃的心态。往往低估自己的力量，不相信凭借自己的能力能够克服各种困难，不肯定、相信自己，甚至不喜欢自己。

(3) 缺乏责任感，比较自我，较难融入自己所在的群体。不太遵守一般的行为规范，对自己应承担的任务不能自觉去努力，甚至逃避义务。

(4) 一部分中职学生由于缺乏责任感，因此连带着失去创造性就成为逻辑的必然。但这不是说中职学生缺乏创造性，对一部分感兴趣的事情而言，中职学生的创造性不亚于任何类型的学生。

(5) 由于失败感强烈，责任感淡漠。一部分中职学生缺乏独立分析和解决问题的意愿，不想通过自身的努力获取知识，缺乏不断提高能力的动力。

(6) 由于社会的偏见、家长习惯性的高压、教师的急躁和同学的纷争，一部分中职生在社交欲望方面表现为矛盾的心理和行为，一方面在心理上渴望与他人交往，另一方面由于强烈的自卑心理又使得在与人交往的过程中产生强度较大的攻击性行为，从而不能与他人沟通，不能建立良好的社会关系。

(7) 由于对自己的前途悲观失望，失去了学习动力，因而没有学习毅力，不能在学习过程中克服和排除学习中的内外困难与干扰，突出反映在学习上没有持久力，学习不能持之以恒，没有学习热情，对学习表现出较大的厌烦情绪，在学习活动过程中体验不到成功的喜悦。

(8) 每一个学生都有成就动机。但部分中职学生在实现成就的过程中产生了一种不可名状的虚幻意识，对认为重要的事情非常不愿意去做，有一种等着“天上掉馅饼”的心态。

(9) 应付逆境能力比较差，当环境对自己不利时，不是主动地去克服困难、迎接挑战，而是采用放弃、回避、漠然处之等方式去应对。这方面有两种典型的表现方式：一是驼鸟政策方式；二是“我是流氓我怕谁”方式。

由于在部分中职学生中存在上述九个方面的共同点，使得正常的智力因素被不良的非智力因素所掩盖，影响了他们的正常发展。

2.3 中职会计专业素质和技能要求与学生特点的关联分析

2.3.1 中职会计专业素质与技能要求

一个专业，由于需求的人才类型不同，形成了一个专业不同类型的人才培养目标，某一类型的人才培养目标决定了该类型专业人才的素质与技能要求。所以我们先来讨论中职会计专业的人才培养类型和目标。

1）职会计专业的人才类型

一般而言，人才分为学术型人才、工程型人才、技术型人才和技能型人才等四类。其中，学术型人才主要从事研究和发现客观规律的工作；工程型人才主要从事与为社会谋取直接利益有关的规划、决策、设计等工作；技术型人才和技能型人才是在生产一线从事为社会谋取直接利益的工作，使工程型人才的规划、决策、设计等变换成物质形态。技术型人才与技能型人才的区别在于前者主要应用智力技能来进行工作，而后者主要依赖操作技能来完成任务。从会计专业的职业内涵和职业分工来看，可以将上述人才分类理论套用到会计职业中来。

根据人才的分类理论和会计行业及会计教育的特点，本文将会计职业人才的类型和职业分工说明如下：

（1）以从事会计核算、呈报工作为主的技能型会计人才。该类会计人才工作的重点是进行会计确认、计量和呈报，他们的工作目标有二：一是为会计信息的使用者提供与其决策相关的、可靠的会计信息；二是为评价企业管理当局受托责任的完成情况提供评价依据。为了完成上述工作目标，要求从业者具备一定的会计基础知识，较好地掌握会计核算能力和熟练的计算技术，能够操作计算机和使用会计软件，并最终能编报可靠的财务会计报告。这类会计人才主要依赖操作技能来完成工作任务，从事执行性会计工作。大量具有一定会计基础知识和会计专业操作技能的技能型会计人才是我国经济管理工作中不可或缺的人力资源。

（2）以从事会计核算工作为主，并进行适当财务、成本管理和财务、成本分析的技术型会计人才。该类会计人才工作的侧重点仍然是进行会计核算，但在会计确认、计量和呈报的过程中注重智能运用，能根据所产生的会计信息进行财务分析、财务预测、财务决策。这类人才要有较敏锐的观察能力和分析问题、解决问题的能力。

（3）以开展财务管理活动为主，亲自指导会计实践，集财务管理和会计核算为一身的工程型会计人才。这类会计人才要全面掌握现代企业经营管理知识；要具备对企业经济活动进行事前预测、事中控制和事后考核的能力；要能依据已搜集到的各种经济资料，设定某些经济参数，采用一定的管理会计方法，对企业某一方面的经济活动趋势作出事前预测或规划。能融理论和实践于一身；能指导全局性、整体性财务工作；能为企业财务管理进行整体规划；能解决实际工作中遇到的突发事件；能为企业管理提供意见和建议。

（4）以指导企业财务管理为主并侧重于会计理论研究的学术型会计人才。这类会计人才置身于理论研究第一线，是许多新理论、新问题、新观点的提出者、研究者和探讨者，对会计学科的前沿和边缘问题有先知先觉。这类会计人才大部分集中于大中专院校和会计科学研究机构，他们有理论研究成果，并经常亲赴企业指导实践，为企业管理和企业财务管理注入新鲜血液。

从教育分工的角度来看，中职会计专业培养的显然是“以从事会计核算、呈报工作为主的技能型”会计人才。

2）中职会计专业的培养目标

我们认为，中职会计专业的培养目标是：培养德、智、体全面发展，有务实、创新精神，具备够用的会计专业基础理论知识，熟练掌握手工和计算机网络环境下的会计确认、计量和呈报能力，具备在会计确认、计量和呈报不同岗位之间的迁徙能力，适应生产、建设、管理、服务第一线需要的技能型会计专门人才。

3）中职会计专业的人才的主要素质和能力要求

技能型会计人才的重点是进行会计确认、计量和呈报。为完成这样的工作目标，要求从业者在良好的职业操守的前提下，具备一定会计基础知识，较好地掌握会计核算能力和熟练的计算技术，能够操作计算机和使用会计软件，并最终能编报可靠的财务会计报告。这类会计人才主要依赖操作技能来完成工作任务，从事执行性会计工作。

2.3.2 中职会计专业素质和技能要求与学生特点的关联分析

从前面的分析中我们可以看出两点：一是非智力因素与智力因素同是制约学习的内在心理因素，对于绝大多数中等以上智力的学生，非智力因素对提高学习质量比智力因素起着更加重要的作用；二是影响部分中职学生身心发展的主要是非智力因素。

长期的应试教育导致我们在教学过程中过分偏重智力因素，非智力因素未受到应有的重视，甚至被忽略，这极不利于学生学习质量的提高。20年来，随着中职学生生源的变化，非智力因素在学校教育工作中的重要性和现实意义日益凸显。因此，根据中职会计专业的特点，如何正确认识、把握非智力因素及其在会计专业教育中的作用，采取针对性的策略培养学生的非智力因素，无疑是目前面临的紧迫任务。

1）正确认识非智力因素

学生的学习成功依赖于智力因素和与之相对应的非智力因素的协作配合。非智力因素间接参与智力活动，并对智力活动产生制约作用。它的特点有三：第一，作为意向活动的非智力因素，本身不属于认识过程，它是在认识过程中表现出来、并对认识过程产生重大影响的意向过程诸因素；第二，非智力因素是一个心理因素构成的整体，不包括影响个体智力活动的其他客观因素，影响智力活动效益的是非智力因素的整体效应；第三，非智力因素和智力因素是相互渗透、相互制约、共同作用的关系，即非智力因素主导智力活动，智力活动指导非智力因素（燕国材，1991）。这说明，没有不包含非智力因素的智力活动，也没有不体现智力水平的非智力因素，学生学习的进步和成功既不能单方面通过智力因素来达到，也不能单方面通过非智力因素来取得。

非智力因素不直接介入对各种知识进行加工、处理的学习活动，而是以动机为核心，调节着学习活动的进行。在这一过程中，非智力因素对学习起着动力作用、定型作用和补偿作用（林崇德，1992）。

动力作用是指学生的需要及其表现形态，即动机、兴趣、情感因素，它们是引起学生学习并促使其智力与能力发展的内驱力。动机对学习可以发挥明显的推动作用，它对学习的影响是通过加强努力、集中注意和对学习的立即准备去影响认知过程。兴趣对于学习也是一种巨大的动力，是学生学习中最活跃的因素，它能产生很高的学习积极性以及某种肯定的、积极的情感体验。情感对学习起着激励、调节、组织作用，积极情感对学习产生增力效能，消极情感对学习产生减力效能，适中的情感强度可以导致良好的学习效果。

定型作用是指把某种认知或行为的组织情况固定化，这取决于学生的意志、气质、价值观因素。意志对学习活动起着调节外部行为和内在心理状态的两个作用，能促使学生的学习行为更加具有目的性和方向性，排除和克服各种学习困难与干扰，保证预定目标的实现。价值观是非智力因素的核心，它既是政治层次、又是心理层次的基本概念，支配着学生的思想和行为，是学习活动的最高指挥者和调节者。

补偿作用是指非智力因素能够弥补智力和能力在某方面的缺陷或不足。学生的性格在这方面的作用比较突出。学生的性格特征、性格品质与学习效果之间存在着相互作用的关系。良好的性格特征及品质可以使学生克服因知识基础较差带来的智力与能力上的不足而获得学习成功。学习成功不但会使学生增强自信心和学习兴趣，而且还能获得情感的满足并产生良好的心境，从而促使学生提高学习的志向水平，更加勤奋地学习。

2）非智力因素的培养策略

非智力因素同智力因素一样，也包含着水平等级和品质的差异。培养非智力因素是发展其良好品质的因素，矫正其不良品质的因素，强调扬长避短，以利于学生的学习活动。

（1）将非智力因素的培养纳入学校教育目标。多年的应试教育形成了片面重视智力开发、轻视非智力因素培养的不利局面，致使人的发展走向畸形化。素质教育要求人才培养既要考虑社会需求，又要着眼人的素质的提高和完善。人的素质包括生理、心理、文化和政治素质，心理素质由智力因素和非智力因素组成。虽然智力因素和非智力因素都影响学习质量，但由于智力因素是相对稳定的，而非智力因素则具有更大的可塑性，从而造成非智力因素对学习的作用实际上大于智力因素。因此，没有理由把非智力因素的培养排斥在学校教育目标之外，而应将非智力因素培养与智力开发同列为学校教育目标。

（2）把兴趣、气质、性格诸因素作为非智力因素培养的突破口。

①培养兴趣。由于所有关于智力的工作都要依赖于兴趣，因此，一方面要以不断提高的教学水平和个性化的教学艺术来引发学生的兴趣，同时指导学生在广泛兴趣的基础上形成兴趣中心；另一方面，要积极培养师生感情，使学生在学习时对学习环境尤其是教师有良好的态度，产生愉快的情绪体验——温暖、快乐和信任，获得心理上的满足，从而激发强烈的学习兴趣。

②兼顾气质。每一种气质类型都有优缺点，而且影响学习效率。因此，教育者一要正确认识每位学生气质的优缺点，在组织教育活动时使他们不断克服自己气质的缺点、发展优点，加强行为的自我修养，培养学生监控自己气质发展的意识和能力。二要对不同气质类型的学生采取不同的教育方式和方法，因人而异才能收到应有效果。三要教育学生正确剖析自己气质的优缺点，克服自己气质的消极面，发扬其积极面。

③磨练性格。智力和能力的形成与发展受性格特征的制约。如勤奋就是对智力和能力有突出作用的性格特征，它能补偿某种智力或能力的相对弱点，并常常与认真、自信、坚定、刻苦等优良性格品质密切相联，形成自觉学习、有恒学习、顽强学习的学习品质。因此，要充分利用课堂教学、校风班风建设、团队活动、教师自身言行来潜移默化地培养学生勤奋的性格特征，并以较长时间地有序训练强化勤奋特征，促使学生养成勤奋的习惯。

总之，非智力因素对学生的学习起着智力因素无法替代的作用，学校教育和教学应该高度重视、正确把握、积极探索个性化的培养途径，以期不断提高育人质量，造就和谐发展的创新人才。

3）中职会计专业素质和技能要求与学生特点的关联分析

影响中职会计专业学习效能的主要是非智力因素，相当一部分中职学生都存在着非智力因素缺陷。在中职会计专业素质和技能要求中，从业者良好的职业操守、一定的会计基础知识、较好的会计核算能力和熟练的计算技术、计算机和会计软件的操作、可靠的财务会计报告的编报等，都与提高、完善中职学生的非智力因素水准相关。由于会计核算软件的日益完善和普及使用，会计核算的智力要求日益降低，非智力因素的提高在中职会计专业教育中的重要性日益显现。

3. 会计专业的教学内容和教材分析

3.1 典型职业任务分析和教学目标

一般而言，要完成职业任务，达到教学目标，对中职毕业生来讲，有职业素质和职业技能两个方面的要求。限于篇幅，这里不讨论对中职毕业生的职业素质和要求，只涉及对中职毕业生的职业技能要求。

3.1.1 典型职业任务的分解与教学目标的建立原则

会计典型职业任务可分为会计核算、财务成本管理和鉴证咨询三大类。中职会计专业人才的职业任务决定于历史上形成的专业领域内的分工，这种分工决定了不同类别会计人才的职业任务。在论述中职会计专业的培养目标时，我们认为中职会计专业的培养目标是“培养德、智、体全面发展，有务实、创新精神，具备够用的会计专业基础理论知识，熟练掌握手工和计算机网络环境下的会计确认、计量和呈报能力，具备在会计确认、计量和呈报不同岗位之间的迁徙能力，适应生产、建设、管理、服务第一线需要的技能型会计专门人才”。因此，会计确认、计量和呈报是中职会计专业学生的典型职业任务。故我们以会计核算任务作为典型职业任务，分析如何根据典型职业任务来建立具体、科学的教学目标。不过，本教材是以培养中职教师为目标而撰写的，所以本教材的架构不局限于会计确认、计量和呈报的内容。

教学目标是培养目标的主要组成部分，从某种程度上说，是培养目标的具体化。要建立具体、科学的教学目标，有两种方法可供选择：一是以学科知识体系为纲，以体系内的每一个知识点为目，分解教学每一个知识点要达到的目的，从而建立起一整套教学目标；二是以职业任务为纲，以完成职业任务要达到的素质和技能要求为目，分解要完成每一个职业任务要达到的素质和技能要求，从而建立起一整套教学目标。前者是学科教育的方式；后者是职业教育的方式，也是建立中职会计专业教学目标的原则。

从会计专业的角度来讲，分解职业任务有两种方法可供选择：一是以会计要素核算为纲，以会计要素的确认、计量和呈报为目，以具体某个会计报表要素项目的确认、计量和呈报为职业任务；二是以会计确认、计量和呈报的会计核算程序为纲，以会计确认、计量和呈报的具体活动为目，以具体某个会计报表要素项目的确认、计量和呈报为职业任务。前者条理性强，系统性好，容易为学生分类掌握，并能在学习过程中举一反三，起到事半功倍的效果。后者虽不能说条理性不强、系统性不好，但在教学实践中，无论是在国内和国外，都没有使用过，可能难以应用到教学实际中。因此，我们以前者为分解会计职业任务的原则。

3.1.2 典型职业任务分析与教学目标

在明确了典型职业任务分解和教学目标建立的原则后，我们通过典型职业任务的分析来建立具体职业任务的教学目标。

如上所述，中职毕业生的典型职业任务是会计确认、计量和呈报。按照中职毕业生的典型职业任务的分解原则，我们以会计报表项目的确认、计量和呈报作为职业任务单元，建立起职业任务体系，并说明相应职业任务的教学目标。

1）典型职业任务的分析

根据中职会计专业毕业生的就业现实和发展趋势，中职会计专业毕业生的典型职业任务主要有：收银，出纳，往来款项核算，存货核算，投资和筹资核算，固定资产核算，薪酬核算，成本费用核算，收入和利润核算，税费核算，申报和缴纳，总账和报表的编制，会计稽核，档案管理，财务网络操作、管理等。

2）对中职学生的教学目标

在明确了中职毕业生的典型职业任务后，我们来分析相应的教学目标。我们认为，中职学生的教学目标主要有以下几个方面：

（1）掌握会计业务的基本流程（包括手工环境和电算化环境）。

（2）熟悉现行的专业相关规范，如《企业会计准则》、《会计人员职权条例》、《财务通则》、《银行结算办法》和《会计基础工作规范》等。

（3）熟悉我国税制及税法的基本知识，掌握企业日常税务登记、纳税申报、缴纳的方法。

（4）能熟练掌握手工环境下的收银、出纳、往来款项核算、存货核算、投资和筹资核算、固定资产核算、薪酬核算、成本费用核算、收入和利润核算、总账和报表的编制、会计稽核、档案管理和财务电算化操作、管理业务技能。

（5）能熟练掌握电算化环境下的数据录入、数据保管和数据呈报等业务技能。具体见1.4.3。

上述教学目标的叙述是宏观性的，每一个具体的职业任务应当有一个具体的微观性的教学目标。罗列所有职业任务的具体教学目标没有必要，我们以存货核算任务为例，作为建立具体职业任务教学目标方法的示范。

存货核算任务的一般教学目标：掌握存货的确认、计量和相关信息披露的理论、方法、程序和技术。

存货确认的具体教学目标：掌握存货确认的条件并能进行存货的初始确认、后续确认和终止确认。

存货计量的具体教学目标：掌握不同类型存货的（包括不同原因形成的存货）计量方式、方法和标准，并能进行存货初始计量、后续计量和终止计量。

存货账务处理的具体教学目标：掌握不同类型存货的（包括不同原因形成的存货）增减变动、期末计价、减值的账务处理方法（包括掌握相关原始凭证，记账凭证的取得、填制、审核和汇总的方法及相关总账、明细账的登记、核对的方法）。

存货清查的具体教学目标：掌握存货清查的方式、方法和技术，了解存货减值测试的基本原理和基本方法。

存货披露的具体教学目标：掌握存货项目的组成和披露方法，掌握在附注中披露与存货有关的各类存货的期初和期末账面价值，确定发出存货成本所采用的方法，存货可变现净值的确定依据，存货跌价准备的计提方法，当期计提的存货跌价准备的金额，当期转回的存货跌价准备的金额，以及计提和转回的有关情况，用于担保的存货账面价值。

在电算化环境下，存货核算的教学目标除了上述之外，还要使学生掌握相关会计软件的使用，存货数据的具体输入、稽核、输出、保管的技术、程序和方法。

其他具体的职业任务具体的微观性的教学目标，可参照上述存货的方法建立。

3.2 会计岗位设置与教学内容的关联原则

某类会计职业任务的集合和分割决定了会计岗位设置，完成对应岗位的会计职业任务的素质和技能要求，决定了对应的教学内容，这就是会计岗位设置与教学内容的关联原则。

3.2.1 会计岗位设置的变迁

从现代会计的发展历史来看，不同环境下的会计岗位是不同的。50 年来，会计从手工环境发展到现在的电算化环境，会计岗位发生了巨大的变化。以企业为例，手工会计环境下的会计核算岗位主要有出纳、仓库保管员、制单、稽核、固定资产会计、存货会计、投融资会计、成本和费用会计、薪酬会计、往来账项会计、收入和利润会计、总账和报表会计等。

在电算化环境下，由于会计核算软件的日益完善和普及运用，会计核算岗位发生了很大的变化。一些传统的会计岗位从由人来执行转化为由会计核算软件来执行，一些传统的会计核算岗位消失，一些新的会计核算岗位产生。电算化环境下的会计核算岗位主要有电子出纳、数据录入、数据稽核、数据保管和数据呈报等。

3.2.2 会计岗位变迁与教学内容的关联

由于会计核算岗位的变迁，会计职业任务也产生了重大的变化，传统会计核算职业任务中的会计确认、计量、记录和呈报都由人工完成，在电算化环境下，会计核算职业任务中只有会计确认、计量的标准和方法及程序由人工选择，具体的确认、计量、记录和呈报都由会计软件完成。从一个较长的时期来看，会计信息系统将逐步非人工化，会计人员的职能将由提供会计信息为主向提供会计分析、进行财务咨询和会计鉴证评价转化。但这将是一个长期的发展趋势，估计还不会影响近 20 年来的会计职业任务。因此，即使出现了发达完善的会计电算化环境，在会计教育中也不能丢弃手工会计环境下的会计确认、计量、记录和呈报的理论、方法、程序和技术的教育。

3.2.3 中职会计专业的教学内容

在明确了中职会计专业的典型职业任务和教学目标后，我们来分析相应的教学内容。我们认为，中职会计专业的教学内容主要应如 3.1.2 中的 2）所述。

3.3 岗位、角色教学重点内容选择

会计人员的职业分工可以岗位和角色两个方面进行。从岗位分工的角度来看，不同的会计专业人才由于受教育的背景和程度不同，从而导致不同会计人才的职业素质和技能不同，适合于不同的会计岗位。从角色分工的角度来看，对于某个会计岗位来讲，可能由若干个会

计人员从事，但每个会计人员的角色不同。不同的角色分工也是由会计人员个人的职业素质和技能决定的。

一般而言，中职毕业生的就业岗位和岗位角色是有区别的。中职教师的一项重要工作，就是要根据适合中职毕业生的就业岗位和岗位角色来选择教学内容和教学重点。其具体做法是：第一，根据调查确定适合中职会计专业毕业生就业的岗位和岗位角色；第二，根据确定的岗位和岗位角色确定相应的职业任务；第三，根据相应的职业任务确定相应的职业素养和职业技能；第四，根据相应的职业素养和职业技能确定相应的教学内容；第五，根据中职毕业生就业岗位和岗位角色的特点，完成重点教学内容的选择。

从前面的叙述中我们可以知道，会计的专业领域可分为会计核算和呈报、财务成本管理和鉴证咨询三个主要的方面。从就业实际来看，中职学生适合于会计核算和呈报领域的职业任务。这样，中职教师在选择教学内容时，就应以与会计核算和呈报的理论、程序、方法和技术相关的内容作为教学内容。另外，就同一职业任务而言，由于完成职业子任务所需的职业素养和技能不同，存在着客观的角色分工，我们应以适合中职学生就业的岗位角色所涉及的教学内容作为重点教学内容。

下面，我们以存货核算任务涉及的教学内容为例，说明如何根据岗位角色分工来选择中职会计专业的重点教学内容：

存货的确认与计量涉及的理论、方法、程序和技术是一项较高级的会计业务，在会计岗位的角色分工中很少分配给中职毕业生，因此，该项内容可以不作为重点教学内容。

存货账务处理的教学内容如不同类型存货的（包括不同原因形成的存货）增减变动、期末计价、减值的账务处理方法（包括相关原始凭证、记账凭证的取得、填制、审核和汇总的方法及相关总账、明细账的登记、核对的方法）、存货清查的方式、方法和技术是比较适合中职毕业生处理的，可作为重点教学内容。

存货减值测试的基本原理和基本方法、存货项目的组成和披露方法、在附注中披露确定发出存货成本所采用的方法、存货可变现净值的确定依据等很少分配给中职毕业生，因此，该项内容可以不作为重点教学内容。

其他根据岗位角色分工来选择中职会计专业的重点教学内容的方法，可参照上述存货的方法建立。

3.4 教学内容的组织

3.4.1 教学内容的组织原则

教学内容的组织取决于教学目标，教学质量的检验标准就是看教学的结果是否达到教学目标。从教学目标的角度，我们认为，教学内容的组织原则主要有以下几个方面：

1）符合学生发展的需要

中职学生经过小学和初中两个阶段的学习，在政治思想、人生观、价值观和思想观方面已有一定的基础。根据我国中职学生的现状，我们应选取有利于社会责任、团结协作、审美能力、正确的劳动观和职业观及择业观方面的教学内容，有机地组织到整体教学内容中。

2）满足社会生活的需要

现代社会是一个快速变化并充满竞争力的世界，我们在组织教学内容时，应注重将有利于提高创新能力、职业行为能力、自我完善与发展能力、交待合作能力、心理承受能力、技术与方法的运用能力和组织领导能力等方面的教学内容，有机地组织到整体教学内容中。

3）满足职业发展的需要

如前所述，近50年来会计环境产生了重大变迁。目前，会计环境正处在由手工会计环境向电算化会计环境过渡阶段。由于科学技术的飞速发展，这种过渡将在一二十年后完成，会计的职业方式、职业岗位和职业任务将发生质的变化。我们在教学内容的组织中要充分考虑这种变化。将满足职业发展的需要组织到教学内容中来。

3.4.2 教学内容的组织范式

在明确了教学内容的组织原则后，就可以进行教学内容的组织了。我们仍以存货为例，说明教学内容的具体组织方式。

1）存货的教学目标

详见3.1.2。

2）教学内容的组织范式

根据存货核算的教学目标，组织存货核算的教学内容如下：

(1) 核算存货：购入存货的确认与计量；领用存货的确认与计量；销售存货的确认与计量；委托加工存货的确认与计量。

(2) 管理存货：制定存货管理办法；制定存货收发存保管制度；预测存货需要量；确定最佳经济订货量；清查存货；存货减值测试。

(3) 会计处理：日常会计处理；填制、审核原始凭证；编制记账凭证；登记存货明细账和总账；期末会计处理；结账；对账。

(4) 存货的披露：存货项目的组成和披露方法；在附注中披露与存货有关的各类存货的期初和期末账面价值；确定发出存货成本所采用的方法；存货可变现净值的确定依据；存货跌价准备的计提方法；当期计提的存货跌价准备的金额；当期转回的存货跌价准备的金额，以及计提和转回的有关情况；用于担保的存货账面价值。

(5) 存货教学在职业拓展方面的内容：相关会计软件的使用；存货数据的具体输入、稽核、输出、保管的技术、程序和方法。

4. 会计专业的教学媒体和环境创设[①]

合理、科学的教育环境是顺利展开活动的必要前提。教学设计可分为教学程序设计和教学环境设计。教学程序设计表现为各类教学活动在时间上的先后安排顺序。教学环境分为宏观环境和微观环境两类，宏观教学环境存在于教学系统之外，表现为社会环境、自然环境

① 本部分引用了邓泽民、赵沛：《职业教育教学设计》，中国铁道出版社2006年版的部分研究成果，特表谢忱。

等；微观教学环境存在于教学系统之内，是教学组织者和实施者根据教学目标和教学的内容需求创设的。我们这里的教学环境，指的是微观教学环境。教学媒体是教学环境的组成部分之一。

4.1 会计专业的典型教学媒体特点和种类

教学媒体可分为两类：第一类是传统教学媒体，如教科书、黑板、挂图、实物、标本和模型等；第二类是现代教学媒体，如幻灯机、投影仪、录音机、录像机和多媒体堂件和课件等。从会计专业教学的特点来看，既要使用传统的教学媒体，又要使用现代教学媒体。

4.1.1 会计专业教学媒体的选用原则

教学媒体选择的依据主要有：教学目标、教学内容、教学对象、教学条件和所需代价。其具体内容可分为以下几个原则：

（1）会计专业教学媒体的选用要与所要完成的职业任务的教学目标相结合。要完成会计专业的教学目标，必须按不同的职业任务展开，每一个职业任务要达到的教学目标不尽相同，在每一个职业任务的教学时，要根据不同的教学目标特点来合理、科学地选择教学媒体。

（2）会计专业教学媒体的选用要与具体的教学内容相结合。不同的教学内容，适合运用不同的媒体，如会计要素构成的讲解，就以使用静态的教学媒体为宜；而会计要素之间的关系、成本性态等教学内容，就以使用动态教学媒体为宜。

（3）会计专业教学媒体的选用要与教学对象相结合。如教学对象是初中毕业生还是高中毕业生，选用的教学媒体就应当有所区别。比如，高中毕业生或发达地区学生的计算机水平、网络使用的熟练程度要高于初中毕业生或贫困地区的学生，在选择或放弃现代教学媒体上，就要考虑具体教学对象的情况。

（4）会计专业教学媒体的选用要考虑所在学校的教学条件、所需代价和难易程度。学校是非营利组织，每个学校都会受到财务状况制约。在选用教学媒体时，学校的现有条件是否能满足、创建教学媒体的代价能否承受都是必须考虑的因素。另外，如果媒体操作起来过于复杂，不易掌握，也不能选用。

总之，教学媒体的选择应与教学目标、教学内容和教学对象相适应，从易行、易懂、能引起学生学习兴趣为最根本原则。

4.1.2 会计专业教学媒体的特点

中职会计专业毕业生的就业岗位主要是会计核算和呈报岗位，其职业任务主要是会计确认、计量记录和呈报。中职会计专业的教学媒体设计应围绕中职学生的职业任务教学展开，其特点主要有以下几点：

（1）适合会计确认的理论、程序、方法和技术的教学需要。会计确认是判断一个经济事项是否是会计事项，应否进入会计系统，何时进入会计系统，以及进入哪一个具体的会计项目的判断过程。会计专业教学媒体应适应会计确认方面职业判断的需要。

（2）适合会计计量的理论、程序、方法和技术的教学需要。会计计量是在会计确认的基础上，判断一个会计事项应什么样的金额计入会计项目的判断过程。会计专业教学媒体应适应会计计量方面职业判断的需要。

(3) 适合会计记录的理论、程序、方法和技术的教学需要。会计记录是将用普通文字叙述式记录的材料转换为特定商业语言的过程。会计专业教学媒体应适应会计记录方面转换的需要。

(4) 适合会计呈报的理论、程序、方法和技术的教学需要。会计呈报是将会计账簿上的会计信息，经过归类、汇总和合并，以特定的、可理解的形式予以披露的过程。会计专业教学媒体应适应会计呈报方面对会计信息进行归类、汇总和合并的需要。

4.1.3 会计专业教学媒体种类

目前，会计专业教学媒体主要有传统教学媒体和现代教学媒体两类。传统教学媒体有教科书、黑板、挂图、实物和标本等；现代教学媒体有幻灯机、投影仪、录音机、录像机和多媒体课件、电子课件和网络课件等。

从使用教学媒体进行教学的角度来看，主要有以下现代教学媒体种类：

(1) 适用计算机辅助教学的媒体：如训练与实习型、指导型、咨询型、模拟型、游戏型和问题求解型教学媒体。

(2) 适用计算机网络教学的媒体：如讲授式、个别辅导式、讨论式和探索协作式教学媒体。

(3) 适用幻灯、投影教学的教学媒体：如书写式、图片式、实物投影式、作业式、引导式和声画式教学媒体。

(4) 适用音像教学的教学媒体：如演播—设疑式、演播—讨论式、演播—发现式、演播—实验结合式、演播—操练式教学媒体。

4.2 会计专业的教学环境创设

教育环境是根据学生身心发展的需要和培养人才的社会需要而组织创设的育人环境。它将各种环境因素集约到一起，使学生在环境中主动接受一定的价值观和行为准则，使受教育者朝着教育者的期望方向发展。教育环境具有教育导向功能、凝聚激励功能、传播整合功能和愉悦身心功能。

会计专业的教学环境创设，要注意以下几个方面：

第一，面对会计专业抽象、复杂的教学内容，在教学环境创设时要能引起并维持学生的注意力。用变化材料的呈现、具体事例的说明等方法，使学生提高学习兴趣，并维持长久的注意力。

第二，针对会计专业在会计确认、计量、记录和呈报方面的逻辑关联关系，确保学生与其生活中已有的经验联系起来，降低学生对所学内容的生疏程度，说明正在学习的知识、技能和态度等内容的现有价值，使学生相信现在所学的东西对将来职业生涯的价值。

第三，针对中职学生的心理特点，通过会计专业教学环境的合理建立，向学生阐明学习目标和学习后要掌握的职业素质和技能。在课堂教学中循序渐进，使学习内容易于掌握。允许学习者逐步提高自我控制学习进程和达到成果的程度，给予学生控制教学过程的适当权限。

第四，在教学的初期，有意降低学习难度，提高学业成绩并及时将成绩反馈，增强学生的学习自信心，使他们对自己产生满意感，鼓励学生对所掌握的技能进行自主延伸和迁移，强化学生的学习动机。

第五，合理运用教学媒体，通过运用丰富多彩的教学媒体，将学生的兴趣导向学习，凝聚学生的学习意志，激励学生的学习信心，整合学生的学习潜质，愉悦学生的身心 。

4.3 特定教学内容的特定教学环境创设

特定的教学内容需要特定的教学环境，这是一个不争的事实。特定的教学环境不是在日常的教学中所具备的，需要根据教学目标的需要进行特设。

中职会计教学在一些职业任务教学过程中需要特定的教学环境，如投资、筹资核算，存货的核算和管理，成本核算，会计核算程序和会计报表及附注的案例教学，会计循环的实验实训等，都需要特定的教学环境。

中职会计教学所需要特定的教学环境，主要有特定的教学媒体、特定的实验实训室和特定的实验实训企业等。由于不同职业任务的特色不同，所需要的特定教学环境也不相同。以会计核算程序教学来讲，至少应该以记账凭证账务处理程序、科目汇总表账务处理程序和汇总记账凭证账务处理程序为主要账务处理程序的三家典型企业来创设特定的教学环境。

值得说明的是，对于特定的教学对象，也应创设特定的教学环境。

第二部分
会计专业教学方法应用

5. 头脑风暴法

5.1 头脑风暴法概述

头脑风暴法又称“智力激励法”，最早是由现代创造学奠基人奥斯本提出的。借助此法开展学术沙龙式教研活动，可由组织者以一种明确的方式向所有参与者阐明中心问题，然后让每位参与者在一定的时间内自由提出尽可能多的想法和方案，在此过程中贯彻“无错原则”，不允许任何的批评与指责，并做好详细记录，稍后再进行整理与分析。

头脑风暴教学法的实施步骤如下：

第一，起始阶段：教师解释头脑风暴法的运作方法，说明要解决的问题，鼓励学生进行创造性思维，并引导学生进入论题。

第二，意识产生阶段：学生即兴表达各自的想法、意见，教师应避免对学生的想法和建议立刻发表评论，也应阻止学生对其他同学的意见立刻发表评论。

第三，总结评价阶段：师生共同总结，分析实施或采纳每条意见的可能性，并对其进行总结和归纳。

这种方法的主要特点如下：

（1）在阐述意见时，大家都不会批判别人的意见，所提的构想都为大家所“接纳”，阐述者没有挫折感。

（2）意见或构想具有感染作用，当某一学生提出一个构想时，不但引发了自己的想象力，也引发了别人的想象力，能产生一连串的连锁反应。

（3）由于每个人都有不认输、不甘示弱或要求表现的心理，看到别人或别组提出那么多想法，自己也会被迫想出一些点子来。

头脑风暴可以激发创新思维，根据奥斯本本人及其他研究者的看法，主要有以下几点作用：

第一，联想反应。联想是产生新观念的基本过程。在集体讨论问题的过程中，每提出一个新的观念，都能引发他人的联想，产生连锁反应，形成新观念堆，为创造性地解决问题提供了更多的可能性。

第二，热情感染。在不受任何限制的情况下，集体讨论问题能激发人的热情。人人自由发言，相互影响，相互感染，能形成热潮，突破固有观念的束缚，最大限度地发挥创造性思维能力。

第三，竞争意识。在有竞争的情况下，人人争先恐后，竞相发言，力求有独到见解。心理学的原理告诉我们，人类有争强好胜心理，在有竞争的情况下，人的心理活动效率可增加50%或更多。

第四，个人欲望。在集体讨论解决问题过程中，个人的欲望自由，不受任何干扰和控制，是非常重要的。头脑风暴法有一条原则，不得批评别人的发言，甚至不许有任何怀疑的表情、动作、神色。这就能使每个人畅所欲言，提出大量的新观念。

5.2 头脑风暴法应用案例

5.2.1 头脑风暴法在“固定资产减值”教学中的应用

在职业教学实践中，人们常把教学重点放在传授理论知识和职业技能上，而很少考虑到培养学生将合理的想象与现实相结合的能力以及发散思维的能力。这在很大程度上束缚学生创新能力的发展，是造成学生高分低能、实践能力低下的重要原因。

头脑风暴法让学生敞开思想、集体讨论、相互启发、相互激励、相互弥补知识缺陷，引起创造性设想的连锁反应，产生尽可能多的设想，使各种设想在相互碰撞中激起脑海的创造性风暴；最后对提出的设想逐一客观、连续的分析，找出解决问题的“黄金”方案。这种方法可以大大激发人的创造性灵感。

下面就头脑风暴法在“固定资产减值”教学中的应用作一介绍。

1）教学对象分析

本节课的教学对象是中等职业学校会计专业××级××班学生，已经掌握了与会计相关的基本理论和基本技能，在认知能力方面有其特点。一般来说，他们的抽象思维能力相对较弱而形象思维能力相对较强。空间视觉、身体动觉等方面的能力较强。这些学生具有与中职教学相匹配的观察力和动手能力，会在实际实操的过程中完成教学任务。学生喜欢用触摸方式学习，在动手实践时，他们会兴趣盎然、乐此不疲。通过实践，他们会为自己智力个性的开发而兴奋不已，进而促使学习信心和学习兴趣倍增。该班学生也有其缺点，好多学生具有学习动机水平低、学习兴趣缺乏、意志薄弱、胸无大志、缺乏责任感、懒惰、怕苦、畏难、自信心不足、不能正确认识自我、缺乏独立思考、自卑或妄自尊大、情绪波动大、难以自控等不良倾向。因此在该班如何组织好教学、如何提高学生学习兴趣显得尤为重要。

2）教学目标分析

本次课的教学目标是通过教学使学生了解固定资产减值的相关概念，掌握企业在资产负债表日判断固定资产是否存在可能发生减值的迹象，掌握固定资产的公允价值减去处置费用后净额的估计，掌握固定资产预计未来现金流量现值的确定。

固定资产减值的处理是学生今后从事会计工作的一种必备的技能。通过头脑风暴法，让学生在自由、愉快，畅所欲言的气氛中交换观点，并以此诱发集体智慧，激发学生的创意与灵感，形成可行的解决办法。同时，让学生学习的积极性和主动性得到提高，课堂气氛更加活跃，最大程度地挖掘学生的潜能，培养学生的自信心，培养学生的创造性思维能力、自学能力、创新能力和实践动手能力。同时，培养学生的团队合作精神和严肃、认真、细致的工作态度，培养学生良好的职业道德，树立良好的职业形象，为以后从事会计工作打下坚实的基础。

3）教学内容分析

本节课的教学内容是固定资产减值，包括固定资产减值的相关概念、企业在资产负债表日判断固定资产是否存在可能发生减值的迹象、固定资产的公允价值减去处置费用后净额的估计、固定资产预计未来现金流量现值的确定等内容。重点和难点是固定资产可收回金额的计量。本部分内容比较抽象，难理解，学生学起来容易出错。采用头脑风暴法让学生集体讨论，激发学习兴趣，使难以理解的内容变得易于学习。在整个过程中，教师要注意调动学生的积极性，让每个学生都参与进来，并让学生始终处于积极兴奋的状态，乐于发言、思考、分析、总结，不断构建自己的会计知识网络。

4）头脑风暴法应用的计算机教学媒体、工具、设备、文件和手册

采用头脑风暴法进行固定资产减值教学时，要备好多媒体、数码相机、录音机、录音笔等；备好多媒体教学课件；要备好需要的××公司固定总账、明细账等会计资料；为了方便学生查阅，还应当准备相关的文件，如《会计基础工作规范》、《企业会计准则》、《××公司财务管理制度》等；为了便于对学生调查任务完成情况作出合理评价，还应提供相关评价标准、相关评价表和相关手册等。

5）教学方案设计

在教学过程中，教师应该结合具体教学内容进行教学方法选择，充分利用教学资源，结合学生的特点和教学目标等来进行教案设计。本次课选取会计核算实务中的固定资产减值处理的内容，运用头脑风暴法设计教案，列示该部分的教学目标、方法、重点、难点、过程等，以学生为中心，教师指导、组织教学，让学生采用头脑风暴法完成学习任务。

头脑风暴法教学方案设计如表5－1所示。

6）“固定资产减值”教学实施过程和关键步骤解析

见表5－1中的教学步骤与内容。

7）教学效果评价

教学效果的评价总体上可以分为两个主要的部分：一是对教学方法本身与教学内容的适应性；二是在特定教学方法下学生掌握专业知识、形成专业素养、运用专业技术能力的效果。由于这两部分评价内容的第一部分有相当的重复性，为了节省篇幅，对于重复的评价内容，我们只在本教材的适当位置作一次性例示，对于在特定教学方法下学生掌握专业知识、形成专业素养、运用专业技术能力效果的评价，我们将在知识目标和技能目标中说明。

表 5－1　　头脑风暴法教学方案设计——固定资产减值

<table>
<tr><td>教学对象</td><td colspan="2">××专业××班级</td><td colspan="2">授课日期</td><td colspan="2">××年×月</td></tr>
<tr><td>教学内容</td><td colspan="2">固定资产减值</td><td colspan="2">计划学时</td><td colspan="2">1 学时</td></tr>
<tr><td rowspan="3">教学目的</td><td colspan="6">通过本节课的学习，使学生能够：了解固定资产减值的相关概念；掌握企业在资产负债表日判断固定资产是否存在可能发生减值的迹象；掌握固定资产的公允价值减去处置费用后的净额的估计；掌握固定资产预计未来现金流量现值的确定。</td></tr>
<tr><td colspan="2">知识目标</td><td colspan="2">技能目标</td><td colspan="2">素质目标</td></tr>
<tr><td colspan="2">1. 了解固定资产减值的相关概念；
2. 掌握企业在资产负债表日判断固定资产是否存在可能发生减值的迹象；
3. 掌握固定资产的公允价值减去处置费用后的净额的估计；
4. 掌握固定资产预计未来现金流量现值的确定。</td><td colspan="2">1. 判断固定资产是否存在可能发生减值的迹象；
2. 估计固定资产的公允价值减去处置费用后的净额；
3. 确定固定资产预计未来现金流量的现值；
4. 培养学生的创造性思维能力。</td><td colspan="2">1. 培养学生团队合作精神；
2. 培养学生的自信心；
3. 培养学生良好的工作态度和严谨细致工作作风；
4. 培养良好的职业道德，树立良好的职业形象。</td></tr>
<tr><td>教学重点与难点</td><td colspan="6">难点、重点：固定资产可收回金额的计量</td></tr>
<tr><td>教学方法</td><td colspan="6">头脑风暴法</td></tr>
<tr><td>教学资源</td><td colspan="6">电脑、数码相机、录音笔、录音机等。</td></tr>
<tr><td>对培养方案、大纲修改意见</td><td>对授课计划的修改意见</td><td colspan="2">对本教案的修改意见</td><td colspan="2">需增加的资源</td><td>其他</td></tr>
<tr><td></td><td></td><td colspan="2"></td><td colspan="2">需要××公司固定总账、明细账等会计资料。</td><td></td></tr>
<tr><td colspan="2">教研室主任：</td><td colspan="2">系主任：</td><td colspan="3">教务处：</td></tr>
</table>

调查法教学活动流程

教学步骤与内容	教学目标	教学方法	时间
一、确定议题 一个好的头脑风暴法需要从对问题的准确阐明开始。因此，老师必须在头脑风暴前确定议题，议题提前通报给学生，让学生有一定准备。还要设定一个目标，使学生明确通过这次讨论解决什么问题，同时不要限制可能的解决方案的范围。在“固定资产减值”教学中选择的主要议题是：企业在资产负债表日判断固定资产是否存在可能发生减值的迹象有哪些？固定资产的公允价值减去处置费用后的净额如何估计？固定资产预计未来现金流量的现值如何确定？	确定议题。	讲授法	5 分钟
二、准备 在准备阶段，需将全班学生分成若干小组并任命组长，确定一定的时间限制。这样学生在讨论发言时可以形成一种竞争的氛围，进一步促使学生踊跃参与、活跃思维。针对教学内容实际，把全班学生分成 6 个小组，每组分配一个小议题，10 人一小组，每个小组设一个组长，每组安排两个记录员，每组分配一个小议题，讨论时间限制在 20 分钟。	确定分组。	讨论	5 分钟

续表

教学步骤与内容	教学目标	教学方法	时间
三、实施 简明介绍头脑风暴法的基本原则和讨论问题的主要内容，然后激发学生踊跃发言，一些有价值创新的设想往往可以经过“思维共振”的头脑风暴产生。每个小组进行讨论、交流，让他们根据自己的见解和过去学到的知识去发言，在这一阶段，他们的答案没有一个是错误的，都要对他们进行鼓励，并准确地记录下来，同时鼓励小组内的同学在别人设想的基础上补充完善，形成自己的设想。这一阶段是关键，根据各组议题的不同，提出的建议非常多，而且五花八门。	1. 讨论企业在资产负债表日判断固定资产是否存在可能发生减值的迹象； 2. 讨论固定资产的公允价值减去处置费用后的净额的估计； 3. 讨论固定资产预计未来现金流量现值的确定。	头脑风暴法	20分钟
四、解决问题 尽管有些建议不确切甚至是错误的，但这些都是学生智慧火花的闪现。教师宣布“头脑风暴”会议结束之后，应给学生一个设想酝酿时期，使他们还能提出一些设想来进一步补充他们已提出的设想。教师最后对这些建议进行分析，总结固定资产减值的迹象，解决问题一。接着总结固定资产的公允价值减去处置费用后的净额的确定顺序、固定资产预计未来现金流量包括的内容和预计固定资产未来现金流量的方法，解决问题二和三。	形成解决问题的方案。	讨论、演示	10分钟
五、总结	培养认真、严谨的工作态度。	讨论、演示	5分钟

头脑风暴法教学效果评价的主要内容见5.2.2的头脑风暴法教学效果评价表。

5.2.2 头脑风暴教学法在“企业沙盘模拟经营”的专业应用

1）教学对象分析

本节课的教学对象是会计专业××级××班三年级会计专业学生，已经学习了基础会计、财务会计、成本会计、财务管理、税收、财政与金融、会计报表分析等会计专业课程，并且掌握了综合专业理论与知识。该班为42人小班型，班风较好，多数学生学习态度端正，有一定的学习积极性，能在教师的指导下积极思考，较好地配合教师开展各项课堂活动。

2）教学目标分析

沙盘训练是一种体验式教学形式，它与传统教学、案例教学有着很大区别。我们将模拟市场引进教室，把模拟企业交给学生。训练中，每位学员将要充当一家企业不同管理岗位的角色，各个角色组成的管理团队将要共同管理和经营一家模拟的企业。企业经营实战演练以一套沙盘教具为载体，模拟一家企业的主要职能部门和企业运营的关键环节，包括战略规划、资金筹集、市场营销、产品研发、生产组织、设备投资与改造、财务核算与管理等。训练中，把企业运营所处的环境抽象为一系列的规则，由学员组成的6个管理团队将分别经营6家相互竞争的模拟企业。通过模拟企业数年的经营，使学员充分理解财务管理的职能，认识企业运营的基本环节。

模拟训练将演示出在公司运营中，各职能机构应掌握怎样的信息与工具，以及如何通过团队合作获得成功。通过这一平台，担任不同公司职务的学生对公司业务达成一致的理性及感性认识，形成共同的思维模式，以及促进沟通的共同语言。通过培训，使学生能够了解企业经营管理的全过程。这解决了学生即使到企业去实习也学不到什么实质性的管理经验这一难题，使学生在学校里就能体会到社会上真实的竞争，教会学生如何面对竞争、如何作出自己的判断。使学生通过此类体验式教学，迅速积累直接经验，整合所学知识，获得职业能力的全面提升。

3）教学内容分析

该课程以沙盘模拟的方式模拟企业的商务运作，在2~3天的时间内模拟企业5~7年的全面经营管理，剥开企业经营理念的复杂外表，直探企业经营本质。企业各机构管理的操作全部展示在模拟沙盘上，将复杂、抽象的经营管理理论以最直观的方式让学生体验和学习，生动具体的视觉感受将极为有效地激发学生的学习兴趣。

该模拟课程的基础背景设定为一家已经经营若干年的生产型企业，此课程将把参加训练的学员分为4~6组，每组5~8人，每组各代表一个不同的虚拟公司。在这个训练中，每个小组的成员将分别担任公司中的重要职位（总经理、财务总监、生产总监、市场总监、采购总监等）。6个公司是同行业中的竞争对手。他们从先前的管理团队中接受企业，在面对来自其他企业（其他学员小组）的激烈竞争中，共同面临将企业发展壮大的挑战。

学生要在模拟的5~7年中，在客户、市场资源及利润等方面进行一番激烈的较量。这种模拟有助于学员形成宏观规划、战略布局的思维模式。随着模拟经营的步步深入，参加者会逐渐面临多方面的激烈挑战，如充满风险的市场/产品定位选择、生产时序优先安排的决策、市场信息的综合分析决策、参与市场竞标的策略选择、资源配置与规模发展的平衡、不断增长的客户需求、资源配置与规模发展的平衡、适应变化的财务方案等。

4）头脑风暴教学法应用的计算机教学媒体、工具、设备、文件和手册

（1）手工沙盘（用友、金蝶等）或电子沙盘（用友、金蝶等）。

（2）硬件条件要求：

①教师用设备：一张桌子用于放置投影仪和电脑，一张桌子用于放置订单和实验用器具，带滑轮的1.5×2米白板一块及白板笔若干；

②学生用设备：6张长方型桌子，每张桌子摆放1~2台可以上网的电脑；

③其他教学材料，包括教案、学生训练手册、PPT课件及企业经营模拟对抗教具等。

5）头脑风暴教学法教学设计方案

“企业经营实战演练”课程，也称ERP（企业资源规划）沙盘模拟训练。企业经营实战演练课程是目前流行的“沙盘演练”，是世界500强企业作为中高层管理者必上的培训课程之一，也被欧美的商学院作为MBA、EMBA的培训课程。其课程具体内容如下：

★ 形式：集体参与，分团队经营，分岗位演练。

★ 时间：每天8小时，每次课2~3天。

★ 材料：问卷——“相识具有经营能力的我”（见以下第五步）。

★ 场地：不限。

★ 应用：直观地知晓企业运营状况，掌握成功企业的经营之道。

（1）第一步：目的。

①采用创造性的方式相互介绍自己，以提升右脑思维能力；

②利用模拟企业经营整合所学专业知识。

(2) 第二步：现有的教学工具。手工沙盘（用友、金蝶等）或电子沙盘（用友、金蝶等）。

发展趋势：手工沙盘和电子沙盘相融合。电子沙盘引导，手工沙盘操作，电子沙盘分析点评。手工沙盘提高学习兴趣，电子沙盘提高学习效果。

(3) 第三步：教学特色与目的。特色：将模拟市场引进教室。提倡体验式教学，克服传统教学的不足，是典型的行动导向型教学法，体现了从学生为主体、教师为主导的教学模式。其中每一个经营阶段，教师的点评是关键，要求老师知识面要宽，组织能力要强。由角色组成的管理团队，既凸显了个性，又增强了团体的合作与沟通。

发展趋势：教师的指导逐步减弱，学生的参与度和激烈竞争逐步形成。

目的：全面实施体验式教学，探求企业的生存、发展密码。

体现出知识应用的多元化，属典型的综合性训练项目。

(4) 第四步：课程定位—任务驱动—基于工作流程的行动教学法。

自由的分裂组合——团队与合作。

形象的分角色扮演——岗位与职责。

学生以实战为主体——职场与竞争。

任务驱动、结果导向——量化与评价。

教师以点评为主导的课程——导演与灵魂。

(5) 第五步：程序。

①首先，学生作个人介绍，并认真阅读问卷——“相识具有经营能力的我”

问卷——相识具有经营能力的我

我的姓名是：苗苗

我 是 一 名：经营者

我利用五种感官来介绍我自己：

我看起来像：一阵旋风

我闻起来像：海边清风

我摸起来像：一个汽泡

我听起来像：煮沸的咖啡

我品尝起来像：热奶油巧克力圣代冰淇淋

我最近的冒险经历是：在热浴缸里边吃坚果边读有关罗伯特·里德福德的鬼故事

②熟悉企业经营内容。为熟悉企业的经营内容，列示企业经营流程如图 5 - 1 所示。

③学生认真阅读沙盘操作手册或 PPT，一般涉及以下内容：

教学内容：在沙盘模拟训练中，通过直观的企业沙盘，模拟企业实际运行状况，让学生在游戏般的训练中体验完整的企业经营过程，感悟正确的经营思路和管理理念。

课程步骤：

- 企业实战模拟的准备工作；
- 企业实战模拟的规则讲解；

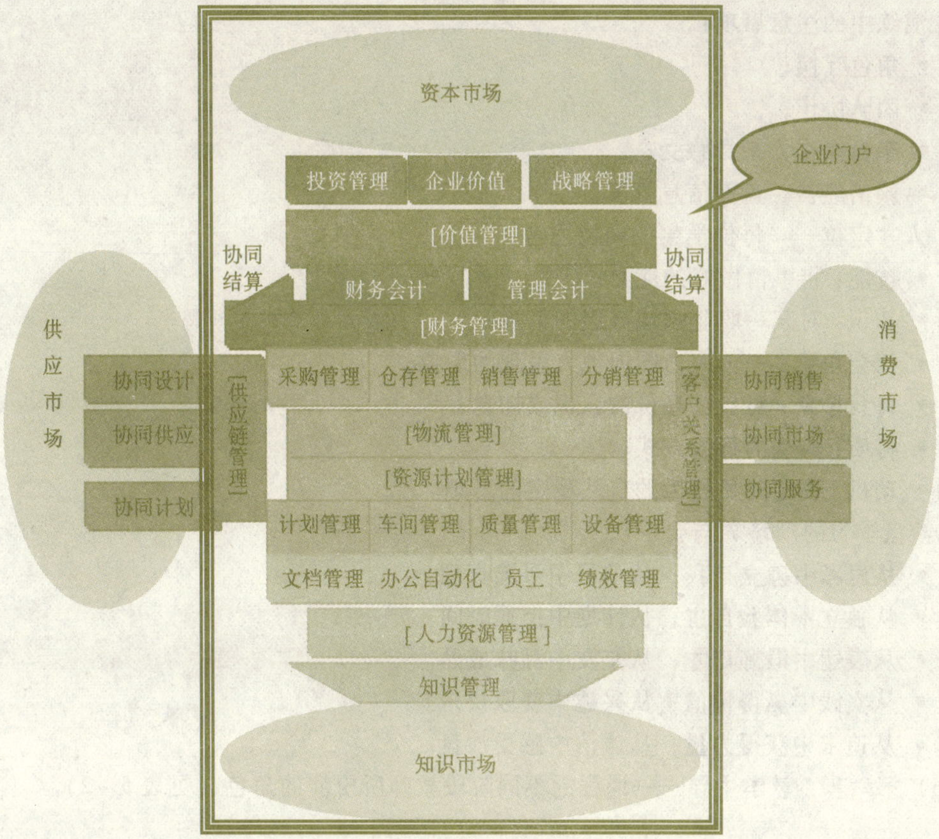

图 5－1 企业经营流程

- 初始年份讲解；
- 企业实战模拟；
- 企业实战模拟总评。

④角色分工及团队建设。

□ 公司的几个角色：

- 总裁（CEO）：战略决策
- 财务总监（CFO）：资金运作
- 营销总监（COO）：市场、销售
- 生产总监（CMO）：采购、生产
- 研发总监（CTO）：ISO、产品
- 企划部（CIO）：情报分析
- 财务经理：财务核算

□ 角色扮演法的要点：

- 知→知道→清楚→IQ 智商；
- 情→情感→沟通→EQ 情商；
- 意→意见→礼仪→AQ 逆商；
- 行→行动→合作→决策。

□ 演练中的注意事项：

- 角色互换；
- 团队协作；
- 亲自操作，亲身感受；
- 诚信经营，盘面信息真实。

□ 人才定位——每位学生的岗位思考：

- 技能：将事情做好的能力；
- 知识：对某一职业领域有用的信息；
- 社会角色：一个人力图向他人呈现的形象；
- 自我形象：对自己身份的认识或知觉；
- 特质：典型的行为方式；
- 动机：决定外显行为的自然稳定的思想。

⑤沙盘学习的“境界与要求”：

- 从思考中确立自我；从学习中寻求真理。
- 从独立中体验自主；从计划中把握时间。
- 从表达中锻炼口才；从交友中品味成熟。
- 从实践中赢得价值；从兴趣中获取快乐。
- 从追求中获得力量；从诚信中感受沙盘。

（6）第六步：教学主导——课程的不同阶段教师所扮演的角色（见表5－2）。

表5－2

课程阶段	具体任务	教师角色	学生角色
模拟企业背景介绍	检验储备知识，了解企业概况	企业旧任管理层	新任管理层
经营引导	熟悉游戏规则	企业旧任管理层	新任管理层
企业经营竞争模拟	战略制定	商务、媒体信息发布	角色扮演
	融资	股东、银行家、高利贷者	角色扮演
	订单争取、交货	客户	角色扮演
	购买原料、下订单	供应商	角色扮演
	流程监督	审计	角色扮演
	规则确认	咨询顾问	角色扮演
现场案例解析和评价	写出经营成败经验与教训	评论家、分析家	角色扮演

（7）第七步：问题讨论。

①如何评价这种用右脑思维介绍自己的方式？在众人面前充分展现自己，存在“不自在”的感觉吗？

②企业经营失败的教训——六种吃掉企业利润的黑洞：

- 追求业绩增长，忽视利润增长；
- 服务缺少，带走利润；

- 员工敷衍了事吃掉利润；
- 产品缺陷放弃利润；
- 随意发动价格战、广告战、促销战，烧掉利润；
- 库存积压，吞噬利润。

这能否引发你对经营成败的思考？

③如何提高企业效益？

- 信息共享性——重复劳动减少、避免差错、数据查询加快；
- 计划准确性——减轻计划人员负担、减少库存积压；
- 生产均衡性——采购件、产成品、半成品安排合理有序；
- 交货及时性——交货周期缩短且及时，整体竞争性加强；
- 资金合理性——突出财务的监控职责，提供决策支持；
- 内外协作性——加强供应商和客户的管理和评估。

④模拟团队管理——成败的关键。

- 团队精神是团队成员共同认可的一种集体意识，是团队成员共同价值观和理想信念的体现，是凝聚团队、推动团队发展的精神力量；
- 相互尊重，相互理解，相互宽容；
- 信息共享，团结协作；
- 在集体奋斗中发挥个人才智，实现自我；
- 崇尚团队精神并不意味着忽视个人贡献，我们关注并鼓励团队中每个人的业绩；
- 允许别人的最大利益偶尔取代自己的利益。

⑤推演沙盘的心态要求。

- 不以成败论英雄。谁跌得狠，谁收获大，但不赞成“失败是成功之母”或“亡羊补牢，犹未为晚”等自我安慰式语言，因为市场是残酷的。
- 要有内疚感，不可有羞耻感。羞耻感和内疚感相比，中国人更在乎羞耻感。我们整个民族对羞耻感极度敏感，而对内疚感却并不敏感。我们认为内疚感比羞耻感更可贵，因为内疚文化可以度己及人，顾全大局，它产生的是主动的推力，而羞耻感却是被动的推力，往往带有复仇的意味。
- 要放下“面子”，谦虚“求知”。
- 要学会说“对不起”，不可“看不起”。

⑥请学生回答以下问题：你认为这次培训中可能会遇到的最糟糕的事情是什么？学生的可能回答：

- 我被要求做我不会做的事情。
- 我只是储备不够，盲点很多。
- 我领悟慢，可能被认为很“笨”。
- 我粗心大意，痛失“荆州”。
- 我犹豫不决，缺乏决策力。
- 我情商不高，缺乏沟通能力。
- 我不能很好的了解对方，无法做到知己知彼。
- 我缺乏前瞻性，没有创造力。

通过回答问题，让学生认知自我，发现不足，找到差距，痛定思痛，努力学习。

(8) 第八步：总结与评估。

①强调参加"企业经营实战演练"课程的要求。

首先，要求职业定位、全局观念与团队合作。在训练中，每位参与者将扮演一家企业中的一个管理人员角色，每位学员可结合自己的兴趣选择扮演角色。参与者必须拥有全局观念，所有的工作都要以企业整体利益最大为原则，充分沟通，并最终达成共识（如果相互意见分歧较大，难以达成共识，则由 CEO 裁决）。

其次，要求讲求诚信。沙盘训练毕竟是一种模拟体验，但面对这种"游戏"的形式，学员不能抱着"游戏"的心态参与训练，必须遵守"游戏规则"，讲求诚信。

最后，要求敢于正视失败。我们应树立这样一种观念：作为未来的一名企业管理者，训练中出现的错误可以提醒你在未来的工作实务中避免重犯类似错误。因此，在一定意义上讲，沙盘训练中你的失误越多，你的收获将越大。

②沙盘模拟经营失败的惨痛教训类型：

- 标王病——脱离市场需求的过度营销。
- 巨人病——过度扩张导致支付困难。
- 贫血病——市场份额小，赢利能力低。
- 脆骨病——过度依赖贷款，资金成本高。
- 体虚病——规模不经济，效率低下，心有余而力不足。
- 多动症——拍脑袋决策，思考不细致不连续，用"意识流"做生意决策。
- 近视症——手边的事会做，跨部门的事束手无策，不会系统思考。

要求沙盘模拟训练中要做到"立战略之高，明盛衰之道"。

③对于企业经营沙盘模拟教学，对学生的作用有以下几点：

- 学生实训兴趣非常大；
- 让学生切身感受企业是干什么的；
- 让学生切身体验竞争残酷；
- 让学生切身体验合作的重要；
- 让学生切身体验资金管理及预算的重要性；
- 让学生在错误中学习，先犯错误，再改正错误；
- 对以后专业课学习起到支持作用；
- 对学过的知识起到整合作用。

④头脑风暴教学法教学效果评价（见表5-3）。

关于各种教学法教学效果评价的说明：

不同的教学法适用于不同的教学内容和教学对象。同一教学内容和同一教学对象，因教学环境的不同，也可选择不同的教学法。运用不同教学法的目的是为了达到专业教育的目标，使学生具备标准的专业素养，掌握标准的专业技能。因此，教学内容和教学方法虽不相同，但对各种教学方法在教学中应达到的效果标准是一致的。有鉴于此，我们在各种教学方法的效果评价内容和评价指标的设计上，采用了大致相同的指标和赋值权重。

表 5－3　　头脑风暴教学法教学效果评价表

总体印象：优 □　良 □　中 □　差 □　　　评议分数：________

	评价项目	分值	A	B	C	D	E
			10	8	6	4	2
1	教学内容符合教学目标和教学内容	10 分					
2	教学目标定位准确，教学内容安排科学	10 分					
3	教学设计科学合理，教学重点难点处理得当	10 分					
4	教学设计的情节清晰，内容充实，信息量大	10 分					
5	教师准备充分，对学生完成任务过程中遇到的问题能及时、合理解决	10 分					
6	教学气氛愉快、活跃，角色扮演者畅所欲言	10 分					
7	教学内容能反映或联系专业发展的新思路、新概念、新成果	10 分					
8	引导问题能凸显学生创造性思维、发散性思维，给予学生思考、联想、创新的启迪	10 分					
9	学生达到教学知识目标和技能目标的比例高	10 分					
10	能有效地利用各种教学媒体	10 分					
对本节课的教学内容、方法、手段等的具体指导意见或建议： 签字： 年　月　日							

每种教学方法的教学效果评价在具体应用时涉及以下三个方面的内容：第一，每种教学方法的教学效果的评价主体是谁？第二，评价表由谁来填写？第三，评分结果怎么使用？

我们认为，每种教学方法的教学效果的评价主体应是教学同行、教学督导人员、行业专家和学生四类群体。评价表由上述四类群体填写，在四类群体各自平均赋值分数的基础上，按 3∶3∶3∶1 的比例计算每种教学方法教学效果的最终赋值。

对于每种教学方法教学效果评分结果的使用，我们的看法是：对表中全部项目的最终赋值累计分数在 70 分以下的，应当基本否定，并重新审视其教学方法选择、教学内容设计、教学步骤安排、教学环境创设等方面的科学合理性，并采取相应切实措施加以改进。对表中单个项目最终赋值累计分数在 7 分以下的，应审视该项目涉及的主体（教师或学生）在相应教学方法设计和使用、教学内容和教学步骤设计、学生学习引导或学生学习方法掌握、学生学习兴趣和学习能动性提高等方面存在的问题，并采取相应措施改进。

上述关于教学法教学效果评价的说明，也适应于本书后面的相关内容，限于篇幅，以后不再说明。

5.2.3　头脑风暴教学法在亏损产品是否停产决策中的应用

1）教学对象分析

会计专业××级××班学生，已经学完了基础会计、财务会计、税收等会计专业课程，已经学习了本课程的企业筹资决策、营运资金管理等内容。投资决策部分学习刚开始，已经掌握了有关经营投资的基本理论（包括相关成本和无关成本的概念）和常用方法（包括贡献边际法、差额损益法、相关损益法、成本无差别点法等）。

2）教学目标分析

根据上述教学对象的分析，本节课的教学目标应该是通过头脑风暴法的教学，使学生掌握相关成本的概念和内容、经营决策常用方法，能用“头脑风暴法”寻求解决问题的方法；能用贡献边际法、差量损益法、相关损益法、成本无差别点法进行经营决策分析。使学生通过积极参与“头脑风暴”活动，感受“头脑风暴法”的活动氛围和实效，培养富于想象、敢于表现、勇于创新的个性品质。通过在小组和全班上的发言，提高学生的语言表达能力、沟通能力和协调能力，培养良好的合作精神。通过寻找解决问题的方法，培养学生的实际操作能力，增强学生解决问题的信心。

3）教学内容分析

根据教学目标的分析，本节课的教学内容是经营决策常用的方法，即贡献边际法、差量损益法、相关损益法和成本无差别点法，以及这几种方法的适用条件。教学的重点是资源消耗不等情况下的边际贡献法，还有三种方法的实际应用。根据内容设计课程如下：

（1）教学设想。头脑风暴教学法的关键就是组织好活动，让活动真正产生“头脑风暴法”应有的效果。营造气氛是“头脑风暴法”的精髓所在，“头脑风暴法”就是要营造自由畅想的氛围，大家相互影响，强化信息刺激，从而促使思维者展开想象，引起思维扩散，在短期内产生大量设想，为我们进一步构思方案打下基础。为了营造气氛，本次课在以下三个方面作了安排：把学生的课桌由传统的秧田型改成马蹄型，马蹄型是目前普通认可的最具向心力的小组讨论格局（课桌摆放模式见图5-2）；在课堂上要大量使用激励性的语言，不仅老师对学生，学生相互之间也要使用激励性语言；在活动的组织和安排上下功夫。

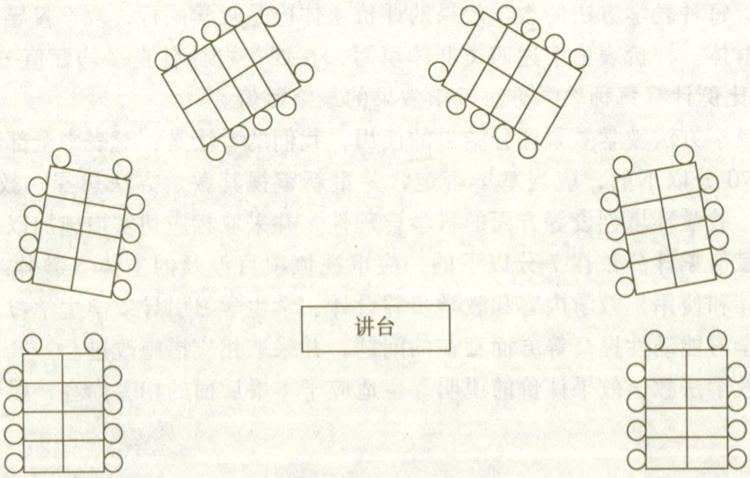

图5-2 课桌摆放模式

活动时，先介绍规则然后进行活动。最后，针对活动情况讲一下“头脑风暴法”的原理并进一步体会活动规则。

（2）教案设计（见表5-4）。

表5-4　　　　“亏损产品是否停产的决策”课程教学设计

授课时间	××年×月×日　　第×节（共需2课时，100分钟）	
授课班级	会计专业××班	
授课内容	亏损产品是否停产决策	
教学目标	知识目标	1. 熟悉“头脑风暴法”及其活动规则。 2. 掌握相关成本的概念和内容。 3. 掌握经营决策常用方法。
	能力目标	1. 能用“头脑风暴法”寻求解决问题的方法。 2. 能用边际贡献法、差量损益法、相关损益法、成本无差别点法进行经营决策分析。
	素质目标	1. 通过积极参与活动，培养富于想象、敢于表现、勇于创新的个性品质。 2. 通过在小组和全班的发言，提高学生的语言表达能力、沟通能力和协调能力，培养良好的合作精神。 3. 通过寻找解决问题的方法，培养学生的实际操作能力，增强学生解决问题的信心。
内容分析	重点	1. 让学生在活动中掌握“头脑风暴法”的活动规则，理解“头脑风暴法”的原理。 2. 通过活动达到学以致用的目的，让学生将知识活学活用，融会贯通。
	难点	1. 边际贡献法、差量损益法、相关损益法、成本无差别点的运用。 2. 组织好“头脑风暴”活动，使活动产生较好的实际效果，让每一位学生都积极参与到活动中。
	解决方法	1. 通过讨论，培养学生的探究能力，让学生明确目标，知道应该做什么。 2. 通过分析，引导学生对存在的问题进行分析，寻找解决问题的方法，进一步确定应该怎样做。 3. 通过总结，让学生学会归纳总结，最终认识到为什么这么做。
教具资料	课件、多媒体设备，白板、计算器等。	
教学方法	头脑风暴教学法。	

教学过程（教学内容及环节）	教学措施、手段及方法
一、复习回顾（10分钟） 1. 相关成本及无关成本的概念和内容； 2. 边际贡献法的概念、计算步骤、决策规则； 3. 差量损益法的概念、计算步骤、决策规则； 4. 相关损益法的概念、计算步骤、决策规则； 5. 成本无差别点法的概念、计算步骤、决策规则。	通过PPT以讲授形式进行回顾复习。

续表

教学过程（教学内容及环节）	教学措施、手段及方法
二、导入新课（5分钟） 我们学习了经营决策指标，如何运用这些指标进行决策呢？下面我们看一个案例…… 【任务要求】 1. 设想在不同条件下，企业有关亏损产品是否停产的决策。 2. 将小组决策分析过程和结论以书面形式贴到展示台，并派代表进行必要的解释。	用情景法导入案例，提出任务。
三、开始活动（60分钟） 1. 准备阶段：介绍“头脑风暴法”及活动规则；每个小组推举一个小组长，小组长就是会议的主持人、记录员、小组发言代表。 3. 活动阶段： （1）确定问题：本次活动有待解决的问题是亏损产品是否停产？ （2）畅谈交流：大家自由发言，小组长进行记录。 （3）解决问题：对已获得的设想进行整理、分析，以便选出有价值的创造性设想。 4. 总结阶段：各小组展示活动成果，小组长介绍小组活动情况，体会活动收获。	通过咨询，组织和引领学生开展各项学习活动。 播放PPT。
五、教师讲评（10分钟） 教师讲评，师生共同完成评价表。 太精彩了，同学们在这么短的时间里就产生了这么多奇妙的设想，真是让人感到惊讶！同学们试想一下，如果是一个人，能想出这么多奇妙的设想吗？一个人只有一个或几个设想，多个人就能造就像今天这样的精彩。中国有句俗话“三个臭皮匠顶一个诸葛亮”说得也是这个道理。当然，“头脑风暴”活动不是简单起到集中多人智慧的作用，还有一个在小组营造氛围、强化信息刺激的作用。“头脑风暴”活动力图在小组内营造一种自由畅想的氛围，大家相互影响，强化信息刺激，从而促使思维者展开想象，引起思维扩散，在短期内产生大量设想，为我们进一步构思方案打下基础。	认真倾听小组发言；对各小组的发言进行简单的点评和肯定。 教师分析并公布参考答案，为每小组计算成绩。

4）教学步骤

根据以上设计，本节课的教学步骤如下：

（1）准备阶段。在组织头脑风暴活动时，应遵循以下几条原则：

①自由畅想，即同学们在构思方案和发言时，不要受任何条条框框的限制，甚至可以异想天开。

②延迟批判，在组织活动时，对他人的发言不要作出任何有关缺点的评价。因为没有一个答案是错误的，现在看来不合理的提议，在条件和技术成熟后，或对它进行一些改善后，就有可能成为合理的。也有可能他人在这个提议的启发下，得出更妙的设想。所以在小组内任何人的任何提议的价值都是等同的，都是应该加以鼓励的。

③以量求质，头脑风暴会议的目标就是获得尽可能多的设想，所以同学们的设想越多越好。

④综合改善，鼓励同学们对别人的设想补充完善成新的设想。

⑤限时限人，活动限定时间为40分钟，每个小组的人数为10人。

⑥分组分任务，确定小组长及明确组长职责。每个小组推举一个小组长，小组长就是会议的主持人、记录员和小组发言代表。小组长必须明确以下职责：控制讨论进程；承认每个人作出的贡献；确保没有人侮辱、贬低，或者评价另一参与者；声明没有一个答案是错误的；记录每一个回答，除非它被一再重复；注意时间限制，到时立即终止讨论发言；发言时，不仅要汇报小组讨论情况和讨论结果，还要汇报小组活动是如何体现活动原则的。

（2）热身阶段。这个阶段的目的是创造一种自由、宽松、祥和的氛围，以便活跃气氛，使大家得以放松，进入一种无拘无束的状态，促进思维。如说说笑话、猜个谜语、听一段音乐等。

（3）活动阶段。

①确定问题。本次活动有待解决的问题——亏损产品是否停产？

【案例】 华商公司整体经营情况良好，但所生产的三种产品A、B、C产品中的C产品还是亏损，在公司总结会上，公司老总说："C产品亏损了还不停产？"财务经理说："总经理，我认为亏损产品是否停产需要经过分析才能决定。我们财务部门会尽快把分析结果上报给您。"

华商公司目前生产A、B、C三种产品，由于C产品是新开发产品，还没有打开市场，所以产销量较低、边际贡献较小，发生亏损。A、B、C三种产品的有关资料如表5－5所示。

表5－5

项　目	产品A	产品B	产品C	合计
销售量（件）	1000	1200	1800	
单位售价	900	700	500	
单位变动成本	700	580	450	
单位贡献毛益	200	120	50	
贡献毛益总额	200000	144000	90000	434000
固定成本	125000	125000	150000	400000
利润	75000	19000	－60000	34000

说明：固定成本40万元按变动成本总额分配。

【任务要求】 设想在不同条件下，企业有关亏损产品是否停产的决策。

②畅谈交流。先有教师作启发式发言：如果企业停产后可转产其他产品呢？或将设备转租别人？现在就来利用"头脑风暴法"发挥同学们的集体的聪明才智，寻求解决这个问题的方案。各小组开始活动，学生发言积极，设想五花八门。大致归纳以下几种情况：

- 亏损就停产。
- 亏损停产，转产其他项目。
- 亏损停产，设备转租他人。
- 亏损不停产，因为还能创造边际贡献。
- 亏损不停产，想办法增产，扭亏为盈。
- 亏损不停产，因为能谋利社会，只当是做公益事业，说不定所作的贡献被国家或国际某组织发现，对我们进行补贴或投资，因祸得福。

…………

③解决问题。将所设想的问题按可能性排列，每小组挑出前三种设想。将每一种设想具体化，用所学过的方法计算比较，作出最终的决策。

说明：可用边际贡献法、差量损益法、相关损益法等决策方法。

（4）总结评价阶段。小组代表发言，将小组设想及决策结果给大家作介绍。由各小组及教师根据评价标准打分评价，如表 5－6 所示。

表 5－6　　设备投资决策方案评价表

评价小组：　　　　评价时间：　　年　月　日

训练项目	训练重点	评价标准	小组评价	老师评价
1. 设想提议	想象力	数量多少		
2. 设想内容	实践能力	内容数据是否合理		
3. 解决方案	选用方法	恰当，计算正确		
	完成速度	时间短		
	方案的讲解	讲解清楚		
4. 团队合作	团队合作	小组成员参与程度		
	自学能力	自我管理、自我学习能力		
	表现突出者	小组中优秀成员多少		

（5）课后教研交流。

①布置任务。

• 小组活动。将教师分成四个教研室，每组选一位教研室主任，开展教研活动。

活动内容：以经营决策为知识点，使用头脑风暴教学法，设计一个 45 分钟的公开课，准备参加单元检验公开课展示会。

要求：内容完整；课程设计科学；教案内容详实；课件制作精美；符合教学规律。

• 个人完成。学习头脑风暴教学法；设计公开课；参加小组交流活动。

②小组思考：使用头脑风暴教学法应该注意的问题有哪些？头脑风暴教学法在本门课程中还可以应用到哪些知识点？使用头脑风暴教学法，教师应具备哪些素质？

③单元检验公开展示课的综合评价。全体教师参加听课、评课；培训教师作综合评价（登记教学效果评价表，“头脑风暴法”教学效果评价表见 5－3）。

5.2.4　头脑风暴教学法在审计报告教学中的应用

1）教学对象

学生在会计报表审计业务中学习了初步业务活动，与被审计单位签订“审计业务约定书”，制定总体审计策略和具体审计计划，并对被审计单位进行进一步了解，经历了风险评估阶段、控制测试阶段，实施了实质性程序，下一步的工作就是报告阶段，通过项目组座谈、与被审计单位管理当局进行沟通，以出具最终的审计报告。

2）教学目标

会计报表审计业务的最终目标是根据《中国注册会计师审计准则》的规定，在实施审计工作的基础上，对被审计单位财务报表发表审计意见。注册会计师在出具审计报告前须理解发表不同审计意见的条件和相关专业术语，掌握审计报告的种类及基本内容。尤其在“项目组座谈”这一环节，启用“头脑风暴法”，鼓励学生进行多角度的思考和表述。模拟实际工作场景，把学生分成几个小组，每小组成员分析讨论所应出具审计报告的类型，做到学生间相互启发、激发灵感，培养学生的创造力；同时也发挥了团队精神，形成审计小组的合力，审计人员也在项目实施过程中分享了其他审计人员的审计经验、方法与技巧。

3）教学内容

本教学内容是在项目组座谈并与被审计单位管理当局沟通的基础上，出具审计报告。鼓励学生从多个角度思考问题，全面理解教学案例资源。首先，审计项目组应当评价根据审计证据得出的结论，以作为对财务报表形成审计意见的基础。在对财务报表形成审计意见时，项目组应当根据已获取的审计证据，评价是否已对财务报表整体不存在重大错报获取合理保证。其次，掌握什么情况下出具何种类型的审计报告，做到具体问题具体分析。

本节课课前可进行柔化训练，即对缺乏创新性思维的学生进行打破常规思考，通过课前小游戏转变其思维角度的训练活动，以减少思维惯性，从单调的紧张学习环境中解放出来，以饱满的创造热情投入激励设想活动。如果把本节课视为一次真正意义的审计项目组工作会议，教师则可担当项目组的主持人，要熟悉并掌握该部分内容要点和操作要素，摸清主题现状和发展趋势，帮助学生最后形成小组意见。

本节课主要的教学内容如下：

项目组审计意见包括无保留意见与非无保留意见，非无保留意见包括保留意见、否定意见和无法表示意见三种情况。

（1）发表无保留意见的条件。如果认为财务报表符合下列所有条件，注册会计师应当出具无保留意见的审计报告：

①财务报表已经按照适用的会计准则和相关会计制度的规定编制，在所有重大方面公允反映了被审计单位的财务状况、经营成果和现金流量。

②注册会计师已经按照《中国注册会计师审计准则》的规定计划和实施审计工作，在审计过程中未受到限制。

（2）发表非无保留意见的条件。当存在下列情形之一时，如果认为对财务报表的影响是重大的或可能是重大的，注册会计师应当出具非无保留意见的审计报告：

①注册会计师与管理层在被审计单位会计政策的选用、会计估计的作出或财务报表的披露方面存在分歧。

②审计范围受到限制。

（3）发表保留意见的条件。如果认为财务报表整体是公允的、但还存在下列情形之一时，注册会计师应当出具保留意见的审计报告：

①会计政策的选用、会计估计的作出或财务报表的披露不符合适用的会计准则和相关会计制度的规定，虽影响重大，但不至于出具否定意见的审计报告。

②因审计范围受到限制，不能获取充分、适当的审计证据，虽影响重大，但不至于出具无法表示意见的审计报告。

（4）发表否定意见的条件。如果认为财务报表没有按照适用的会计准则和相关会计制度的规定编制，未能在所有重大方面公允地反映被审计单位的财务状况、经营成果和现金流量，注册会计师应当出具否定意见的审计报告。

（5）发表无法表示意见的条件。如果审计范围受到限制可能产生的影响非常重大和广泛，不能获取充分、适当的审计证据，以至于无法对财务报表发表审计意见，注册会计师应当出具无法表示意见的审计报告。

4）教学媒体

使用 Power Point 等多媒体工具。

5）工具

相关审计工作底稿。

6）设备

本教学法应用的计算机教学媒体主要有带投影仪的全套多媒体设备，用于指导性的案例操作演示，并对教学具体内容进行动画等方式的演示。

7）文件手册

《中国注册会计师审计准则第 1141 号——财务报表审计中对舞弊的考虑》；

《中国注册会计师审计准则第 1142 号——财务报表审计中对法律法规的考虑》；

《中国注册会计师审计准则第 1501 号——审计报告》。

8）实施过程和步骤

本节课设计如表 5－7 所示。

表 5－7　　头脑风暴教学法教学设计表

授课时间	____年____月____日　第____周　星期____　第____节
授课班级	____专业　____年级　____班级
教学内容	审计报告
教学目的	通过本节课的教学，使学生理解和掌握审计报告的类型、项目组审计意见的类型、审计报告的构成要素，培养学生从审计工作的角度综合、分析、评估事件问题的能力，培养学生创新思维，使学生间相互启发、激发灵感，培养学生的创造力。同时，通过发挥团队精神，形成审计小组的合力。
教学方法	头脑风暴教学法
教　　具	电脑、投影仪 《中国注册会计师审计准则第 1141 号——财务报表审计中对舞弊的考虑》 《中国注册会计师审计准则第 1142 号——财务报表审计中对法律法规的考虑》 《中国注册会计师审计准则第 1501 号——审计报告》
教学重点	审计报告的构成要素、项目组审计意见的类型
教学难点	项目组审计意见的出具
教学过程（教学内容及环节）	
课前：模拟实际工作情境，进行人员分组，便于在项目组座谈环节各组分别进行讨论分析，最终实施审计意见的汇总整理。 课上： **一、准备阶段** 教师作为大的项目组即教学班的负责人，将本节内容所要解决的问题（如何撰写审计报告）、可供参考的资料和	

续表

教学过程（教学内容及环节）
设想（相关案例资料）、需要达到的目标等事宜布置给学生，让学生做好充分的准备，以便学生了解与主题有关的背景材料和外界动态。 具体案例资料如下： 中华会计师事务所于2008年2月10日完成对ABC股份有限公司2007年度财务会计报告的审计工作。A注册会计师作为审计项目负责人，在审计时分别遇到以下情况： （1）公司拥有一项长期股权投资，账面价值500万元，持股比例30%。2007年12月31日，公司与K公司签署投资转让协议，拟以450万元的价格转让该项长期股权投资，已收到价款300万元，但尚未办理产权过户手续，公司以该项长期股权投资正在转让之中为由，不再计提减值准备。 （2）公司于2006年5月为L公司1年期银行借款1 000万元提供担保，因L公司不能及时偿还，银行于2007年11月向法院提起诉讼，要求公司承担连带清偿责任。2007年12月31日，公司在咨询律师后，根据L公司的财务状况，计提了500万元的预计负债。对上述预计负债，公司已在会计报表附注中进行了适当披露。截至审计工作完成日，法院未对该项诉讼作出判决。 （3）公司对2007年度应调整的应收账款800万元作了调整，但对注册会计师提出的应予调整的其他应收款5万元拒绝调整（重要性水平为资产总额的1%）。 要求： （1）分析上述情况对审计报告的影响。 （2）根据第二种情况，编写一份审计报告（标题、收件人、引言段、管理层对财务报表的责任、注册会计师的责任均可省略）。 **二、热身阶段** 这个阶段的目的是创造一种自由、宽松、祥和的氛围，使大家得以放松，进入一种无拘无束的状态。课程内容开始时，先说明教学的规则，然后以有趣的话题或问题让大家的思维处于轻松和活跃的境界。 教学规则如下： 规则1：在思考期间，不能进行评价。也就是说，要等到所有的想法被列出来并作出解释后，才能对之进行评价性判断。 规则2：鼓励学生思想交流的自由。想法越多越新奇，得到的答案就会越好。不管学到什么程度、掌握到什么水平，都可以有自己的想法，其想法可以切合实际，也可以不切实际，在相互交流中得到共识。 规则3：鼓励思想的数量，提供的建议越多，提供的选项就会更好。 规则4：需寻求思想的联系和配合。鼓励团体参与者去依靠他人的建议，去修改、编写及使用这些建议，以提高解决问题的能力。 以上规则完全站在师生之间、生生之间相互平等的角度制定，彻底驱逐学生的拘谨。 **三、明确问题** 教师扼要地介绍有待解决的问题（相关案例中需要注意的典型问题）。介绍时须简洁、明确，不可过分周全，否则，过多的信息会限制人的思维，干扰思维创新的想象力。 强调此案例中三个问题所出具的审计报告类型可能会不尽相同，鼓励大家对问题进行综合分析。 **四、重新表述问题** 经过一段讨论后，大家对问题已经有了较深程度的理解。这时，为了使大家对问题的表述能够具有新角度、新思维，教师指定专人记录学生的发言，并对发言记录进行整理。通过记录的整理和归纳，找出富有创意的见解以及具有启发性的表述，供下一步畅谈时参考。 **五、畅谈阶段** 畅谈是“头脑风暴法”的创意阶段。为了使大家能够畅所欲言，需要制定的规则是：第一，不要私下交谈，以免分散注意力；第二，不妨碍他人发言，不去评论他人发言，每人只谈自己的想法；第三，发表见解时要简单明了，一次发言只谈一种见解。

续表

教学过程（教学内容及环节）
六、筛选阶段 即方案确定的阶段，排除折中方案，对所讨论问题通过客观、连续的分析，找到一组切实可行的方案。 具体答案如下： （1）保留意见的审计报告。由于该项长期股权投资转让交易尚未完成，公司应计提而未计提减值准备，不符合《企业会计准则》和相关制度的规定。 （2）带强调事项段的无保留意见的审计报告。因担保而产生的诉讼可能给公司带来损失，属于重大不确定事项，应当考虑在意见段之后增加强调事项段。 （3）应根据重要性水平发表无保留意见。 针对第二种情况，应出具带强调事项段的无保留意见审计报告。格式略。
课后小结：对学生积极思考、全力投入课堂教学的行为给予支持，强调如何根据实际情况判断出具审计报告的类型。
反思过程（教研交流与教学反思）
“头脑风暴法”是一种非结构化方法，依赖于小组中每个成员自发地提出自己的想法，不允许任何批评，所有的想法都被记录后予以评估。审计小组在实际工作中也经常有意无意地应用“头脑风暴法”。 “头脑风暴法”是一种运用创造力来寻求解决方案的行之有效的方法，各个审计人员不同的知识背景以及不同的专业擅长，可以在审计项目实施过程中做到优势互补。

9）教学效果评价

鉴证业务的工作性质就是要审计人员解决问题。被审计单位的有关财务方面如出现问题均为重大问题，都值得质疑，因此解决问题便成为审计人员的一种工作技能，特别在提倡创造性的教学模式中，解决问题是行动过程的核心。在鉴证业务中运用“头脑风暴法”的主要目的是通过积累起来的最广泛的思想和选择方案来解决问题。在解决一系列问题的过程中，锻炼学生的逆向思维、逻辑思维、全方位多角度思考问题的能力，提升团队协作的能力。头脑风暴法教学效果评价表见表 5－3。

5.3 在会计专业教学中应用“头脑风暴法”应注意的事项

1）“头脑风暴法”应用条件和场合

在“头脑风暴法”中，教师以主持人的身份出现，这就要求教师不但要熟悉问题，而且必须熟练掌握“头脑风暴法”的处理程序、方法和技巧，要求教师要有良好的组织能力、良好的逻辑思维能力、良好的反应能力、充分的会计专业知识和丰富的会计实践经验。教师要让每个学生都有机会提出设想。如轮到的人暂时无新设想，可以跳到下一个人，让他思考一会。集体“头脑风暴”的方法可以提出大量设想，当一个学生提出一种设想的时候，他会自然地将其想像引向另一个设想，就在这一瞬间他提出的设想会激发其他学生的联想能力，这就是连锁反应。教师应鼓励大家提出一些从已经提出的设想中派生出来的设想，这种连锁反应很有价值。学生每次发言最好只提一条设想，否则就会因为失去许多很好的辩解机会而使提出设想的效率明显下降。当举手的人多时，教师应让那些积极思维的人先发言。同时，教师可以在讨论之前对解决问题的设想作一些准备，若学生一时提不出设想，教师便可以抛出自己的想法来启发大家。

在“头脑风暴法”中学生就是专家，学生应积极思考，善于表达，尽可能多地提出设想，不用害怕自己的设想会遭到别人的嘲笑。无论如何，学生不能照本宣科，如有准备好的设想，应提前交给教师。当有几个人同时举手时，后面发言的学生可能会受前面发言人的影响而忘记当时的设想，所以学生应及时把自己的设想用纸和笔记录下来。

运用“头脑风暴法”进行教学一定要做好准备工作。根据教学内容准备好教学媒体、工具、设备、文件和手册，特别是学生的知识准备，如固定资产减值处理教学时，一定要让学生掌握固定资产的相关知识，事先预习固定资产减值的相关内容，不打无准备之仗。记录员要及时记下学生提出的设想和他们的名字，记录的内容是设想的基本大意就行。当然也可以用录音笔录下全过程。同时，记录员应按设想提出的顺序给每个设想编号，让教师随时掌握设想的数量，以启发学生再多提设想等。

在实践教学中，“头脑风暴法”适用于解决没有固定答案或者没有标准答案的问题，以及根据现有法规政策不能完全解决的实际问题。

2）“头脑风暴法”运用的注意事项和教训

运用“头脑风暴法”时，教师要创设一种自由的气氛，参加者不应该受任何条条框框的限制，放松思想，让思维自由驰骋，尽可能地标新立异，提出独创性的想法，甚至是荒诞的想法。另外，从学生心理过程来看，学习活动主要依靠学生内在动力的驱使，但外在动力机制也是不容忽视的动力因素。激励机制就是将外在动力因素激发甚至转化为内在动力因素，抓住了激励机制，也就从根本上抓住了调动学生积极性的关键。但是，激励原则还要求教师在课堂管理中发扬教学民主，鼓励学生主动发问、质询和讨论，让学生思维流程中的浪花不断跳跃激荡，激励学生进行创造性思维，极大地调动其思维积极性。

运用“头脑风暴法”时要获得尽可能多的设想，追求数量是其首要任务。至于设想的质量问题，可留到会后的设想处理阶段去解决。在某种意义上，设想的质量和数量密切相关，产生的设想越多，其中的创造性设想就可能越多。但在这一环节也有其规则：第一，不要私下交谈，以免分散注意力；第二，不妨碍及评论他人发言，每人只谈自己的想法；第三，发表见解时要简单明了，一次发言只谈一种见解。教师要首先要向大家宣布这些规则，随后引导大家自由发言、想象、发挥，使彼此相互启发、相互补充，真正做到知无不言、言无不尽。

“头脑风暴法”要坚持当场不对任何设想作出评价的原则，一切评价和判断都要延迟到会议结束以后才能进行。这样做，一方面是为了防止评判约束与会者的积极思维，破坏自由畅谈的有利气氛；另一方面是为了集中精力先开发设想，避免把应该在后阶段做的工作提前进行，影响创造性设想的大量产生。

使用“头脑风暴法”教学，一般情况下要关注以下几点：

（1）组织形式。参加人数一般为5～10人（课堂教学也可以班为单位），最好由不同专业或不同岗位者组成；会议时间控制在1小时左右；设主持人1名，主持人只主持会议，对设想不作评论；设记录员1～2人，要求认真将与会者每一设想都记录下来。

（2）会议类型。

设想开发型：这是为获取大量的设想、为课题寻找多种解题思路而召开的会议，因此，要求参与者要善于想象，语言表达能力要强。

设想论证型；这是为将众多的设想归纳转换成实用型方案召开的会议。要求与会者善于归纳、善于分析判断。

（3）会前准备工作。

①会议要明确主题。会议主题提前通报给与会人员，让与会者有一定准备。

②选好主持人。主持人要熟悉并掌握该方法的要点和操作要素，摸清主题现状和发展趋势。

③参与者要有一定的训练基础，懂得该会议提倡的原则和方法。

会前可进行柔化训练，即对缺乏创新锻炼者进行打破常规思考、转变思维角度的训练活动，以减少思维惯性，从单调的紧张工作环境中解放出来，以饱满的创造热情投入激励设想活动。

（4）会议原则。为使与会者畅所欲言，互相启发和激励，达到较高效率，必须严格遵守下列原则：

①目标集中，追求设想数量越多越好。在智力激励法实施会上，只要求大家提设想，越多越好。会议以谋取设想的数量为目标。

②鼓励巧妙地利用和改善他人的设想。这是激励的关键所在。每个与会者都要从他人的设想中激励自己，从中得到启示，或补充他人的设想，或将他人的若干设想综合起来提出新的设想等。

③与会人员一律平等，各种设想全部记录下来。

④主张独立思考，不允许私下交谈，以免干扰别人思维。

⑤提倡自由发言，畅所欲言，任意思考。

⑥不强调个人的成绩，应以小组的整体利益为重，注意和理解别人的贡献，人人创造民主环境，不以多数人的意见阻碍个人新的观点的产生，激发个人追求更多更好的主意。

（5）会议实施步骤。

会前准备：参与人、主持人和课题任务三落实，必要时可进行柔性训练。

设想开发：由主持人公布会议主题并介绍与主题相关的参考情况；突破思维惯性，大胆进行联想；主持人控制好时间，力争在有限的时间内获得尽可能多的创意性设想。

设想的分类与整理：一般分为实用型和幻想型两类。前者是指目前技术工艺可以实现的设想，后者指目前的技术工艺还不能完成的设想。

完善实用型设想：对实用型设想，再用“脑力激荡法”进行论证，进行二次开发，进一步扩大设想的实现范围。

幻想型设想再开发：对幻想型设想，再用“脑力激荡法”进行开发，通过进一步开发，就有可能将创意的萌芽转化为成熟的实用型设想。这是“脑力激荡法”的一个关键步骤，也是该方法质量高低的明显标志。

（6）主持人技巧。主持人应懂得各种创造思维的技法，会前要向与会者重申会议应严守的原则和纪律，善于激发成员思考，使场面轻松活跃而又不失脑力激荡的规则；可轮流发言，每轮每人简明扼要地说清楚创意设想一个，避免形成辩论会和发言不均；经常强调设想的数量，比如平均 3 分钟内要发表 10 个设想；遇到人人都才穷计短出现暂时停滞时，可采取一些措施，如休息几分钟，自选休息方法，如散步、唱歌、喝水等，再进行几轮脑力激荡，或发给每人一张与问题无关的图画，要求讲出从图画中所获得的灵感。

根据课题和实际情况需要，引导大家掀起一次又一次脑力激荡的“激波”。如课题是某产品的进一步开发，可以从产品改进配方思考作为第一“激波”、从降低成本思考作为第二“激波”、从扩大销售思考作为第三“激波”等。又如，对某一问题解决方案的讨论，引导大家掀起“设想开发”的“激波”，及时抓住“拐点”，适时引导进入“设想论证”的“激波”。

要掌握好时间，会议持续 1 小时左右，形成的设想应不少于 100 种。但最好的设想往往是会议要结束时提出的，因此，预定结束的时间到了可以根据情况再延长 5 分钟，这是人们容易提出好的设想的时候。在 1 分钟时间里再没有新主意、新观点出现时，智力激励会议可宣布结束或告一段落。

“头脑风暴”教学法应用的计算机媒体主要是带有投影仪全套多媒体设备，可以使用光碟、Power Point 和 Flash 等多媒体工具，主要用于介绍案例，以及回顾与本任务相关的知识。同时，也可以让学生利用多媒体展示小组讨论后的结果。为方便学生计算，还应当有计算器。为对整个活动过程进行评价，还应该有评价手册、一块白板以及相应的书写工具。

6. 卡片展示法

6.1 卡片展示法概述

卡片展示法也称张贴板教学法，是一种围绕特定课题，在张贴板上贴上由学生或教师填写的有关教学内容的卡片，通过添加、移动、拿掉或更换卡片等方法，将卡片整理和合并，进行系统处理，得出必要结论的教学方法。由于张贴板教学法的结果总是一张张挂满各种卡片的张贴板，因此也称为 Metapilan 法，有人直译为大计划法。

卡片展示法就是充分发挥会计专业课实践性的特点，把企业真实任务带到课堂，让学生在课堂根据任务发现问题、解决问题，真正成为课堂的主人。在完成任务过程中掌握知识，提高操作技能。卡片展示法的运用有利于培养学生归纳、总结、交流、合作能力。

卡片展示法通过张贴板展示针对特定课题学生集思广益和系统思维的讨论过程，又呈现师生共同加工整理代表大多数学生意见的讨论结果，使学生了解开放式的思考、交流式的展示、探讨式的调整、认同式的聚合这种解决问题的工作方式。在教学过程中，学生成为教学的中心，教师由统治地位逐步后退到扮演学习伙伴的角色，帮助学生完成任务。

卡片展示教学法要求在教学过程中，教师应当尽量节制自己的主动行为，而只是通过富有艺术性的提问或介绍，促使学生积极主动地去思考、讨论和表达自己的意见。采用卡片展示法的目的，是要获得一个所希望的、能够代表大多数同学意见的结果。

卡片展示教学法的实施通常分为以下五个阶段：

第一阶段：课前准备

充分的课前准备是上好一堂课的重要前提。在这一阶段，教师主要准备的内容包括：教学展示的题目、教学的目标、各个教学过程阶段的划分。教师在准备阶段要充分考虑学生的特点，尽可能模拟真实的情境，通过创设情境让学生了解学习任务的必要性和与学习任务相关的学习信息，激发学生的学习兴趣，让学生在“想学”和“乐学”的基础上掌握有关会计的理论知识与技能知识，并获得与将来职业相关的综合职业能力。

第二阶段：开题

开题常采用谈话或讨论方式。教师提出要讨论或解决的课题，并将题目写在盖纸、云彩形或特殊的卡片上，用大头针钉在展示板上。例如，采购材料的成本组成，老师把企业采购材料过程中发生的全部成本费用展示在展板上。

第三阶段：收集意见

学生将自己的意见以关键词的形式写在卡片上，并由教师、学生或学生代表钉在展示板上。每张卡片的书写应该使其钉在展示板上后每个学生都能看清。

第四阶段：加工整理

师生共同通过添加、移动、取消、分组和归类等方法，将卡片进行整理合并，进行系统处理，得出必要的结论。

第五阶段：总结

教师总结讨论结果。必要时可用各种颜色的连线、箭头、边框等符号画在盖纸上。

6.2 卡片展示教学法应用案例

6.2.1 卡片展示教学法在“采购材料成本的构成”中的应用

卡片展示教学法对三维目标（知识与技能，过程与方法，情感、态度和价值观）的实现和实现的程度都比较理想，适合于会计教学。

1）教学对象分析

本节课的教学对象是会计专业××级××班学生，他们已经学习了基础会计课程，并且掌握了企业日常经济业务的核算方法。该班女生居多，班风较好，多数学生学习态度端正，有一定的学习积极性，能在教师的指导下积极思考，较好地配合教师开展各项课堂活动。小部分学生学习兴趣不高，学习方法欠缺，表现在学习的主动性和探索性不够，学生不爱提问题，不愿意动手动脑。

2）教学目标分析

本单元的教学目标是使学生掌握材料采购成本核算的理论知识、技能要求和综合素养，具体包括采购材料成本的构成、采购材料取得的原始凭证、采购材料的账务处理、材料总账明细账的登记。本节课教学内容为海达公司材料采购业务，在教学过程中要充分体现知识目标、技能目标和素质目标。本节课的知识目标是学生通过了解企业材料采购业务流程，分析材料采购业务成本的构成；技能目标是分类汇总采购材料成本；素质目标是通过分析汇总企业采购材料业务成本的构成，培养学生采购成本管理的意识以及细致严谨的工作作风，通过小组协作方式培养学生团队意识、竞争意识，提高学生与人沟通交流的能力。

3）教学内容分析

海达公司是生产塑料制品的企业，本单元设计的主要任务是进行海达公司材料采购业务的核算。确定采购材料成本的构成是采购材料业务核算的第一步，也是关键环节。本节课的内容就是确定采购材料成本的构成。具体教学内容包括了解企业采购材料业务流程、分析汇总采购材料成本的构成。

为达到上述教学目标，本节课的教学内容应当是结合企业实际分析汇总采购材料成本的构成，培养学生的实际应用能力。在本节课中使用卡片展示法可以充分调动学生的参与积极性，紧密围绕材料采购成本这一核心工作展开教学，并突出关键知识点与技能点，在整个教学活动过程中依据教学内容分解教师活动和学生活动，明确学习任务，让学生在轻松又严谨的课堂氛围中，通过参观实践、思考探究，获取知识和技能。在完成任务过程中，需要小组成员之间的协助与交流，可以增进同学之间的感情，培养学生的团队意识，激发学生学习的积极性和学习热情。

4）卡片展示教学法运用的计算机教学媒体、工具、设备、文件和手册

卡片展示教学法运用的计算机媒体主要有电脑、投影仪、音响等，另外要有海达公司业务简介，采购材料业务流程简介的光碟，海达公司材料采购管理制度，海达公司部分材料采购业务的原始凭证、记账凭证、原材料总账及明细账，教学评价表。

5）卡片展示教学法教学设计

卡片展示教学法就是将讨论分析的对象钉在展示板上，学生通过探究性学习，将卡片进行整理合并，得出必要结论的教学法。根据这个通常的做法，将本节课设计教学计划表如表6－1所示。

表6－1　　　　卡片展示教学法教学计划表

授课时间	＿＿＿＿年＿＿月＿＿日　第＿＿周　星期＿＿　第＿＿节
授课班级	＿＿专业　＿＿年级　＿＿班级
教学内容	材料采购成本的构成
教学目的	本节课的知识目标是学生通过了解企业材料采购业务流程；分析材料采购业务成本的构成，技能目标是分类汇总采购材料成本；素质目标是通过分析汇总企业采购材料业务成本的构成，培养学生成本管理的意识以及细致严谨的工作作风，通过小组协作方式培养学生团队意识、竞争意识，提高学生与人沟通交流能力。
教学方法	卡片展示教学法
教　　具	电脑、投影仪、音响，海达公司业务简介、采购材料业务流程简介的光碟、材料采购管理制度，海达公司部分材料采购业务的原始凭证、记账凭证、原材料总账及明细账，教学评价表。
教学重点难点	教学的重点是材料采购成本的分类汇总过程。难点是如何分析材料采购成本的构成。
教学过程（教学内容及环节）	
一、课前准备 本单元的主要任务是学生能正确进行材料采购业务的核算。为完成该项教学内容，教师选择了一个小型制造企业——海达公司，先带学生到海达公司参观，参观前告诉学生回来后要为海达公司计算材料采购成本。通过参观企业，让学生把真实的业务带回课堂，这种做法能够解决学生因为没有感性认识对所学理论知识不感兴趣，无法与企业实际工作联系起来的难题。在不妨碍企业正常工作情况下，教师带领学生参观企业材料供应部、生产工艺流程、财务部工作，由企业采购人员现场介绍企业材料采购流程、财务人员讲解材料核算过程。参观企业后，教师给学生安排的任务是：将搜集的与材料采购业务有关的内容制作成卡片，并进行分类汇总。这样做，有利于学生弄清楚材料采购成本的构成范围，哪些属于材料采购成本，哪些不是材料采购成本。	

续表

教学过程（教学内容及环节）

二、开题

开题是指教师提出要讨论或解决的课题，并将题目写在卡片上，用大头针钉在展示板上。开题常采用谈话或讨论方式进行。本节课的内容是材料采购成本的构成，开题采用讨论的方式进行。首先，将学生分成四组。其次，学生根据海达公司的采购材料业务流程，围绕材料采购成本的构成这一核心，分组展开讨论，最后各小组将讨论结果以关键词的形式描述出来，并制作成卡片。采用卡片展示法，把枯燥的理论知识转变为简单、具体、生动的卡片形式，通过小组讨论、自主探究等学习方式，展示了采购材料成本的构成。这样不仅有利于调动学生参与的积极性，而且有利于学生掌握企业材料采购成本的构成，为材料采购的核算奠定良好的基础。

三、收集意见

收集意见是指学生把自己的意见以关键词的形式写在卡片上，并由教师、学生自己或某个学生代表钉在展示板上。在本节课的教学过程中，学生通过分组讨论、自主探究等学习形式，分析汇总出材料采购业务中涉及的全部成本费用，并制作成卡片钉在展示板上。如下图所示。

材料采购成本的构成

一组	二组	三组	四组
材料价款	运费	材料价款	材料价款
运费	材料价款	运费	运费
增值税	采购差旅费	增值税	增值税
……	……	……	……

展示板

四、加工整理

加工整理是指师生共同通过添加、移动、取消、分组和归类等方法，将卡片整理合并，进行系统处理，得出必要的结论。在本节课中，首先通过各小组代表发言，汇报本组讨论的过程以及形成的结论；然后师生共同总结出材料采购成本的构成内容，指出在实务中哪些项目属于采购成本，哪些项目不属于采购成本，并说明原因。卡片展示法强调学生独立探索、亲自动手，以培养学生用探索式学习方法去获取知识与技能的能力以及与他人合作的能力。因此，教师尽量不要直接告诉学生应当如何去解决面临的问题。例如，在汇总材料采购成本的构成环节，学生根据参观实践以及教材知识思考、讨论，从而得出结论。

五、总结

教师总结归纳讨论结果。在这一阶段，实际工作中可分为两部分——学生总结和教师总结。

1. 学生总结，由学生代表总结本堂课的收获。

2. 教师总结，由教师总结本堂课的主要内容。

六、在评价手册上记录本课程的结果和教师授课评价手册

七、课后教研交流任务

1. 完成任务。

（1）小组活动：

①将教师按照专业方向分成4组，每组选一位组长，开展教研活动。

②活动内容：选取某一知识点，使用卡片展示教学法，设计一个45分钟的公开课，准备参加单元检验公开课展示会。

③要求：内容完整；课程设计科学；教案内容详实；课件制作精美；符合教学规律。

（2）个人完成：

①学习卡片展示教学法；②设计公开课；③参加小组交流活动。

（3）小组思考：

①使用卡片展示教学法应该注意的问题有哪些？

②卡片展示教学法在本门课程中还可以应用到哪些知识点？

③使用卡片展示教学法，教师应具备哪些素质？

2. 单元检验公开展示课的综合评价。

（1）全体教师参加听课、评课。

（2）培训教师作综合评价（登记教学效果评价表）。

6）卡片展示教学法教学效果评价

卡片展示教学法教学效果评价的主要内容有：卡片设计和对知识的选择是否适合卡片展示教学法；教师引导和课前的准备是否充分；形式是否生动、活泼；学生是否充分展示个人观点，保质保量完成任务；学生的参与是否积极；结论是否全面、完整；教学档案的建立是否完整、科学，等等。卡片展示法教学效果评价表如表6－2所示。

表6－2　卡片展示法教学效果评价表

总体印象：优□　良□　中□　差□　　评议分数：

	评价项目	分值	A	B	C	D	E
			10	8	6	4	2
1	教学内容符合教学目标和教学内容	10分					
2	教学目标和教学内容的安排要合理	10分					
3	能加深学生对所学知识的了解	10分					
4	环节清晰，内容充实，信息量大	10分					
5	教学环境安全、宽敞明亮，没有噪音影响	10分					
6	教学气氛愉快、活跃，学生热情参与	10分					
7	卡片内容能反映或联系专业发展的新思路、新概念、新成果	10分					
8	能给予学生思考、联想、创新的启迪	10分					
9	学生达到教学的知识目标和技能目标的比例高	10分					
10	能有效地利用各种教学媒体	10分					
对本节课的教学内容、方法、手段等的具体指导意见或建议： 签字： 年　月　日							

6.2.2　卡片展示教学法在财务报表分析教学中的应用

1）教学对象

本节课的教学对象是会计专业××级××班学生，他们已经学完了基础会计、财务会计和税收理论等会计课程，掌握了与会计相关的基本理论和基本技能，对于财务会计报表如资产负债表和利润表的编制已经很熟悉。本节课是财务成本管理课程第十单元的内容，是该单元的理论应用部分。

2）教学目标

财务会计报表是会计核算的最终结果。财务分析是运用一定的方法（如财务比率分析法）对财务会计报表进行分析和评价，为投资者、债权人、经营者和其他社会各界的财务预测和决策提供信息的一项财务管理活动。学习财务分析业务，要学会根据企业财务报告分析企业的偿债能力、营运能力和获利能力；还要能够运用杜邦分析法对企业财务状况进行综合分析、发现问题并提出解决方案；并培养学生观察能力、参与竞争能力、集思广益和团结协作的精神。

3）教学内容

为达到以上教学目标，需要学习的内容有：比率分析法的含义和应用，偿债能力分析、营运能力分析和获利能力分析涉及的相关财务指标，杜邦分析的原理和方法。其中，偿债能力是指企业偿还到期债务（包括本息）的能力，包括短期偿债能力和长期偿债能力；营运能力是指企业经营的效率高低，即企业资金周转状况，是公司在生产经营活动过程中管理能力的进一步体现；获利能力，也称赢利能力，是企业获取利润的能力和资金增值的能力；对企业综合财务状况的分析主要采用杜邦分析法。本单元教学内容是对会计报表内容的进一步认知和应用。结合本单元的特点，采用卡片展示教学法，可以最大限度地调动所有学生的学习积极性，充分展示教学活动的全过程，让学生在短时间获取较多的信息。本次课选取的是单元十的任务一：偿债能力分析。通过卓越公司的案例，引入如何才能正确评价企业的偿债能力。

4）卡片展示教学法运用的计算机教学媒体、工具、设备、文件和手册

卡片展示教学法运用的计算机媒体主要是带有投影仪全套多媒体设备（包括电脑、投影仪、音响等），还有卓越公司简介光碟、卓越公司电子版财务报告。需要的工具主要有：

（1）展示板。可用硬泡沫塑料、软木等制成，一般高度为1～1.5米，宽度为1～2米。展示板可固定在墙壁上，也可以安置在专门的支架上。

（2）盖纸。面积与张贴板等大的书写用纸，必要时可以在上面书写、画图、制表或粘贴。

（3）卡片。可采用多种颜色和形状，如长方形、圆形、椭圆形，甚至云彩和箭头形状等。

（4）大头针。头比常用的要大些，以便于插上和拔下。

（5）其他。如记号笔、胶棒和剪刀等。为了方便学生具体计算，还应当有计算器、算盘等工具；为了对学生的操作过程和结果进行检查、分析、总结和评价，应配备实验实训操作簿，分析、总结和评价手册等。

5）卡片展示教学法教学设计——偿债能力分析（见表6－3）。

表6－3　卡片展示教学法教学设计表

授课时间	______年____月____日　第____周　星期____　第____节（两学时）
授课班级	会计专业　____年级　____班级
授课班级	会计　年级　班级
教学内容	偿债能力分析
教学目的	学会运用流动比率、速度比率、资产负债率、产权比率和已获利息倍数指标，分析企业的短期偿债能力和长期偿债能力，并为企业的下一步发展制订合理可行措施。培养学生观察能力、参与竞争能力、集思广益和团结协作的精神。
教学方法	卡片展示方法
教　具	展示板、盖纸、卡片、大头针、记号笔、胶棒和剪刀等
教学重点难点	各项指标的计算公式和分析
教学过程（教学内容及环节）	
一、学生自由发挥阶段（25分钟） 1. 教师给出问题（用PPT情景化）； 2. 教师用多媒体给出本次课的相关资料； 3. 给每个学生发一张卡片； 4. 教师给出规则； 5. 各组派代表把自己的观点分别订在展示板上（课前把组分好）； 6. 每个学生评价，即每个学生把评价圆点贴到认为好的主题内； 7. 教师对图板上所显示出来的观点（学生出示的观点）进行总结。	

续表

教学过程（教学内容及环节）
二、老师引导学生“收敛思维”阶段（40分钟） 1. 教师引入本次课的相关概念，让各组在组长的带领下自学各个指标的含义内容； 2. 各组分别计算卓越公司2008年初和2008年末的各项偿债能力指标； 3. 各组分析讨论卓越公司2008年初和年末的各项偿债能力指标有何变化以及发生变化的原因； 4. 教师再引导学生通过思考、讨论回答本次课提出的问题； 5. 各组交流共享结果； 6. 与第一阶段形成的结果对比，对第一阶段的结果进行引伸归纳； 7. 教师对各组的观点进行总结； 8. 最后，全班达成共识。 **三、技能训练阶段（25分钟）**

6）具体操作步骤

（1）第一步：学生自由发挥。

①教师给出问题（可用多媒体）。卓越公司的流动资产是流动负债的两倍还多。财务经理喜滋滋地把这个消息告诉了公司老总，并说公司的偿债能力很强，偿还近期债务不成问题。果真如此吗？过了不久，有人到卓越公司来索要债务，公司却拿不出钱来还债。老总很生气，要财务经理解释其中原因。流动资产是流动负债的两倍多却无钱还债，为什么？如何才能准确衡量公司的偿债能力？

②教师用多媒体给出本次课的相关资料——卓越公司的资产负债表和利润表（见表6－4和表6－5）。

表6－4　　资 产 负 债 表

编制单位：卓越公司　　××年12月31日　　单位：万元

资　　产	期末余额	年初余额	负债和所有者权益	期末余额	年初余额
流动资产：			流动负债：		
货币资金	600	500	短期借款	2 000	1 900
交易性金融资产	500	1 000	应付账款	1 500	1 100
应收账款	1 600	1 500	预收账款	500	200
预付账款	70	40	其他应付款	200	300
存货	5 200	4 000	流动负债合计	4 200	3 500
其他流动资产	80	60	非流动负债：		
流动资产合计	8 050	7 100	长期借款	2 200	800
非流动资产：			非流动负债合计	2 200	800
持有至到期投资	500	450	负债合计	6 400	4 300
固定资产	14 000	12 000	所有者权益：		
无形资产	650	650	实收资本（或股本）	13 000	13 000
非流动资产合计	15 150	13 100	盈余公积	2 000	2 000
			未分配利润	1 800	900
			所有者权益合计	16 800	15 900
资产总计	23 200	20 200	负债及所有者权益合计	23 200	20 200

表 6-5 **利 润 表**

编制单位：卓越公司 ××年度 单位：万元

项 目	本期金额	上期金额
一、营业收入	25 000	20 000
减：营业成本	18 000	13 000
营业税金及附加	1 000	800
销售费用	2 000	1 600
管理费用	1 100	800
财务费用	410	400
加：投资收益	500	300
二、营业利润	2 990	3 700
加：营业外收入	300	200
减：营业外支出	550	500
三、利润总额	2 740	3 400
减：所得税费用	685	850
四、净利润	2 055	2 550

说明：

①资产负债表和利润表均为简化格式，仅用于示例。

②所得税税率为25%。

③给每个学生发一张卡片（可在课前发）。

④教师给出规则：每组学生（约3~5人）在围绕“流动资产是流动负债的两倍多却无钱还债，为什么？如何才能准确衡量公司偿债能力？”问题认真思考、充分讨论后，把各组的主要观点用关键词写到卡片上。

⑤各组派代表把自己的观点分别钉在展示板上，并给大家解释观点的要点：为什么这么认为，依据是什么？展示时同时注意目光的交流。

⑥给每个学生发一个不干胶彩色圆点（称评价圆点），对每一个卡片的观点进行评价。即每个学生把评价圆点贴到认为好的主题内。最后看哪些卡片（观点）贴的圆点多、哪些圆点贴得少，对得到圆点多的观点可作为下一步工作的重点。

⑦教师对图板上所显示出来的观点（学生出示的观点）进行总结，帮助学生将观点进行分类，将同类观点放在一起，并将主要观点放在最主要的位置（中心位置），也可以用颜色如红色代表主要观点，蓝色、绿色等表示次要观点。

注意：在这种方法中，教师已经退到后台，所有工作都是由学生来完成，教师所扮演的角色已从传统意义上的老师变为主持人，教师应尽可能帮助学生消除紧张感。

（2）第二步：老师引导学生“收敛思维”。

①教师引入下列概念：短期偿债能力指标、长期偿债能力指标、流动比率、速动比率、资产负债率、产权比率、已获利息倍数，让各组在组长的带领下自学各个指标的含义。

②各组分别计算卓越公司2008年初和2008年末的各项偿债能力指标。

③各组分析讨论卓越公司2008年初和年末的各项偿债能力指标有何变化及其发生变化的原因。

④教师再引导学生通过各项财务指标来分析卓越公司“流动资产是流动负债的两倍还多却无钱还债，为什么?”各组充分讨论思考，并把分析结果写到卡片上。

⑤各组交流共享结果。各组派代表把自己的计算、分析结果钉到展示板上，通过各项财务指标来分析卓越公司的偿债能力。

⑥与第一阶段形成的结果对比。对第一阶段的结果进行引伸归纳。

⑦教师对各组的观点进行总结。

⑧最后，全班达成共识：“虽然该公司年初流动比率超过一般公认标准2，但由于流动资产中存货所占比重过大，导致公司速动比率未达到一般公认标准；公司年末速动比率0.64远远低于通常标准1，是因为存货的大量增加所致，所以公司2008年的实际短期偿债能力并不理想，出现到期债务无法偿还现象，公司需采取措施加以扭转。”

(3) 第三步：技能训练。

①给出下列材料（可用多媒体），让学生分析甲公司的偿债能力。资料如表6-6和表6-7所示。

表6-6　　资产负债表

编制单位：甲公司　　××年12月31日　　单位：万元

资　产	期末余额	年初余额	负债和所有者权益	期末余额	年初余额
流动资产：			流动负债：		
货币资金	60	50	短期借款	70	80
应收账款	90	60	应付账款	80	100
存 货	150	130	流动负债合计	150	180
流动资产合计	300	240	非流动负债：		
非流动资产：			长期借款	100	60
固定资产	200	250	非流动负债合计	100	60
非流动资产合计	200	250	负债合计	250	240
			所有者权益：		
			实收资本（或股本）	150	150
			盈余公积	60	50
			未分配利润	40	50
			所有者权益合计	250	250
资产总计	500	490	负债及所有者权益合计	500	490

表6-7　　利　润　表

编制单位：　　××年度　　单位：万元

项　　目	本期金额	上期金额
一、营业收入	250	200
减：营业成本	180	151
销售费用	19	18
管理费用	10	9
财务费用	1	2
二、利润总额	40	20
减：所得税费用	10	5
三、净利润	30	15

说明：假设所得税税率为25%。

②要求：

• 计算甲公司的2007年和2008年的流动比率、速动比率、资产负债率、产权比率和已获利息倍数。

• 分别对比2007年和2008年的各项指标，说出其增减变动，并分析其中原因。

• 综合分析甲公司的偿债能力如何，并对公司下一步的经营管理提出合理化建议。

③以上内容也是以工作小组的形式来完成，并把分析结果形成卡片。

④各小组展示交流共享结果。各组派代表把自己的观点分别钉在展示板上，并作出解释。

⑤老师总结点评，检测完成任务情况。

7）课后教研交流

（1）布置任务。

①小组活动：将教师分成4个教研室，每组选一位教研室主任，开展教研活动。

活动内容：以财务分析业务为知识点，使用卡片展示教学法，设计一个45分钟的公开课，准备参加单元检验公开课展示会。

要求：内容完整；课程设计科学；教案内容详实；课件制作精美；符合教学规律。

②个人完成：学习卡片展示教学法；设计公开课；参加小组交流活动。

（2）小组思考。

①使用卡片展示教学法应该注意的问题有哪些？

②卡片展示教学法在本门课程中还可以应用到哪些知识点？

③使用卡片展示教学法，教师应具备哪些素质？

（3）单元检验公开展示课的综合评价。

①全体教师参加听课、评课。

②培训教师作综合评价。卡片展示法教学效果评价的主要内容有：整个教学过程学生是否积极思考、主动参与；学生在较短的时间里是否能获得最多的信息；展示板上的内容能否充分展示教学活动的全过程，等等（登记教学效果评价表如表6－2所示）。

6.3 在会计专业教学中应用卡片展示法应注意的事项

6.3.1 卡片展示教学法应用的条件和场合

运用卡片展示教学法进行本项内容的教学所需要的条件主要有：合格的指导教师（该教师要有良好的组织能力、良好的逻辑思维能力、良好的反应能力、前沿的理论知识和丰富的实践知识）；要有思维活跃、善于表现、动手能力比较强的学生，学生能力提高的过程不是一朝一夕，在于教师平日的指导。例如，材料采购成本的构成教学内容，如果采用传统教学模式，教师“一言堂”直接讲解材料采购成本由哪些部分构成，费力不见成效，学生还是分不清楚哪些属于材料采购成本，哪些不属于材料采购成本。选用卡片展示教学法，通过在“做中学”，通过具体业务调动学生积极性，通过讨论、探究获得知识和技能。另外，要有合理的教学场所的布置、恰当的场景设计等。卡片展示教学法在本课程中有以下内容可以使用：

（1）存货内容的构成；

（2）工资总额的构成；

（3）产品成本的构成。

6.3.2 卡片展示教学法运用的注意事项和教训

（1）卡片展示教学法就是让学生利用一张张卡片展开教学活动，引导学生完成理论知识的学习和掌握，培养学生自主探究、协作学习的能力，建构真正属于自己的知识与技能。因此，要求教师在课前认真分析教材，卡片设计要符合教学目标和教学内容，避免出现与教学内容和教学目标相脱离的现象。例如，根据知识结构将本单元分成三张主卡片，分别展示材料采购成本的构成、材料采购的流程和材料采购的核算。为了增加学生的真实感，激发学生学习热情，本单元内容以真实企业为原型，先带领学生参观企业，然后按照教学需要，紧密围绕教学内容，精心筛选业务案例制作成卡片展示给学生。

（2）卡片展示法融合了探究教学法、讨论教学法的特点。卡片展示法采取小组讨论、自主探究的方式，学生学习的过程就是一个探究的过程。卡片展示法通过一张张卡片来驱动学生的学习，是“以卡片为主线、教师为主导、学生为主体”的教学模式。在教学过程中，教师应当尽量节制自己的主动行为，而只是通过富有艺术性的提问或介绍，促使学生积极主动地去思考、讨论和表达自己的意见。采用卡片展示法的目的，是要获得一个所希望的、能够代表大多数同学意见的结果。

（3）应用卡片展示法需要的教学环境应该是安全、宽敞明亮，教学气氛应该是愉快的，不要给学生带来过大的压力或让学生产生挫败感。要注意学生的性格特点，教师要努力创造条件引导学生参与讨论、探究，但不可过多干涉，否则学生无法真正体验到成功的快乐。教师要保护学生的好奇心，提高学生发现问题和提出问题的勇气，鼓励学生独立思考。例如，在加工整理收集的意见时，关于采购人员的差旅费是否构成材料采购成本，教师要努力营造轻松自由的气氛，让学生充分开展讨论、交流，对学生提出的具体问题要让学生自己思考，不能教师直接把结论抛给学生，或者直接否定学生的观点。

（4）应用卡片展示法需要的教学媒体应该是先进的，如电脑、展示屏幕、良好的音响设备等，否则会影响教学效果。

（5）应用卡片展示法一定要注意教学组织工作。课前的准备一定要充分，如操作需要的物品，制作卡片用的纸张，材料采购业务的原始凭证、记账凭证、明细账簿等。在学生讨论环节，教师要有所控制，注意引导。比如，在讨论材料采购成本构成时，要求学生说出理由。

（6）用于学习新知识。例如，对偿债能力分析使用卡片法，在给出学习偿债能力分析的主题后，学生可以用“头脑风暴法”，分别在卡片上写出涉及偿债能力各种相关知识的关键词，通过每个学生的展示，使大家懂得关于偿债能力的知识。

（7）用于问题的总结。例如，老师提出如何评价企业业绩的主题后，让大家用关键词写出有关的评价指标，然后再配合圆点分析法，分析出影响企业业绩的最重要的问题和一般的问题，还可以对影响企业业绩的因素画出曲线进行总结。

7. 思维导图法

7.1 思维导图法概述

思维导图是 David Hyerle 博士在 1988 年开发的一种帮助学习的言语工具，其开发建立在认知心理学及建构主义思想等理论基础上，意在为学习者更好地组织和建构知识信息提供支撑，以一种可视化的方式加强学习内容的阐释。

思维导图又叫心智图，是表达发散性思维的有效的图形思维工具，是一种革命性的思维工具，简单却又极其有效。思维导图运用图文并重的技巧，把各级主题的关系用相互隶属及相关的层级图表现出来，把主题关键词与图像、颜色等建立记忆链接，充分运用左右脑的机能，利用记忆、阅读、思维的规律，协助人们在科学与艺术、逻辑与想象之间平衡发展，从而开启人类大脑的无限潜能。

思维导图作为一种学习策略，能促进学生进行有意义的学习，促使他们整合新旧知识，建构知识网络，浓缩知识结构，从而使学生从整体上把握知识；还可以作为一种认知策略，提高学生的自学能力、思维能力和自我反思能力。另外，由于不同的学生在学习了同一内容后所形成的概念图不同，因而教师可以通过察看学生们所画的概念图的方式对学生的学习效果进行检查，并能准确找出错误之处。

思维导图教学法在财务成本管理课程中的应用表现了以行动来掌握真实情境的教育意义，并且提供了一个问题情境，使学生有机会通过尝试错误的过程去学习，并且培养出新的行为模式与技巧，而不用担心会受到伤害。其至少具有下列几项功能：

（1）刺激讨论的进行：教师组织学生通过讨论的形式，让所有学生在自由愉快、畅所欲言的气氛中，自由交换想法或点子，并以此激发其他学生的灵感。在学生讨论中，教师请一名学生专门记录大家的各种观点和想法，用思维导图的形式表达出来，达到大家满意的结果。

（2）训练学生财务管理的技巧：在思维导图法中，使学生身临其境，掌握具体的技巧，如筹资管理、长期投资决策、成本管理、预测业务分析、预算业务分析等。

（3）价值观念的澄清：学生们的各种观点和想法用思维导图及时捕获下来，为接下来的继续补充提供了资料，这样能够使学生之间更加广泛的交流思想、互相启发。

（4）问题解决的学习：思维导图有利于帮助学生形成整体与局部的正确思维习惯，从而为将来高效的学习思考打下坚实的基础。

（5）情绪压力的缓解：有时候问题的困境在于情绪的阻塞与抗拒，思维导图由于学生是在自由愉快、畅所欲言的气氛中进行，没有压力，容易激发灵感。

（6）了解包容的体会：发展对于各种观点和想法的情感、情绪与动机的了解，真正进入一个角色的思维中，通过体验产生对人的包容与了解。

（7）沟通能力的训练：即由讨论扩展自己的思维，培养表达自己的意见以及与别人沟通、分享的能力。

思维导图教学法通常的实施步骤如下：

第一，准备阶段。由教师提出有关的情境及问题，最好能提供有关的书面背景资料，引出大家所关心的问题，让学生了解并表达出自己的看法、情感以及会采取的行动。

第二，参与者。教师分析学生各种观点和想法，并根据学生讨论的记录情况确定应该如何参与。为了使学生的创造力得以发挥，要求进行思维导图参与者参加，但教师不必作过多的叙述。

第三，进行讨论并实施。教师提出一个实际问题，如评价企业业绩问题，即如果你是一个财务部门负责人，在评价企业业绩前，应该怎样去思考这个评价企业业绩的问题？在具体写程序之前，你怎样去组织这个评价企业业绩的流程？同学们在讨论的基础上，得到一致的想法，并用思维导图的形式表示出来。

第四，旁观者学习。一时未能参与进来的学生不能忽略，教师可提示这部分学生进行观察并记录讨论结果，用这样的方式使这部分学生感觉到讨论与分享的参与感。

第五，讨论与评价。思维导图画出来后要进行讨论，由于思维导图形象生动，教师无需多言，学生自然会有很多反应，会发表多种不同的看法。

第六，再画图与讨论。根据前面的讨论与回馈，可引导学生由尝试错误中再进行画图，直到完全符合要求为止，但每次画好后应有短暂的讨论，藉以探讨不同原因与结果的发生，可以换人或交换角色进行，以体验不同的感受。

第七，分享经验与类化。引导学生分享个人的生活经验，将思维导图与生活作连接，以产生类化的功能。

7.2 思维导图法应用案例

7.2.1 思维导图教学法在“固定资产核算”教学中的应用

1）教学对象分析

本节教学对象是中职会计专业二年级学生，他们已经完成了基础会计的学习，掌握了会计学的基本概念、基本方法和基本理论。任何企业要进行正常的生产经营都需要必要的固定资产，本部分教学内容是《财务会计》中十分重要的一章，对本项内容的理解和掌握是中职会计专业学生必须完成的一项基本任务。但本单元涉及知识点多，不易记忆，因此采用思维导图教学法，在具体的课堂教学活动中，利用生动的图表，通过学生动手、动脑、动口调动各种感官，参加学习活动，提高学习效率和效果。

2）教学目标分析

通过实施本节教学，应实现以下几方面目标：

(1) 知识目标。

①了解固定资产的概念、分类；

②完成固定资产取得的核算；

③完成固定资产折旧的核算；

④完成固定资产后续支出的核算；

⑤完成对固定资产进行处置的核算；

⑥完成固定资产的清查任务；

⑦完成对固定资产的期末计价。

（2）能力目标。

①能运用《企业会计准则》对固定资产进行确认、计量；

②能对企业采取不同方式建造的固定资产进行正确会计处理；

③能针对固定资产使用情况正确计提折旧；

④能对不同形式的固定资产后续支出进行确认和会计处理；

⑤通过思维导图教学法的运用，培养学生自主学习和比较归纳的能力。

（3）素质目标。培养学生热爱会计专业，树立坚持准则、一丝不苟、严谨务实的职业意识和细心负责的态度。

3）教学内容分析

本部分内容涉及的知识点多，具体包括：固定资产的定义，固定资产的分类，不同方式取得的固定资产如何进行核算，哪些固定资产应该计提折旧、如何计提折旧，固定资产不同形式的后续支出如何处理，出售、变卖、毁损的固定资产如何进行会计处理，会计期末如何对固定资产实施清查和计价，等等。学生学起来一方面觉得枯燥，另一方面由于知识点太多，记忆起来也比较困难，因而尝试采用思维导图法实施教学，让学生通过绘制思维导图来加深对知识的理解、归纳和掌握。

4）思维导图教学法运用的计算机教学媒体、工具、设备、文件和手册

本节运用思维导图教学法，如果手工绘制思维导图，你只需准备好下面提到的东西就可以开始画了：（1）A4 白纸一张；（2）彩色水笔和铅笔；（3）你的大脑；（4）你的想象。另外，也可以利用计算机完成思维导图的制作。在制作思维导图上，计算机也以其操作快捷、图象形式多样和容量大的特点显示了其优势。现在，制作思维导图的软件很多，如 inspiration、personalbrain、brainstorm 等，这些软件互有优缺点，在实际应用中可以根据需要进行选择。这些软件也容易掌握，不仅教师可以使用，学生也可以使用，为学生学习又提供了新的工具。如果用计算机绘制思维导图，则需要配备计算机和适用的制作思维导图的软件，另外还应配备带投影仪的全套多媒体设备（包括电脑、投影仪、音响等），主要用于和学生一起回顾与本任务相关的知识以及教师的总结评价。同时，也可以让学生利用多媒体展示他们自己的工作成果。

5）思维导图教学法教学设计方案

结合通常教学规律，本节教学设计如表 7－1 所示。

表 7－1

授课时间	______年____月____日　第　周　星期　　第____节
授课班级	会计专业　二年级　____班级
教学内容	固定资产
教学目的	建立在学生对固定资产所涉及知识进行分节学习的基础上，通过学生完成思维导图的绘制任务，让学生巩固有关固定资产取得、折旧、后续支出、处置、清查和期末计价的核算
教学方法	思维导图教学法
教　　具	带有投影仪的多媒体设备、A4 白纸一张、彩色水笔和铅笔（或计算机及思维导图绘制软件）
教学重点难点	重点：思维导图的绘制步骤 难点：如何将本章内容以思维导图的方式进行展现

续表

教学过程（教学内容及环节）
一、复习旧课，导入新课 利用多媒体设备提供的课件资料，通过提问等方式，和学生一起简要回顾本章学过的内容，让学生认识到本章知识点较多，然后引入本节课的学习目的和要求，向学生下达工作任务。 **二、学生完成思维导图的绘制** 教师介绍思维导图的绘制步骤，让学生结合前面学过的知识，充分发挥自己的想象力，利用准备的工具完成思维导图绘制。在这期间，教师负责为学生解答所提出的问题，对一些学习能力差的学生进行个别指导。 **四、展示和评价** 可利用多媒体设备让学生展示自己绘制的思维导图，相互借鉴和学习，并对照教师提供的“固定资产思维导图”，对完成任务情况展开评价。 绘制的“固定资产思维导图”见图7-1，仅供参考。 **五、由教师总结本节课的主要内容** **六、让学生代表总结本堂课的收获** **七、在评价手册上记录本课程的结果和教师授课评价手册** “思维导图教学法教学效果评价表”见表7-5。 **八、课后教研交流任务** （一）完成任务 1. 小组活动。 （1）将教师划分成小组，开展教研活动。 （2）活动内容：如何在教学中使用思维导图教学法？使用思维导图教学法设计一次公开课，准备参加公开课展示。 （3）以教研组为单位，对思维导图教学法展开探讨，对教学效果进行评价。 2. 个人完成。 （1）学习思维导图教学法。 （2）设计公开课。 （3）参加小组交流活动。 （二）小组思考 1. 本节内容采用思维导图教学法是否合理，效果如何？ 2. 思维导图教学法在本专业课程中还可以应用到哪些知识点？ 3. 使用思维导图教学法，教师应具备哪些素质？ （三）单元检验公开展示课的综合评价 1. 全体教师参加听课、评课。 2. 培训教师作综合评价，登记教学效果评价表。

固定资产核算业务思维导图如图7-1所示。

6）思维导图教学法教学效果评价

结合思维导图教学法的特点，教学效果评价如表7-5所示。

7.2.2 思维导图教学法企业业绩评价教学中的应用

1）教学对象分析

会计专业××年级××班学生已经学习“财务成本管理”课程四个多月了，学习了筹资管理、经营资金管理、投资决策管理、成本管理、预测业务、预算业务、存货管理、利润分配业务、内部控制业务和考核评价业务等内容。本部分教学是考核评价业务中的评价企业

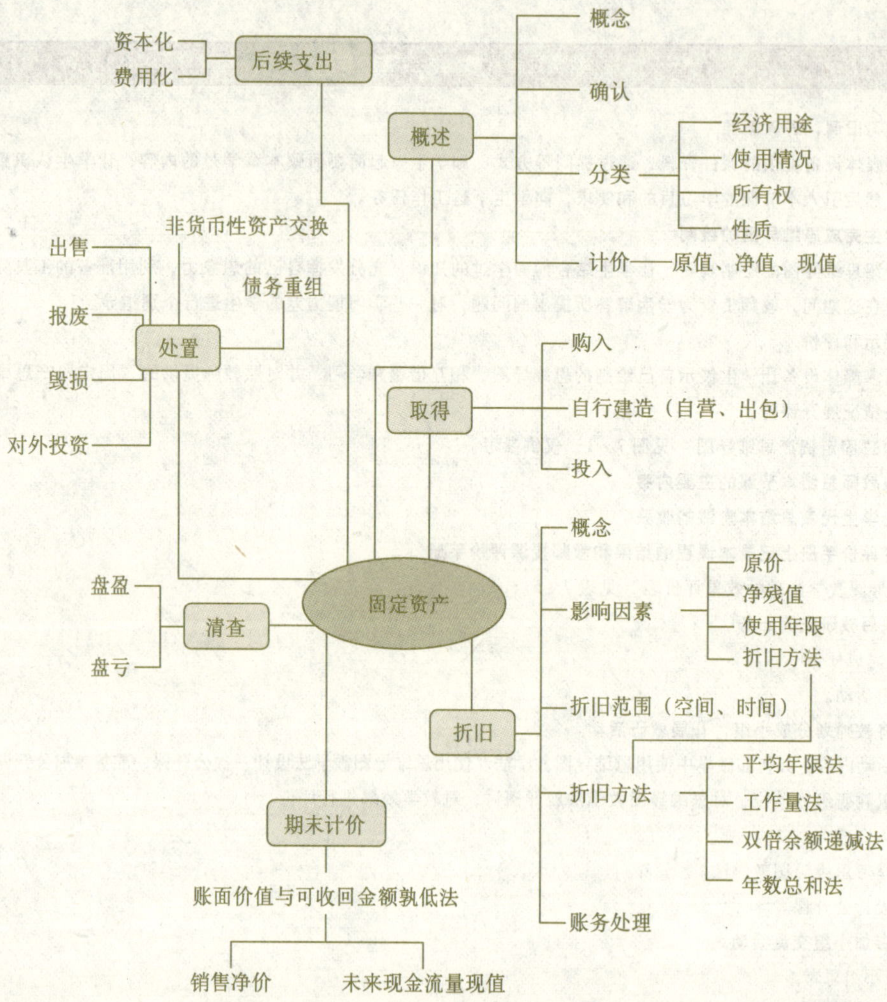

图 7－1　固定资产核算业务思维导图

业绩部分。

2）教学目标分析

本单元的教学目标是通过对本单元的教学，了解如何评价一家企业的业绩；掌握评价企业业绩的方法和指标；通过评价企业业绩的方法和指标去判定一家企业经营的具体情况。通过本单元的学习，培养学生课前的自学能力和认真学习的态度；通过提问，提高学生分析能力及语言的表达能力；同时培养学生学习财务成本管理的兴趣。

利润中心是既能控制成本、又能控制收入的责任中心，处于比成本中心高一层次的责任中心。这类责任中心通常是那些具有产品或劳务生产经营决策权的部门。通过这部分的学习，使学生了解企业利润中心、熟悉利润中心分类和考核指标、掌握和熟练运用利润中心的考核指标并作决策。本单元应该让学生掌握三种技能，即成本中心的考核技能、利润中心的考核技能和投资中心的考核技能。本节课主要培养学生的利润中心考核技能。让学生掌握利润考核中心的考核指标体系，培养学生能够运用所学知识分析问题和解决问题，培养终身学习的能力和高尚的职业道德，使他们在校期间就能够为企业进行业绩评价，为将来的工作打下坚实的基础。

3）教学内容分析

为达到上述教学目标，本次课的教学内容应当是利用前面所讲的利润中心考核指标及其运用，培养学生的实际应用能力。所以，应该掌握的内容是：利润中心的类型和考核指标。在本次课中使用思维导图教学法可以充分调动学生的参与积极性，在自由愉快、畅所欲言的气氛中自由交换想法，激发学生的灵感，充分表现自我，施展自己的才华。在思维导图教学过程中，首先，学生会通过自己的大脑构造思维导图，极大地培养了学生的学习兴趣，教学达到了轻松快乐学习的效果。其次，由于思维导图要发挥充分的想象，具有高度的灵活性。从测评的角度看，思维导图的格式丰富多样。在教师的要求下，学生的思维导图格式灵活多样，因此，学生在进行讨论并画出思维导图时，可以尽可能地按照自己的意愿去完成，不必考虑在实际工作中决策失误会带来工作绩效的下降或失败等问题，心理压力相对减轻。再次，在思维导图教学过程中，需要学生们集思广益，贡献点子，相互配合、交流与沟通，因此可以增加学生之间的感情交流，了解利润中心间的利益关系。通过思维导图，掌握如何用图形表达所学内容。同时，培养学生如何根据所学内容用思维导图进行思考，培养他们相互认知等社会交往能力。

本节课选取的案例任务是通过对华达公司两个利润中心（兴旺分部和发达分部）分析：(1) 如果发达部门预计每年销售 1 万个控制器，计算如果要维持兴旺部门现在的年利润水平，每块超级板的最低转移价格是多少？并说明理由。(2) 如果控制器的需求上升至每年 2.4 万个，而售价维持每个 280 元，计算内部应该制造并转移多少块超级板？并说明理由。(3) 对华达公司面对的情况，还应考虑哪些因素？

情景介绍：华达公司由兴旺分部和发达分部两个部门组成，每一个部门都是一个独立的利润中心。兴旺分部生产两种不同的电子零件——高素质超级板和一种较旧的普通板，这两种产品的每块变动成本构成如表 7－2 所示。

表 7－2

项　目	超级板	普通板
原材料	4.00 元	2.00 元
直接人工：	56.00 元（2 小时 ×28 元/小时）	14.00 元（0.5 小时 ×28 元/小时）
单位变动成本	60.00 元	16.00 元

兴旺分部的年度间接费用全部都是固定成本，总额是 50 万元，而其生产能力每年最大为 10 万小时。

长期以来，只有一个客户设计了一种利用超级板的产品，而这个客户每年最多订购 3 万块超级板，每块价格 120 元。公司剩余的生产能力则安排生产普通板。普通板的售价是每块 24 元，其需求是无限的。

发达分部只生产控制器一种产品，而这控制器需要一块复杂的入口电路板，购入价为 120 元，如表 7－3 所示。

表 7－3

	控制器
原材料：入口电路板	120 元
其他零部件	16 元
直接人工：5 小时，每小时 20 元	100 元
单位变动成本	236 元

发达分部只有一些小型的装配设备，全部间接费用固定在每年 16 万元，控制器的现行市价是每个 280 元。

一个联合项目显示，只需要作少量的修改，超级板可以代替现时发达分部的入口电路板，修改需要发达分部增加额外 1 小时的人工，即每个控制器共需 6 小时的人工。因此，发达分部要求兴旺分部提供一个兴旺分部销售超级板的转移价格。

此案例的主要教学目的是通过教师组织学生分组讨论的形式，让所有学生在自由愉快、畅所欲言的气氛中自由交换点子或想法，并以此激发学生的灵感。在学生讨论过程中，教师请每组出一名学生专门记录大家的各种观点和想法，用思维导图的形式把华达公司及其下属的两个利润中心——兴旺分部和发达分部的决策情况用思维导图表达出来，直到得出令大家满意的结果。通过讨论、思维导图和研究，达成共识，使学生牢记如何利用利润中心考核企业业绩。

4）思维导图教学法运用的计算机教学媒体、工具、设备、文件和手册

思维导图教学法运用的计算机媒体主要是带有投影仪的全套多媒体设备（包括电脑、投影仪、音响等），还有华达公司下属两个分部生产产品情况及其进行内部转移价格的 PowerPoint 或 Flash 文件等多媒体工具，主要用于介绍华达公司两个利润中心的基本情况，以及回顾与本任务相关的知识，主要回顾上一节课已讲述过的利润中心考核指标及其运用。同时，也可以让学生利用多媒体展示小组讨论后的结果。为方便学生进行讨论，还需提供的场景、道具；如设置华达公司总部及其下属的两个分部——兴旺分部、发达分部等模拟公司或分部所在地以及模拟文件。

具体做法是把问题情境和现实经验、现行问题联系起来探索。根据这个通常的做法，将本节课设计如表 7－4 所示。

表 7－4

授课时间	____年___月___日　第___周　星期___　第___节
授课班级	会计专业　___年级　___班级
教学内容	评价企业业绩（利润中心的评价）
教学目的	通过本任务的学习，了解利润中心考核指标的计算公式和考核方法，掌握利润中心考核指标的操作技能与运用。
教学方法	思维导图教学法等
教　　具	电脑、投影仪、音响、场景布置用品、PPT 挂图
教学重点难点	重点： 1. 使学生了解思维导图的全流程。 2. 综合运用知识解决实际问题。

续表

教学重点难点	3. 熟悉所学的评价企业业绩的考核标准和考核指标的计算及其相关知识，并能运用来解决评价企业的业绩。 难点： 1. 学生综合运用知识来解决实际问题的能力。 2. 分工合作完成整个任务。
教学过程（教学内容及环节）	

一、教师给学员布置准备任务

在这次课的上一节课要布置学员复习已经讲过的知识。然后，把本节课所要完成的任务布置给学生。将班级分为若干组，每个组设一名组长，负责组织本组同学准备材料。材料包括：华达公司的企业介绍、华达公司的业绩评价指标；要强调各组的思维导图不能完全相同。同时，要对各组如何进行讨论予以启发和引导，教会学生如何就案例的任务展开讨论，如何开展思维导图，即告诉他们应该怎样做，等等。

二、开始上课

1. 回顾上一节课讲过的利润中心的设置与考核知识。（教师进行）

2. 向学员说明本节课的任务以及要达到目的和标准并进行示范。（教师进行）

引出今天的课程，展示一个企业的业绩评价的全过程。将企业业绩考核标准和评价指标的相关知识结合起来，设计实际工作中一家公司在生产经营过程中业绩评价的全过程。让学生从亲身的感受中说、做、学，优化教学过程，改进学习方式，并倡导学生主动参与学习，和同学交流合作，用不同的方式来学习知识。通过讨论交流进行探索和解决实现问题，形成一定的解决模型，最终解决实际问题。

3. 学生分组实战（即思维导图的实施）。

（1）将学生分成若干组，每组 3～5 名同学，要求每个组画出一种思维导图格式（不能完全相同）。每组要指定一名组长，由每组学生自己推选。

（2）各组交流：各组在运用思维导图法评价企业业绩之前，要由组长召开会议，根据教师事先示范的评价企业业绩的例子讨论如何采用思维导图法来评价企业业绩。

（3）各组讨论：用何种画图方法表示思维导图并将评价企业业绩的情况报告教师，然后由教师提出修改意见，再根据教师提出的修改意见进行最后的修改。

（4）最后各组将本组用思维导图法表示的评价企业业绩的结果报告给教师。

4. 验收（内部验收）。各组组长向全班汇报、展示、交流本组的最终作品，在介绍过程中，要求说明各组是如何用思维导图评价企业业绩的思路以及在评价企业业绩过程中遇到过什么问题，这些问题是如何解决的。同时，其他组的同学也可提出问题，让组长解释评价企业业绩所用的思维导图的形状的理由。

三、大家评判

最后各组之间进行互评，互相学习。通过相互评价，进一步修改各自的评价企业业绩的具体操作，评选出最佳小组评价企业业绩的情况，同时要总结本节课不成功的细节。

四、由教师总结本堂课的主要内容

本次课通过介绍评价企业业绩的例子认识该过程中有哪些评价标准和评价指标？评价企业业绩的最终意义是什么？对公司的经营有什么影响？

五、让学生代表总结本堂课的收获

六、在评价手册上记录本课程的结果和教师授课评价手册

七、课后教研交流任务

（一）完成任务

1. 小组活动：

（1）将教师分成 4 个教研室，每组选一位教研室主任，开展教研活动。

（2）活动内容：以成本中心的设置和考核为知识点，使用思维导图教学法，设计一个 45 分钟的公开课，准备参加单元检验公开课展示会。

续表

教学过程（教学内容及环节）
（3）要求：内容完整；课程设计科学；教案内容详实；课件制作精美；符合教学规律。 2. 个人完成： （1）学习思维导图教学法； （2）设计公开课； （3）参加小组交流活动。 （二）小组思考 1. 使用思维导图教学法应该注意哪些问题？ 2. 思维导图教学法在本门课程中还可以应用到哪些知识点？ 3. 使用思维导图教学法，教师应具备哪些素质？ （三）单元检验公开展示课的综合评价 1. 全体教师参加听课、评课。 2. 培训教师作综合评价（登记教学效果评价表）。

具体做法和场景设计如表 7－4 所示。

教师提供案例中的思维导图如图 7－2 所示。

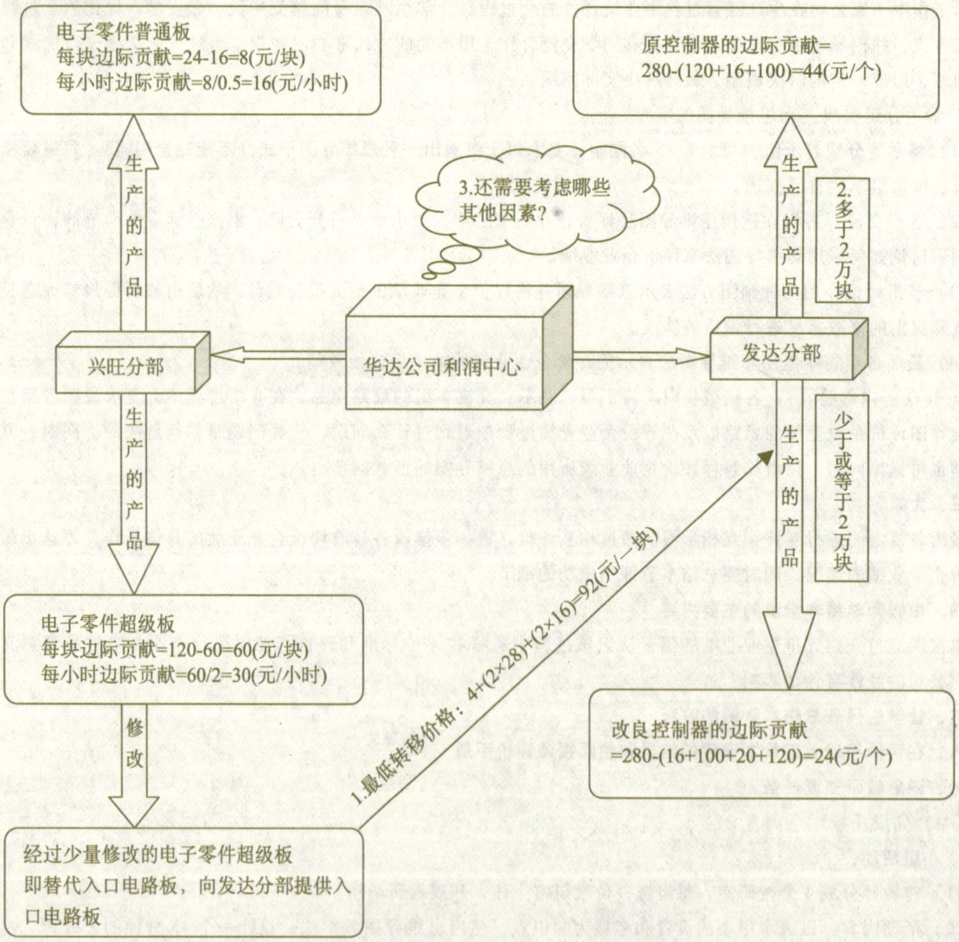

图 7－2　教师提供案例中的思维导图

说明：

（1）兴旺分部提供经过少量修改的电子零件超级板的最低转移价格为 92 元/块，即任何超过 92 元的转移价格将会增加兴旺分部的总利润。而发达分部目前支付入口电路板的价格是 120 元，使用超级板会使发达分部额外增加 20 元的人工成本。因此，对于超级板，发达分部管理层最高只愿意支付 100 元。可见，一个介于 92 元至 100 元的超级板转移价格将会同时满足两个部门。但前提条件是兴旺分部只能为发达分部提供 2 万个经过少量修改的电子零件超级板。

（2）对超过 2 万块的数量，如果转移价格为 120 元，则会减少发达分部每个控制器的贡献边际 24 元。因此，对超过 2 万块的数量，发达分部将会按 120 元的价格从外部购入入口电路板。由于超级板的外部销售可提供每小时 30 元的贡献边际，所以兴旺分部将会对超过 2 万块的数量要求一个最低 120 元（$4+56+2\times30$）的转移价格，但发达分部是不愿意支付这个转移价格的，因为这个转移价格将会减少发达分部的利润。

（3）华达公司还需要考虑的因素包括：部门之间业务的生产与供应的控制；使用两个不同的供应来源所带来的潜在问题；入口电路板因较低订购数量而引起的任何价格的改变；需要改变兴旺分部生产能力约束所需要的时间；部门间加强合作的空间。

5）教学效果评价

思维导图教学法效果评价的主要内容有：情景内容设计和对知识的选择是否合适思维导图教学法；教师引导和课前的准备是否充分；形式是否生动、活泼；学生展示得是否真实、有效；学生的参与是否积极；结论是否对企业有帮助；教学档案的建立是否完整、科学，等等。如表 7－5 所示。

表 7－5　思维导图教学法教学效果评价表

总体印象：优□　良□　中□　差□　评议分数：________

	评价项目	分值	A	B	C	D	E
			1.0	0.8	0.6	0.4	0.2
1	情景内容符合教学目标和教学内容	10 分					
2	教学目标和教学内容的安排要合理	10 分					
3	能加深学生对所进行的思维导图价值观的了解	10 分					
4	画图的环节清晰，内容充实，信息量大	10 分					
5	教学环境安全、宽敞明亮，没有噪音影响	10 分					
6	教学气氛愉快、活跃，角色扮演者有安全感	10 分					
7	设置内容能反映或联系专业发展的新思路、新概念、新成果	10 分					
8	能给予学生思考、联想、创新的启迪	10 分					
9	学生达到教学知识目标和技能目标的比例高	10 分					
10	能有效地利用各种教学媒体	10 分					
对本节课的教学内容、方法、手段等的具体指导意见或建议： 签　字： 年　月　日							

7.3 在会计专业教学中应用思维导图法应注意的事项

7.3.1 思维导图法应用的条件和场合

思维导图在我们的生活学习和工作的很多方面都可以应用，它是一个在不断发展和完善的工具，同时它也是一门在不断精练和提高的技术。它的应用范围如下：

1）笔记（阅读、课堂、学习、面试，演讲、研讨会、会议记录……需要记录要点时）

当接收信息时，用思维导图作记录，将要点以词语记下，把相关的意念用线连上，加以组织，方便记忆。用思维导图的好处是无论信息表达的次序如何，都能放在适当位置上；每个意念都是以词语表达，容易记忆；在画思维导图过程中，可帮助了解及总结信息及意念。

2）温习（预备考试、预备演说……需要加深记忆时）

将已知的资料或意念从记忆中以思维导图画出来，或将以往画的思维导图重复再画出，以加深记忆，而思维导图也能帮助组织意念，令意念更清楚。

3）小组学习（头脑风暴，小组讨论，家庭、小组计划……需要共同思考时）

小组共同创作思维导图，首先由各人自己画出自己已知的资料或意念，然后将各人的思维导图合并及讨论，并决定哪些较为重要，再加入新意念，最后重组成为一个共同的思维导图。在这个过程中，每个组员的意见都被考虑，提升团队归属感及合作。共同思考时，也可产生更多创意及有用的意念。最后的思维导图是小组共同的结晶，各组员有共同的方向及结论。

4）创作（写作、学科研习、水平思维、新计划……需要创新时）

首先将所有环绕主题的意念都写下来，包括新的意念，或是不可能发生的。不用理会对或错，然后休息，再将意念组织合并，重新画出思维导图，但不要将不可能的划去，因为重要的意念可能有所改变。再休息，让脑放松，这时候创意可能产生，然后将思维导图改写。在这过程中，思维导图帮助我们将大量的意念联系起来，产生新的意念，而且中心目标十分清楚。

（论文创作构思，可以用纸和笔随时记录，休息，即为搁置一段时间）

5）选择（决定个人行动、团体议决、设定先后次序、解决问题、需要作出决定时）

当有多个意念要求我们去选择及作出决定时，思维导图可以帮助我们更全面和清晰地明白这个问题。首先将需要考虑的因素、目标、限制、后果及其他可行性用思维导图划出来，再将所有因素以重要程度或喜恶加权，最后尝试作出决定。

6）展示（演讲、教学、推销、解说、报告书……需要向别人说出自己思想时）

当我们需要向别人讲解自己的想法时，思维导图可以协助我们在预备时清楚自己的构思，令我们演说更具组织性及更容易记忆。在演说时利用思维导图可令听众容易明白，不用阅读长篇大论的文字。演说者也不用将预备好的句字读出来，令演说能更配合听众的需要，增加双方的交流。如果有发问时，演讲者可灵活地在思维导图上处理扩张，不会迷失在其他思路上。无论演说者或听众，对所说内容都印象更深刻。

7）计划（个人计划、行动计划、研究计划、问卷设计、写作、预备会议……需要行动前思考时）

当我们要进行计划时，思维导图可帮助我们将所有要留意的意念写出来，再组织成清楚、有具体目标的计划。设计思维导图时，是环绕主题思考，不会迷失方向。完成设计后很容易组织及书写出报告，别人阅读计划时很容易了解计划脉络，容易跟进。

7.3.2 思维导图教学法应用的注意事项

思维导图应用于会计教学应注意以下几方面的问题：

（1）对于一个初学者来说，阅读一本通俗易懂的入门书和反复琢磨其中的示范图是非常必要的。

（2）初学思维导图的人切忌机械地模仿他人的思维导图，而要在了解思维导图的制作原理和基本方法的基础上，一开始就坚持画自己的思维导图并反复地实践，直到熟练为止。

（3）对于初学者来说，一个可行和有效的方法是就自己熟知和熟悉的事物或理论制作思维导图。比如，制作一个能够反映自己工作单位的组织结构图或自己正在阅读书籍的思维导图式的读书笔记等。

（4）在制作思维导图的过程中，不要太拘泥于形式，特别是要跳出传统的线性思维的束缚，而要尽量使自己的思维处于一种被激发的和完全开放的状态。

（5）制作思维导图最重要的原则是运用联想思维、形象思维和直观思维。所以，就某一个关键词所制作的一个思维导图一定是一个既具有逻辑性（归纳、演绎、类比），又具有发散性，充分体现制作者个性化的、围绕关键词的、展开的概念关系图。

（6）对于同一个主题可以多次制作思维导图，通过这种方法可以更好地挖掘对主题的理解，发展自己的思维水平。

（7）经常主动与有制作思维导图经验的人交流和探讨，不断吸收他人的经验是一种值得推荐的好方法。

（8）要想制作出好的思维导图，培养自己学会学习的能力和广泛地涉猎多种知识是必要的基础。切记：做图不是目的，丰富知识，提高反思、学习能力才是目标。

（9）把自己制作的思维导图讲给你周围的朋友和同事，使更多的人了解这种先进的思维方式，同时也是在提高自己的自信心和自身的社会价值。

（10）制作思维导图的高级目标是使这种思维导图成为一种自然的思维习惯，并能够随心所欲地应用于所需要运用的地方。

思维导图对于致力于发展自己学习能力和提高思维水平的人具有非凡的功效和价值，这种方法在各级各类学校教学活动中可以为提高教师的教学水平和提高教学效率以及深化教学方法的改革提供最有力的工具。

8. 角色扮演法

8.1 角色扮演法概述

角色扮演是一种情景模拟活动。情景模拟是指根据被试者可能担任的职务，编制一套与该职务实际相似的测试项目，将被试者安排在模拟的、逼真的工作环境中，要求被试者处理可能出现的各种问题，用多种方法来测评其心理素质、潜在能力的一系列方法。情景模拟假设解决方法往往有一种以上，其中，角色扮演法是情景模拟活动应用得比较广泛的一种方法，其测评主要是针对被试者明显的行为以及实际的操作，另外还包括两个以上的人之间相互影响的作用。

角色扮演教学法的具体操作步骤如下：

8.1.1 第一步，进行充分的准备工作

（1）事先要做好周密的计划，每个细节都要设计好，不要忙中出错或乱中出错。

（2）助手事先训练好，讲什么话，作什么反映，都要规范化，在每个被试者面前要做到基本统一。

（3）编制好评分标准，主要看其心理素质和实际能力，而不要看其扮演的角色像不像，是不是有演戏的能力。

8.1.2 第二步，实施评估

角色扮演的评估其实就是一个搜集信息、汇总信息、分析信息，最后确定被试者基本心理素质和潜在能力的过程。

（1）观察行为。每一位主试要仔细观察、及时记录一位或两位被试者的行为，记录语气要客观，记录的内容要详细，不要进行不成熟的评论，主要是进行客观的观察。

（2）归纳行为。观察以后，主试要马上整理观察后的行为结果，并把它归纳为角色扮演设计的目标要素之中，如果有些行为和要素没有关系，就应该剔除。

（3）为行为打分。对与要素有关的所有行为进行观察，归纳以后，就要根据规定的标准答案对要素进行打分。

（4）制定报告。给行为打分以后，每一位主试对所有的信息都应该汇总，形成报告，然后再考虑下一位参加者。每位主试要宣读事先写好的报告，报告对被试者在测评中的行为作一个简单的介绍，以及对要素的评分和有关的各项行为。在报告时，其他主试可以提出问题，进行讨论。

（5）重新评分。当每一位主试都报告完毕、大家进行了初步讨论以后，每位主试可以根据讨论的内容、评分的客观标准以及自己观察到的行为，重新给被试者打分。

（6）初步要素评分。等第一位主试独立重新评分以后，然后再把所有主试的评分进行简单的平均，确定被试者的得分。

（7）制定要素评分表。一般角色扮演评价的内容分为以下四个部分：

①角色的把握性。被试者是否能够迅速地判断形势并进入角色情境，按照角色规范的要求采取相应的对策行为。

②角色的行为表现。包括被试者在角色扮演中所表现出的行为风格、价值观、人际倾向、口头表达能力、思维敏捷性、对突发事件的应变性等。

③角色的衣着、仪表与言谈举止是否符合角色及当时的情境要求。

④其他内容。包括缓和气氛、化解矛盾的技巧、达到目的的程度、行为策略的正确性、行为优化程度、情绪控制能力、人际关系技能等。

(8) 主试讨论。根据上述内容，主试进行一次讨论，对每一种要素的评分，大家发表意见。

(9) 总体评分。通过讨论以后，第一位主试独立地给出该被试者一个总体得分，然后公布结果，由小组讨论，直到达成一致意见，这个得分就是该被试者在情景模拟的总体得分。

可见，角色扮演法既是要求被试者扮演一个特定的管理角色来观察被试者，以观察被试者的多种表现，了解其心理素质和潜在能力的一种测评方法；又是通过情景模拟，要求其扮演指定行为角色，并对行为表现进行评定和反馈，以此来帮助其发展和提高行为技能的最有效的一种培训方法。

8.2 角色扮演法应用案例

8.2.1 角色扮演法在“银行存款核算业务”中的应用

“角色”原是戏剧中的名词，指演员扮演的剧中人物。它被引入教学活动中，其方法称之为角色扮演教学法，是指学生在教师指导下，根据教材内容中人物的要求扮演相应的角色，通过角色扮演活动加强对教材内容理解和掌握的教学法。在实际教学中，角色扮演经常通过课本剧等形式表现出来。这种教学方法随着课程改革的不断推进，正越来越多地运用于会计日常教学工作之中。

1）教学对象分析

本单元授课的教学对象是会计专业××级××班学生，他们有一学期专业学习体验。学生们初步认识企业，了解会计核算工作流程，会使用常用的会计计算工具，具备会计工作的基本技能；能够运用借贷记账法处理、记录企业会计事项；具备识别、填制、审核原始凭证、记账凭证的能力；具备设置、登记总分类账、明细分类账、日记账的能力；该班为30人小班型，班风较好，多数学生专业学习态度端正，学习热情较高，能够在教师的指导下积极思考，较好地配合教师开展各项课堂活动，完全有能力参与角色扮演教学法“银行存款核算业务”教学活动。

2）教学目标分析

本单元的教学目标是使学生掌握银行存款业务核算岗位所必备的理论知识、技能要求和综合素养，具体包括：了解银行存款管理的主要内容，如银行开户相关规定、银行账户种类、账户使用与管理、解释银行结算办法，整理审核与银行业务有关的原始凭证、登记银行存款日记账、核算和管理有价证券、办理往来结算业务、管理空白支票与印章、进行银行对账、编制银行存款余额调节表等工作任务。本节课教学内容为海达公司2010年1月份发生的银行存款核算岗位的业务，在本节教学过程中要充分体现本节课程的知识目标、技能目标和素质目标。

本节课的知识目标是通过教学活动使学生掌握银行存款结算方式相关规定以及企业如何选择不同的银行结算办法；技能目标是能够运用银行结算方式进行实际业务操作；素质目标是通过运用银行结算方式进行实际业务操作，熟知会计工作所要遵循的财经法规知识，培养学生具有高度的责任心和认真严谨的会计职业态度，具有较强的人际交往能力和合作能力。

3）教学内容分析

海达公司是生产塑料制品的企业，本单元设计的主要任务是围绕海达公司货币资金核算与管理岗位中的任务三“银行存款核算业务”所涉及的知识点来展开的。通过本节教学活动单元设计，使学生掌握各种银行存款结算方式；企业在发生实际经济业务时如何选择银行汇票结算办法，并能运用银行汇票结算方式进行核算，该业务实际操作流程及相关规定有哪些？如何设置账户和进行账务处理。

本节课的内容是任务三“银行存款核算业务”，具体教学内容是海达公司采购员李军去天津进行塑料制品原材料采购业务活动，采用银行汇票结算方式进行付款业务而展开的。

为了达到上述教学目标，本节课的教学内容应当是利用前面所讲的银行存款核算基本知识，即银行开户相关规定、账户种类、账户使用与管理、银行结算办法相关规定及处理，整理审核与银行业务有关的原始凭证、登记银行存款日记账、办理购货往来结算业务、管理空白支票与印章等工作任务，培养学生的实际应用能力。在本节课中使用角色扮演教学法可以充分调动学生的参与积极性，紧密围绕银行汇票结算办法所要求的知识点和核心工作展开教学任务设计，并突出关键知识点与技能点，在整个教学活动过程中，依据教学内容分解教师活动和学生活动，明确工作任务，让学生在轻松又严谨的课堂氛围中，通过自己的实践获取知识和技能。在完成任务过程中，需要小组成员之间的协助和交流，可以增进同学之间的感情，培养学生的团队意识，激发学生学习的积极性和学习热情。

4）角色扮演教学法运用的计算机教学媒体、工具、设备、文件和手册

角色扮演教学法对教学资源硬件的要求包括：教师应配备的计算机媒体设备主要有电脑、投影仪、音响、学生桌椅、表演用的道具等，另外要有海达公司业务简介、银行结算用的各种票据演示光碟及银行真实结算实物票据，本单元实训操作指导手册，海达公司2010年1月发生的相关银行原始票据、收付款记账凭证，角色扮演法脚本设计，教学效果评价表等。

5）角色扮演教学法教学设计方案

角色扮演法是行为导向教学理论中常用的一种实践教学法。它能够使学生在特定的角色活动中学会角色应具有的各种素质，包括基本技能、心理应变、人际交往等能力，利用角色扮演法的各种优点，结合财会学生的特点及会计专业模拟实践的要求，在财会专业教学中尝试使用角色扮演教学法来进行教学改革，实施下来，学生们学习专业课的兴趣增大了，课堂教学效果得到了一定的提高。角色扮演教学法教学设计方案如表8-1所示。

6）角色扮演教学法基本步骤解析

第一步：教师提供专业素材。

演出内容：本节课我们以“会计核算实务”单元二货币资金核算业务中银行结算方式中银行汇票的结算程序作为素材脚本，如图8-1所示。

演出情节：海达公司采购部业务员李军准备采用银行汇票结算方式到山东省淄博神德塑料制品销售有限公司采购原材料，所以先到银行申请办理银行汇票，故事由此展开……

第二步：教师选择参与者、分配角色。

（挑选四位同学，让他们选择扮演哪个角色，进行第一场表演。）

海达公司采购部业务员李军——同学A饰演；

海达公司工商银行开户行业务员张蒙音——同学B饰演；

淄博神德塑料制品销售有限公司销售部业务员郝小乐——同学C饰演；

淄博神德塑料制品销售有限公司招商银行开户行业务员王帅——同学D饰演。

表 8－1

<table>
<tr><td>教学对象</td><td>××专业××班级</td><td>授课日期</td><td>××年×月</td></tr>
<tr><td>教学内容</td><td>单元二　货币资金货核算与管理</td><td>计划学时</td><td>4 学时</td></tr>
<tr><td rowspan="3">教学目的</td><td colspan="3">通过本单元学习，使学生能够：
1. 核算现金收支与进行现金日常管理；
2. 进行银行结算业务支付，掌握银行对账业务方法并能准确对账；
3. 核算外埠存款、银行汇票存款、银行本票存款、信用证保证金存款、信用卡存款和存出投资款等，并能准确进行账务处理。</td></tr>
<tr><td>知识目标</td><td>技能目标</td><td>素质目标</td></tr>
<tr><td>1. 正确使用并保管库存现金、票据和印章；
2. 合理选择银行结算方式，办理货币资金收付业务；
3. 具备填制、审核货币资金相关会计凭证的能力；
4. 具备登记库存现金、银行存款日记账的能力；
5. 对库存现金与银行存款进行清查，并对清查结果进行处理。</td><td>1. 正确、规范地填制和审核货币资金收付业务的原始凭证；
2. 准确编制货币资金收付业务的记账凭证；
3. 正确、清晰地登记库存现金、银行存款日记账；
4. 合理选择银行结算方式；
5. 准确清点库存现金，正确编制“库存现金盘点表”；
6. 正确编制“银行存款余额调节表”。</td><td>1. 培养学生积极向上的工作态度和严谨细致的工作作风；
2. 学会待人接物的方法，树立良好的职业形象；
3. 责任风险意识；
4. 具备爱岗敬业、廉洁自律、坚持准则等会计职业道德。</td></tr>
<tr><td>教学的重点与难点</td><td colspan="3">银行存款转账结算方式；根据银行存款管理办法及银行结算制度的规定，办理银行汇票结算；审核银行存款收付业务原始凭证；编制相关业务记账凭证；登记银行存款日记账；进行银行存款清查，编制银行存款余额调节表。</td></tr>
<tr><td>教学方法</td><td colspan="3">角色扮演教学法</td></tr>
<tr><td>教学资源</td><td colspan="3">模拟会计单项实训操作教程、各种设计货币业务原始单证及相关文件资料</td></tr>
</table>

<table>
<tr><td>对培养方案、大纲修改意见</td><td>对授课计划修改意见</td><td>对本教案修改意见</td><td>需增加资源</td><td>其他</td></tr>
<tr><td></td><td></td><td></td><td>需要海达公司一个月的完整的实务记账凭证、总账及日记账</td><td></td></tr>
<tr><td>教研室主任：</td><td>系主任：</td><td colspan="3">教务处：</td></tr>
</table>

<table>
<tr><td colspan="4">角色扮演教学活动流程设计</td></tr>
<tr><td>教学步骤与内容</td><td>教学目标</td><td>教学方法</td><td>时　间</td></tr>
<tr><td>一、使小组活跃起来
确定或提出问题，使问题明确、具体，解释问题所表现出的故事，探讨故事中的冲突等
演出内容：教师提供专业素材，布置任务——银行结算方式中银行汇票的结算程序。</td><td>根据银行存款管理办法及银行结算制度的规定，办理银行汇票结算。</td><td>角色扮演教学法</td><td>5 分钟</td></tr>
</table>

续表

教学步骤与内容	教学目标	教学方法	时　间
二、教师挑选参与者、分配角色 分析角色，挑选角色扮演者（挑选四位同学，让他们选择扮演哪个角色，进行第一场表演）。 海达公司采购部业务员李军——同学A饰演； 海达公司工商银行开户行业务员张蒙音——同学B饰演； 淄博神德塑料制品销售有限公司销售部业务员郝小乐——同学C饰演； 淄博神德塑料制品销售有限公司招商银行开户行业务员王帅——同学D饰演。	熟悉银行汇票结算基本业务流程及票据传递基本要求。	角色扮演教学法	5分钟
三、阐述角色的任务、作用，培训观察者 说明要注意什么，指明观察任务（可先让学生回家看书、查阅资料，熟悉角色、揣摩角色）。 李军：负责申请汇票、采购、背书转让汇票、收货、收回多余款、作相应的账务处理； 张蒙音：负责接待李军、转账收款、要求填写委托书、开出汇票、退还多余款； 郝小乐：负责收李军交来的汇票、发货、到王帅处办理转账或提现等； 王帅：负责帮郝小乐转账或支取现金，通知张蒙音实际结算金额，从张蒙音处转账收回货款； 其他同学：当观众，注意观察角色扮演的真实性，评论扮演者表演的效果。	教师将各岗位的角色扮演工作任务描述清楚	角色扮演教学法	10分钟
四、布置舞台，进入场景，开始表演 划定表演行动路线，再次说明扮演的角色。 【场境模拟】在教室中间间隔摆放四张课桌椅，模拟汇款单位及其开户行、收款单位及其开户行（见图8－2），并分别坐着由A、B、C、D四位同学饰演的业务员。 【表演道具】存折、银行汇票委托书、银行汇票、解讫通知、多余款收账通知、商品、各单位和银行的银行存款日记账、大白纸、笔。	各岗位角色承担者要明确工作任务，并互相协助，如有疑问可请求教师帮助	通过学生活动，使每个同学都有相应的工作任务、角色任务及表演内容	涉及的知识点及教学意图10分钟
【业务情境】李军拿着一本存折从单位出发走向其开户银行，到达后，他对海达公司工商银行开户行经办业务员张蒙音说："我想申请办理银行汇票。"张蒙音说："请先填一张银行汇票委托书。"李军填好汇款金额为3万元的委托书后，连同存折一齐交给张蒙音，只见张蒙音将存折上的3万元划走，将一张汇款金额为3万元的银行汇票和解讫通知交给李军，李军表情满意地离开银行，回到单位交给公司财务部作账务处理。	熟悉资料卡内容，进入职业角色，完成规定任务。	角色扮演教学法	20分钟

续表

教学步骤与内容	教学目标	教学方法	时　间
五、表演结束进行讨论、评价、总结 教师引导学生根据角色扮演过程，分析讨论所要解决的问题并加以评价，总结概括出本节教学活动所要达到的目的。 表演和讨论评价过程可以反复进行，直接达到预期目的为止。 演出后，引导角色扮演者与旁观者进行讨论，教师宜用开放式的问句，学生自然会有很多反应，老师本身不需要太多的表白，以免阻碍学生的表达。	对各组展示的成果、团结合作、自我管理能力、自主学习能力进行综合评价，组织学生评价。	1. 各组自我评价； 2. 学生评委互评； 3. 教师评价。	采用发展性的评价机制，既关注执行任务的结果，更关注执行任务的过程及能力表现。
六、课堂小结 1. 根据银行存款管理办法及银行结算制度规定，办理银行汇票结算。 2. 审核银行存款收付业务原始凭证；编制相关业务记账凭证。 3. 登记银行存款日记账；进行银行存款清查，编制银行存款余额调节表。	概括总结，帮助学生构建知识体系，明确技能操作标准、把握应有的工作态度。	学生实物展示讲解语言简练、概括。	3 分钟
七、教法交流 1. 角色扮演教学法在应用中注意哪些环节？如何评价？ 2. 对本章案例展示的角色扮演教学法，你认为根据本章内容还需要作哪些改进？该教学法有哪些优点和局限？如何在教学中克服其局限？ 3. 角色扮演教学法的操作步骤有哪些？在应用中注意哪些事项？ 4. 角色扮演教学法一般需要与其他哪些方法结合使用？为什么？			2 分钟

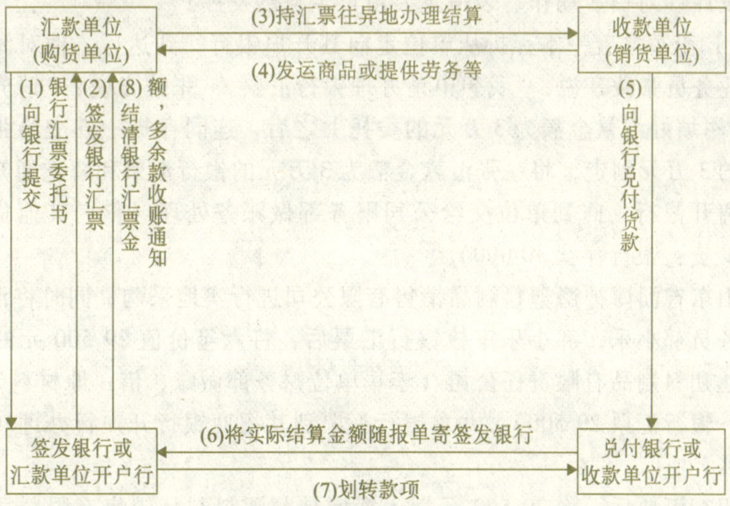

图 8－1

第三步：教师阐述角色的任务作用、培训观察者（可先让学生回家看书、查阅资料，熟悉角色、揣摩角色）。

李军——负责申请汇票、采购、背书转让汇票、收货、收回多余款、作相应的账务处理。

张蒙音——负责接待李军、转账收款、要求填写委托书、开出汇票、退还多余款。

郝小乐——负责收李军交来的汇票、发货、到王帅处办理转账或提现等。

王帅——负责帮郝小乐转账或支取现金，通知张蒙音实际结算金额，从张蒙音处转账收回货款。

其他同学——当观众，注意观察角色扮演的真实性，评论扮演者表演的效果。

第四步：学生布置舞台，进入场景，开始表演。

【场境模拟】在教室中间间隔摆放四张课桌椅，模拟汇款单位及其开户行、收款单位及其开户行，如图 8－2 所示，并分别坐着由 A、B、C、D 四位同学饰演的业务员。

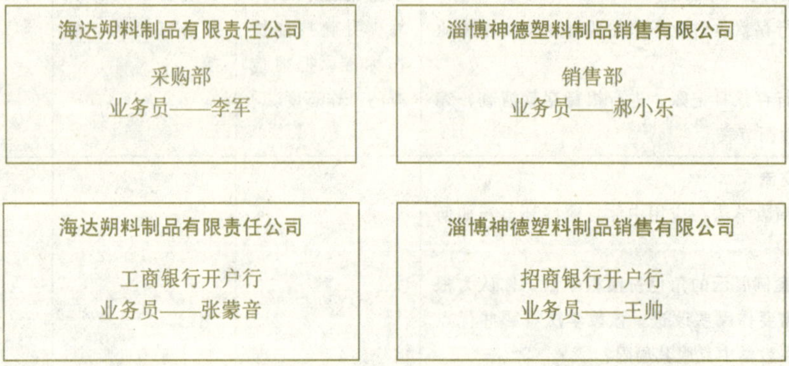

图 8－2

【表演道具】存折、银行汇票委托书、银行汇票、解讫通知、多余款收账通知、商品、各单位和银行的银行存款日记账、大白纸、笔。

情境故事设计（对白、动作、表情主要由学生自己发挥）

【业务情境】李军拿着一本存折从单位走向其开户银行，到达后，他对海达公司工商银行开户行经办业务员张蒙音说："我想申请办理银行汇票。"张蒙音说："请先填一张银行汇票委托书。"李军填好汇款金额为 3 万元的委托书之后，连同存折一齐交给张蒙音，只见张蒙音将存折上的 3 万元划走，将一张汇款金额为 3 万元的银行汇票和解讫通知交给李军，李军表情满意地离开银行，回到单位交给公司财务部做账务处理（借：其他货币资金——银行汇票 30 000　贷：银行存款 30 000）。

李军前往山东省淄博神德塑料制品销售有限公司进行实地采购，同时将汇票和解讫通知交给该公司业务员郝小乐，郝小乐审核银行汇票后，将六箱价值 29 500 元的原材料发给李军所在单位海达朔料制品有限责任公司（李军单位财务部做账，借：原材料 29 500　贷：其他货币资金——银行汇票 29 500），并拿银行汇票到其招商银行开户行办理转账收款 29 500 元，并收妥入账。

王帅审查银行汇票后，将 29 500 元划入淄博神德塑料制品销售有限公司的账户上，并随报单通知海达塑料制品有限公司工商银行开户行实际结算金额为 29 500 元。张蒙音收到报单后，将29 500元划转给淄博神德塑料制品销售有限公司招商银行开户行业务员王帅，并将多余款500元划回给李军的海达塑料制品有限公司工商银行开户行。李军收到500元的收账通知交给财务部，财务部根据“多余款收账通知联”入账（借：银行存款500　贷：其他货币资金——银行汇票500）。

结束表演。

第五步：表演结束进行讨论、评价、总结。

- 角色扮演者的体会及反思如下：

李军：总是忘记哪一环节应该进行账务处理。

张蒙音：只记得开汇票，忘了将3万元登记入账。

郝小乐：既要和李军打交道，又要和王帅打交道，有时候会混淆他们两者的身份，忘记自己该做什么，该如何应答他们。

王帅：直到演出时，还在背台词，掂量自己该做什么，对角色不熟悉，但感觉很好玩。

- 观众讨论点评如下：

(1) 李军申请汇票后，应该先仔细审查存折和汇票是否加盖印章后再满意离开，但只看见他满意离开，没看见他仔细审查。

(2) 王帅也应仔细审查郝小乐交来的银行汇票的真伪，提防假冒。

(3) 角色表情太死板，既然是表演，就要有表演的色彩。

(教师评价：观察仔细，办事细心，法律意识强)

- 学生提问：李军又要去申请汇票，又要去采购、收货，在实际工作中，一个人是不是可以兼顾几样工作，需要掌握很多知识？

（教师解释：未来的工作是需要一个人一专多能，同时掌握很多相关业务知识，但根据会计工作制度的要求，有些岗位不能一人多岗，要符合公司对内部控制的基本要求。）

- 教师提问：

(1) 这个故事由谁引起？谁是核心角色？站在海达塑料制品有限公司这个会计主体的角度，在哪个环节应该进行账务处理？(引导学生对自己未来的职业岗位有一个比较具体的认识)

(2) 四位角色在业务处理过程中相互出现矛盾、发生争执该怎么办？(引导学生学会置身于别人的位置尽可能多地体会他人的思想和情感，理解社会事件，进行社会交往)

- 教师小结：

(1) 汇款单位（采购单位）中，汇票申请人和到外地采购的业务员应该有分工，表演时还可以将李军分解为两个角色，由两个人扮演，提高其真实性。

(2) 收款单位收汇票和收款入账的人与发运商品的人也应该有分工，可将角色张蒙音再分解为两个角色，由两个人扮演。

(3) 郝小乐收到银行汇票后有多种选择：可转账，可提现，可开立临时存款户，可委托银行办理信汇、电汇或重新签发银行汇票，可以由不同的同学重演。

(4) 明确进行账务处理时的会计主体角度，重点掌握站在出票方即付款方角度的账务处理。

7）角色扮演教学法教学效果评价

角色扮演法教学效果评价的主要内容有：剧情内容设计和对知识的选择是否适合角色扮

演教学法；教师引导和课前的准备是否充分；形式是否生动、活泼；学生展示的是否真实、有效；学生的参与是否积极；结论是否对企业有帮助；教学档案的建立是否完整、科学等等。角色扮演教学法教学效果评价表如表8-2所示。

表8-2　　角色扮演教学法教学效果评价表

总体印象：优□　良□　中□　差□　　　　评议分数：________

序号	评价项目	分值	A	B	C	D	E
			1.0	0.8	0.6	0.4	0.2
1	表演内容符合教学目标和教学内容。	10分					
2	教学目标和教学内容的安排要合理。	10分					
3	能加深学生对所扮演的角色的价值观的了解。	10分					
4	角色扮演的表演情节清晰，内容充实，信息量大。	10分					
5	教学环境安全、宽敞明亮，没有噪音影响。	10分					
6	教学气氛愉快、活跃，角色扮演者有安全感。	10分					
7	表演内容能反映或联系专业发展的新思路、新概念、新成果。	10分					
8	能给予学生思考、联想、创新的启迪。	10分					
9	学生达到教学的知识目标和技能目标的比例高。	10分					
10	能有效地利用各种教学媒体。	10分					
对本节课的教学内容、方法、手段等的具体指导意见或建议： 签字： 年　月　日							

8.2.2　角色扮演教学法在“权益筹资”教学中的应用

1）教学对象分析

本节课的教学对象是会计专业××级××班学生，他们已经学完了基础会计、财务会计、税收理论等会计课程，已经掌握了与会计相关的基本理论和基本技能。本节课是该门课程第一单元的内容，是该单元的理论应用部分。学生已经掌握了筹资渠道、筹资方式、资金成本、资本结构、货币的时间价值以及相关法律等基本的筹资理论和基本的筹资方法。

2）教学目标分析

本单元的教学目标是通过对本单元的教学，使学生了解企业的筹资动机，熟悉各种筹资渠道与方式，掌握资金需要量预测的基本方法和资金结构决策的基本原理，使学生能够熟练地运用各种筹资方式从不同筹资渠道为企业筹集到经营所需的资金，并能够为企业进行最佳资本结构的决策。本单元应该让学生掌握两种技能，即债券筹资技能和权益筹资技能。本节课主要培养学生的权益筹资技能。让学生掌握权益筹资的程序，特别是了解我国的证券法规，培养学生遵纪守法的良好职业操守。

权益筹资是企业最重要的筹资方法，能够为企业解决严峻的财务问题，是公司举债的重要手段之一，在公司的筹资活动中占有举足轻重的地位。这一节课是培养学生权益筹资的实际应用能力和对国家证券法规的理解。因此，选取的案例一定是企业实际发生的案例。要注意理论和方法的恰当结合。同时，教会学生如何深入企业、银行和证券公司，了解权益筹资的具体操作程序和相关法律，特别是对《中华人民共和国证券法》的理解，具备权益筹资的决策能力和实际操作能力，使他们在校期间就能够为企业进行筹资决策，为以后的投资决策的学习和将来的工作打下坚实的基础。

3）教学内容分析

为了达到上述教学目标，本节课的教学内容应当是利用前面所讲的筹资理论和筹资方法，培养学生的实际应用能力。所以，应该掌握的内容有：权益筹资的内容、权益筹资的优缺点、权益筹资的程序以及《证券法》和《公司法》，了解发行股票的程序和《证券法》是重要的内容。在本节课中，使用角色扮演教学法，首先，可以充分调动学生的参与积极性，学生为了获得较高的评价，一定会充分表现自我，施展自己的才华。在扮演培训过程中，学生会对企业发行股票抱有浓厚的兴趣，并带有娱乐性功能，使教学达到寓教于乐的效果。其次，由于角色扮演具有高度的灵活性，从测评的角度来看，角色扮演的形式和内容是丰富多样的。在教师的要求下，学生的表现也是灵活的，由于是在模拟状态下进行的，因此学生在作出权益筹资决策行为时，可以尽可能地按照自己的意愿去完成，也不必考虑实际工作中决策失误会带来工作绩效的下降或失败等问题，心理压力相对减轻。再次，在角色扮演过程中，需要角色之间的配合、交流与沟通，可以增加角色之间的感情交流，特别是让学生了解中国证监会、证券交易所以及企业之间的关系。同时，培养学生自我表达、相互认知等社会交往能力。本节课的主要角色有证监会的成员、律师、证券公司的工作人员和企业的代表。这四个重要的角色在本节课的教学过程中起着重要的支撑作用。

根据通常的做法，将本节课的内容设计如表 8－3 所示。

表 8－3

授课时间	______年___月___日　第___周　星期___　第___节
授课班级	______专业　___年级　___班级
教学内容	权益筹资
教学目的	主要教学目的是让学生通过表演、询问、调研、观察、辩论、评价、分析等程序，得出在筹资案例中如何遵守《中华人民共和国证券法》。对违反《中华人民共和国证券法》的行为要明确指出并纠正。通过辩论、讨论和研究，达成共识。使学生懂得公司在发行股票的活动中要严格遵守国家的法律制度，培养学生遵纪守法的良好道德。
教学方法	角色扮演法
教　　具	电脑、投影仪、音响、场景布置用品、《中华人民共和国证券法》、《中华人民共和国公司法》、《中国证券监督管理委员会发行审核委员会办法》等文件。
教学重、难点	教学的重点是股票发行的优缺点和程序。难点是理解《中华人民共和国证券法》。
教学过程（教学内容及环节）	
一、教师给学员布置准备任务 在上一节课要布置学员复习已经学过的知识。然后，把本节课需要完成的任务布置给学生。将班级分为 4 组，一个是中国证监会组，一个是证券公司组，还有是企业代表组和公司律师组。每个组各设一名组长，负责组织本组同学准备材料。材料包括：祥云公司介绍、祥云公司财务管理现状、筹资理论、相关的筹资程序和法律规定，还有各组的工作职责。同时，要对其进行提前的引导和排练，教会他们如何进入角色、表演、使用社交语言，了解他们所充当的角色在企业中的位置与责任、他们应该怎样做等等。	

续表

教学过程（教学内容及环节）
二、开始上课 1. 回顾上一节课讲过的筹资基础知识。（教师进行） 2. 向学员说明本节课的任务以及要达到的目的和标准。（教师进行） 3. 请企业组的演员表演开会场景：利用多媒体向学员们介绍祥云公司的发展历史、未来的规划、企业近年来的财务状况以及目前需要筹资的理由。 4. 请证监会组的演员表演例会场景：研究是否通过祥云公司发行股票的申请。 5. 请证券公司组的演员表演为祥云公司发行股票的过程。 6. 再请企业组的演员表演公司的做法。 7. 请大家讨论、研究、辩论祥云公司是否有违反国家证券法的行为。 8. 请律师组的演员表演律师的评判结果。 **三、大家评判** 让大家评判，选出最佳演员、最佳辩论手以及本节课不成功的细节。 **四、由教师总结本堂课的主要内容** **五、让学生代表总结本堂课的收获** **六、在评价手册上记录本课程的结果和教师授课评价** **七、课后教研交流任务** （一）完成任务 1. 小组活动： （1）将教师分成4个教研室，每组选一位教研室主任。开展教研活动。 （2）活动内容：以债券筹资为知识点，使用角色扮演教学法，设计一个45分钟的公开课，准备参加单元检验公开课展示会。 （3）要求：①内容完整；②课程设计科学；③教案内容详实；④课件制作精美；⑤符合教学规律。 2. 个人完成： （1）学习角色扮演教学法； （2）设计公开课； （3）参加小组交流活动。 （二）小组思考 1. 使用角色扮演教学法应该注意哪些问题？ 2. 角色扮演教学法在本门课程中还可以应用到哪些知识点？ 3. 使用角色扮演教学法，教师应具备哪些素质？ （三）单元检验公开展示课的综合评价 1. 全体教师参加听课、评课。 2. 培训教师作综合评价（登记教学效果评价表）。

4）角色扮演教学法运用的计算机教学媒体、工具、设备、文件和手册

角色扮演教学法运用的计算机媒体主要有带有投影仪的全套多媒体设备（包括电脑、投影仪、音响等）、祥云公司的简介光碟，以及相关的Power Point或Flashi文件等多媒体工具，主要用于介绍祥云公司的发展历史和目前财务现状，回顾与本任务相关的知识。主要回顾上一节课已讲述过的筹资方法、筹资程序和《中华人民共和国证券法》。可以用影片的方式介绍证券会的审批流程、证券公司的业务。同时，也可以让学生利用多媒体展示他们小组讨论的结果。为了方便学生计算，还应当准备相关的文件，例如，《中华人民共和国证券法》、《中华人民共和国公司法》、《中国证券监督管理委员会发行审核委员会办法》、首次公

开发行股票辅导工作办法、首次公开发行股票并上市管理办法以及其他法规文件等；还有对整个角色扮演过程的评价表、评价手册和授课纪录等档案文件。为了方便学生表演，还需表演用的场景、道具，例如，公司办公室、会议室等模拟办公设备和模拟文件。

5）祥云公司权益筹资案例

本节课选取的案例任务是：通过对祥云公司发行股票的操作过程，判断祥云公司是否有违反《证券法》的地方，怎样改正？

（1）剧情介绍。祥云公司按照企业的规划目标，经董事会讨论通过，准备上一条自动生产线，但是企业目前资金较为紧张，需要筹资。于是，董事长召开财务会议，讨论研究筹资方案问题。经大家讨论研究，一致认为发行股票比较合适。财务部依照《公司法》的规定，拟订了一份发行股票的申请书，报中国证监会审批。中国证监会在其行政办公会议上进行了讨论，并批准了祥云公司的股票发行。祥云公司得知股票发行已获批准后，即在公告公开发行募集文件之前，将准备公开发行股票总额的10%自行卖给了当地投资人，其余部分委托某证券公司代销，确定代销期限为100天。祥云公司确定了公司股票溢价发行的价格，通知了代销的证券公司，并报中国证监会备案。

（2）教学程序。此案例的主要教学目的是让学生通过表演、调研、观察、辩论、评价、分析等程序得出具体在筹资案例中如何遵守《证券法》的答案，对违反国家《证券法》的行为要给予纠正，通过辩论、讨论和研究，达成共识。具体步骤如下：

第一步，教师给学生布置准备任务。上一节课要布置学生复习已经讲过的知识，特别是《中华人民共和国公司法》。然后，把本节课需要完成的任务布置给学生。将班级分为4组，一个是证监会组，一个是企业组，还有证券交易所组和律师组。每个组各设一名组长，负责组织本组同学准备材料。材料包括祥云公司的企业介绍、祥云公司的财务状况、相关的工作程序和相关的国家法律条文（见表8－3），还有各组的工作职责。同时，要对每组的演员学生进行提前的引导和排练，教会他们如何进入角色、如何表演、如何使用社交语言，了解他们所充当的角色在企业中的位置与责任，他们应该怎样做等等。

第二步，开始上课。

（1）回顾上一节课讲过的内容。（教师进行）

（2）向学生说明本节课的任务以及要达到目的和标准。（教师进行）

（3）学生活动。

①请企业组的演员表演开会场景。

祥云公司的高层领导（董事长、总经理、财务部长、办公室主任）等人正在开会，研究公司要发行股票的问题，讨论热烈。

总经理：利用多媒体向企业组的成员介绍祥云公司的发展历史以及目前的经营状况和未来的规划（包括公司的产品开发状况、市场占有率状况以及上一条流水线的理由等）。

财务部长：将近年来公司的财务状况以及目前需要筹资的理由介绍给大家，指出公司的潜在财务风险以及股票筹资的优缺点。

董事长：对本次讨论议题提出了要求。

大家讨论：了解企业的资金状况，研究公司发行股票的必要性，主要由财务经理向大家介绍发行股票的好处，最终大家一致表决同意公司发行股票。

②财务部场景：拟订发行股票的草案，报经证券会审批。

③证监会组的演员表演例会场景：中国证监会在其行政办公会议上进行了讨论，最后，由证监会主席批准了祥云公司的股票发行。

④企业组演员表演公司的做法：祥云公司得知股票发行已获批准后，即在公告公开发行募集文件之前，将准备公开发行股票总额的10%自行卖给了当地投资人，其余部分委托某证券公司代销，确定代销期限为100天。祥云公司确定了公司股票溢价发行的价格，通知了代销的证券公司，并报中国证监会备案。

⑤证券公司组的演员表演为祥云公司发行股票的过程（重点要把证券公司发行股票的程序公布出来）。

大家研究、辩论祥云公司是否有违反国家证券法的行为。

⑥请律师组的演员表演律师的评判结果（召开律师会议）。宣判结果如下：

《证券法》第十一条规定：公开发行股票，必须依照《公司法》规定的条件，报经国务院证券监督管理机构核准。发行人必须向国务院证券监督管理机构提交《公司法》规定的申请文件和国务院证券监督管理机构规定的有关文件。公开发行股票，应该报中国证监会核准而不是审批。

《证券法》第十四条规定：国务院证券监督管理机构设发行审核委员会，依法审核股票发行申请。发行审核委员会由国务院证券监督管理机构的专业人员和所聘请的该机构外的有关专家组成，以投票方式对股票发行申请进行表决，提出审核意见。证监会应该组成发行审核委员会，并用表决的方式提出批准与否的意见。

《证券法》第二十六条规定：证券的代销、包销期最长不得超过90日。证券公司在代销、包销期内，对所代销、包销的证券应当保证先行出售给认购人，证券公司不得为本公司事先预留所代销的证券和预先购入并留存所包销的证券。

《证券法》第二十八条规定：股票发行采取溢价发行的，其发行价格由发行人与承销的证券公司协商确定。溢价发行价格要和证券公司协商，不需要报证监会。

表演结束。

第三步，让大家评判，选出最佳演员、辩论手以及本节课不成功的细节。

第四步，由教师总结本堂课的主要内容。

第五步，让学生代表总结本堂课的收获。

第六步，在评价手册上记录本课程的结果和教师授课评价。

第七步，布置课后教研交流任务：

（1）布置任务。

①将教师分成4个教研室，每组选一位教研室主任。开展教研活动。

②活动内容：以债券筹资为知识点，运用角色扮演教学法，设计一个45分钟的公开课，准备参加单元检验公开课展示会。

③要求：内容完整；课程设计科学；教案内容详实；课件制作精美；符合教学规律。

（2）个人完成。

①学习角色扮演教学法；

②设计公开课；

③参加小组交流活动。

（3）小组思考：

①使用角色扮演教学法应该注意哪些问题？

②角色扮演教学法在本门课程中还可以应用到哪些知识点？

③使用角色扮演教学法，教师应具备哪些素质？

（4）单元检验公开展示课的综合评价。全体教师参加听课、评课。

（5）教学效果评价。角色扮演法教学效果评价的主要内容有：剧情内容设计和对知识的选择是否合适角色扮演教学法；教师引导和课前准备是否充分；形式是否生动、活泼；学生展示的是否真实、有效；学生的参与是否积极；结论是否对企业有帮助；教学档案的建立是否完整、科学等等。

8.3 在会计专业教学中应用角色扮演法应注意的事项

8.3.1 “银行存款核算业务”教学活动中运用角色扮演教学法的应用的条件和场合

“银行存款核算业务”教学活动中运用角色扮演教学法进行教学，所需要的应用条件主要有：

1）了解学生的特征

教学方法的选择须以学生的基本特征为前提。如果忽视学生特征分析，那么所选择的教学方法常常不能达到预期的成效。笔者选择本单元“银行存款核算业务”教学内容应用角色扮演法，就是在了解学生的一般特征、专业起始能力以及学习风格等诸多因素之后，所遴选的最佳教学方法。

2）了解教师自身的特征

教师自身的特征是选择教学方法的主观条件。教师在教学中表现出来的不同特征，从另一个方面影响着教学方法的选择，主要因素有职业教育教学观念，教育与会计专业知识储备，良好的组织能力、逻辑思维能力、反应能力、语言表达能力、教学研究能力、媒体应用能力、教学经验与风格等。在本案例中，要求专业教师不仅要掌握《银行结算办法》的相关结算规定、账户开设要求与管理、货币资金业务核算及处理，重点是熟悉其实际业务流程及填写票据和结算凭证需要办理手续等诸多要素，同时还要了解《票据法》的相关内容及规定。同时，专业教师还要考虑布置合理的教学场所，还要有恰当的场景设计或者剧情引导、道具准备、表演角色挑选等等。

角色扮演法是在实际情景模拟下给予受训角色实践的机会，使受训者在真实的模拟情景中，体验怎样办理银行汇票、收款人收到银行汇票怎么办理、掌握银行汇票在什么情况下可能被银行拒付以及如何办理银行汇票的退款等的具体实践，帮助他们了解自己的专业知识掌握情况，并加以改进和提高。

8.3.2 应用角色扮演教学法的注意事项和教训

（1）应用角色扮演教学法的注意事项。在应用这种方法时，教师的作用不是一味单方面地传授出纳岗位银行存款核算业务知识，更重要的是利用学校那些可视、可感的教学媒体资源，通过课前准备工作，重点是教案设计及实物用品的展示、角色挑选等，努力为学生做好体验开始前的准备工作，让学生产生一种渴望学习的冲动，自愿地、全身心地投入学习过程，并积极接触所需认识的事物，去亲身体验，发展能力。该教学过程对任课教师提出了较高的专业知识、教育教学法等综合素质要求，专业教师必须加大专业教学法的培训及其实践操作技能培训。

角色扮演同样要求学生转变角色，真正从所扮演角色的角度去考虑问题并采取行动。能运用银行结算方式进行实际业务流程操作，熟知会计工作所要求的财经法规知识。通过角色扮演，使学生了解岗位责任制对责任心和认真严谨的会计职业态度的要求，并让学生了解实际工作中人际交往能力和合作能力的重要性。

(2) 角色扮演教学方法可以使学生学会站在他人的立场思考问题，想他人所想，急他人所急。因此，在运用这种方法时，教师应当以不作评价的方式关注学生的反应和建议，尤其要了解学生的意见和感情；教师要帮助学生探讨问题情境的各个方面，帮助学生认识和对比可供选择的观点；教师要解释和总结学生的反应，提高学生对自己思想和感情的意识；教师应当强调扮演同一角色可以有不同的方式；最后，教师要向学生阐明解决一个问题可以有多种方法，通过该种方法可以模拟商业汇票结算业务、信用证结算业务和银行本票结算业务等，举一反三地阐明评价一个问题的解决方法。

8.3.3 角色扮演教学法在“权益筹资”授课中应用的条件和场合

运用角色扮演教学法进行本项内容的教学，所需要的条件主要有：合格的指导教师（该教师要有良好的组织能力、良好的逻辑思维能力、良好的反应能力、充分的前沿知识，包括国家对发行股票的最新规定和丰富的发行股票的经验）、善于辩论和表演的学生（学生应该相互熟悉，彼此之间有一定的默契）、合理的表演场所的布置、恰当的场景设计或者剧情引导等等。角色扮演法在本课程中有以下内容可以使用扮演法：筹资管理；营运资金管理；长期投资管理；短期经营管理。

8.3.4 角色扮演教学法在“权益筹资”授课中的运用须注意的事项和教训

角色扮演教学法弹性较大，灵活性较强，教师应视实际教学情境的需要加以调整。在运用中要注意分析多方面因素，判断什么时候适宜于使用角色扮演，同时将教学目标、教学内容、教学媒体、教学环境以及教学组织等问题考虑在内。具体来说，应如下注意事项：

(1) 角色扮演教学法的表演内容要符合教学目标和教学内容，教学目标和教学内容的安排要合理，要避免出现与教学内容和教学目标相脱离的现象。例如，本节课的教学目标就是通过对发行股票程序的讲解，使学生了解《证券法》，从而培养学生遵纪守法的道德情操。不要为表演而表演。

(2) 每次演出的时间不可过长，要尽可能地做到简洁有效，但也要有完整的时间来进行，若无法充分让演出获得讨论，则效果将大打折扣。所以，情节内容的选取非常重要。比如，如果选取股票发行的整个过程作为角色扮演教学法的案例，那么时间就太长了。剧情也太复杂，不利于学生表演。

(3) 注意角色扮演要加深学生对所扮演的角色的价值观、观点或感受的了解；表演情节要清晰，演出活动要容易进行；要有助于了解个人或群体所面临的问题。比如，在本节课中，通过对证监会、企业董事、财务部经理以及证券公司工作人员等角色的表演，加深了学生对这些角色工作任务、价值观以及责任的了解。

(4) 应用角色扮演教学法需要的教学环境应该是安全、宽敞明亮，没有噪音影响。教学气氛应该是愉快的，不要给学生带来过大的压力或让学生产生挫败感。比如，发行股票是一项比较复杂的业务，内容多，法律要求严格，所以在表演之前，一定要注意对学生进行演练。防止学生说错话，特别是关于证券法规的内容，学生表演出错就会让学生有挫败感。要注意学生的性格特点；努力营造轻松自由的气氛，让角色扮演者有安全感。另外，在角色选派时，尤其需注意同学的推荐是否有特殊的嘲讽或寓意，以免演出者感到不安或困窘，不要让他们因为角色扮演而被人耻笑。

(5) 应用角色扮演教学法需要的教学媒体应该是先进的，如电脑、展示屏幕、良好的音响设备等，否则会影响表演效果。

(6) 应用角色扮演法一定要注意教学组织工作。课前的准备一定要充分，如表演的培训、证券法的讲解、小组的分配等都要准备好。对学生热烈的辩论，教师要有所控制。比如，学生会对祥云公司申请成功后的做法发表议论。在讨论过程中，教师要设置一些障碍，培养学生严谨的思考习惯，如教师可以就祥云公司的做法再列举几个，看看学生怎样理解。老师虽然不引导学生的演出内容，但是必须主导整个课程，需同时注意台上及台下的状况。尤其是时间的拿捏和讨论的深度、广度，千万不要将演出与讨论分离，影响教学效果。

(7) 在角色扮演教学法刚开始使用时，演出者可能会因学习习惯、场地以及其他问题而感到困惑，教师也会因此觉得组织角色扮演有种种阻力，这时，教师要有耐心，让学生慢慢适应。比如，这一节课是第一单元的内容，也是第一次以角色扮演教学法方式进行学习，所以，学生和老师可能都会感觉有些不自如。因此，教师必须要有耐心，不能急躁，要给学生更加宽松的条件，让学生慢慢适应这种教学方法，为以后的教学打下基础。

(8) 千万不能把课程变成教师一言堂，一定要准备充分，让每个学生都参与进来，让课堂充满激情，有主题。比如，本节课的教学需要4个组，那么就应尽量让所有同学都参与进来，给他们安排一定的职务，让他们把任务当成是自己的事情去做，从而调动学生们的表演积极性。教师不要随意打断学生的表演，待学生表演结束后再去评价。要充分肯定学生的表演是成功的。

(9) 一定要有演出后的总结与评价，但是最重要的是不能离题，要总结出本节课的重点内容，强调学生对本节课知识点的掌握。比如，这一节课，一定要让学生掌握与发行股票有关的《中华人民共和国证券法》的内容，同时强调学生一定要做遵纪守法的好公民。

9. 模拟教学法

9.1 模拟教学法概述

模拟教学法是指在教师指导下，学生模拟扮演某一角色进行技能训练的一种教学方法。结合岗位对员工的技能要求进行有针对性的训练是职业教育的重要内容，但是由于设备、场地、资金等条件的限制，学生很少能够到实际工作岗位上实习。模拟教学法能够在很大程度上弥补客观条件的不足，为学生提供近似真实的训练环境，提高学生的职业技能。

从模拟的程度来看，模拟教学可以分为模拟整体教学和模拟局部教学；从模拟的对象来看，可以分为模拟环境教学、模拟过程教学；从模拟的效果来看，可以分为仿真模拟和近似模拟。

模拟教学法在财务成本管理课程中的应用表现了以实际行动来掌握真实情境的教育意义，并且提供了一个模拟仿真的情境，使学生有机会通过近似实际工作中的工作场景来进行学习。在模拟教学中，能使学生掌握具体的工作技能，如筹集、投资、成本控制、预测业务、预算业务等。

模拟教学法通常的实施步骤如下：

9.1.1 搜集相关资料，做好知识准备

这里所说的准备包括两方面，即教师的知识准备和学生的知识准备。财务成本管理是一门要求综合性较强的专业课，涉及财务会计、成本会计、管理会计、税收基础等课程中的知识，要求教师具备综合性的财会、税收知识，教师既要知道怎么做，又要知道为什么这么做；既要了解财会、税收知识，还要懂得如何运用到财务成本管理课程中来。

为了保证模拟教学的实施，要求学生做好上课前的准备，包括课本知识的预习、阅读分析模拟资料和学习相关理论知识，这样在课堂上才能广开思路，积极发言，使模拟教学法真正达到效果。

9.1.2 从实际出发，大胆处理好教材

教材应该为教学服务，而教学的主体是学生，因此，教材说到底应该为学生服务。教师应该根据学生的实际情况，因时、因地、因人的不同，根据教学实际需要，自主地整合教学内容，充分利用现代科学成果和技术手段，使课堂内容多样化、丰富化，以激发学生学习兴趣。

9.1.3 以学生兴趣为起点，创设情境，吸引学生主动参与

学生是教学活动的主体，让学生动起来不啻为一个有效的学习办法。激发学生的学习动力，培养其好奇心、求知欲，就应根据学生的身心发展规律，创设学生感兴趣的情境。当然，情境的创设既要符合学生的身心特点，让学生有兴趣参与其中，又要落实课堂目标，并使两者有机地统一起来，使学生通过情境探究活动，既激发兴趣，更增加知识和技能。

9.1.4 发挥教师的引导作用，强调师生共同参与

在模拟教学中，学生是学习的主体，因此，要倡导学生主动参与、积极探究，充分发挥学生的各种潜能。但这并不意味着教师在课堂教学中被动地跟着学生的思维转，相反，模拟教学法更需要教师做好学生引导，并且教师的引导应贯彻课堂始终，做到精导妙引，否则学生的探究活动会显得漫无目的，最终使课程目标难于实现。如何引导？关键在于师生共同参与和巧用提问。在设计销售预算工作程序的课堂教学过程中，教师的主导作用贯彻课堂始终。如在“销售市场调查”这一情景中，教师可以和学生一起扮演销售部门人员进行市场调查，一位学生扮演销售部门经理，这样既缩短了师生的距离，体现了民主平等的师生关系，又能使教师在师生互动的过程中自然地做好市场调查……为增加教学直观性，还可以事先准备好教学用图片，引导学生如何进行市场调查。同时，为提高学生处理实际问题的能力，还可以穿插一些情境，例如，面对新型打火机的销量，如果销售形势不好，有可能被别家零售商取代，应该如何应对……在教师生活化语言引导下，学生积极主动地进行探究，并在探究活动中培养能力，获取知识。在这样的教学模式中，教师既是导演又是演员，改变以往学生只听不看、只看不听的状况。学生由以前的观众变为参与者，在师生、生生的交流合作中，不仅通过主动探究获取了知识，还锻炼了能力、升华了情感。

9.1.5 促进学生间合作与竞争

对于大班教学而言，进行以小组形式的合作学习，能够让每个学生主动地参与到学习活动中去。合作学习能使学生之间取长补短、互通有无、优势互补，集众人的智慧，更好地解决问题，同时还能增强学生之间的合作意识，使学生学会尊重他人，提高学生的人际交往能力。教师示范后，分小组模拟操作，教师巡回指导，把竞争引进课堂，既能活跃课堂气氛，提高学生的学习兴趣和课堂效率，又能培养学生的竞争意识，这样他们才会更好地适应今后竞争日趋激烈的社会。在销售预算模拟操作中，可以通过评选"最佳销售预算编制财务经理"、"最佳销售经理"、"最佳市场调查员"、"最佳合作小组"等奖项，以鼓励学生间和小组间的相互竞争。合作与竞争并存，既增强学生的合作精神，又培养学生的竞争意识。

9.2 模拟教学法应用案例

9.2.1 模拟教学法在会计凭证教学中的应用

1）教学对象分析

本节课的教学对象是会计专业××级××班学生，他们已经初步掌握借贷记账法的内容和会计分录的编写方法，了解会计凭证的基本含义以及会计凭证在整个会计核算系统中的地位和作用；学习能力方面，学生抽象思维能力弱，动手能力一般；心理状态方面，学生害怕枯燥的文字说教，喜欢有声有色的现代化教学。

2）教学目标分析

本单元的教学目标是通过对本单元的教学，使学生熟悉各种会计凭证的类型，掌握各类会计凭证填制和审核的基本要求和方法，使学生能够熟练地填制和审核各类会计凭证。通过本单元的学习，培养学生观察分析、团结协作、归纳总结及动手实践的能力。

填制和审核会计凭证是会计核算工作的起点，理论知识与实践技能紧密结合，在整本教材中起到承上启下、理论联系实际的作用，也是学生今后从事会计工作的一项必备的技能。因此，选取的案例一定是企业实际发生的、具有代表性的案例。要注意理论和实践的恰当结合。同时，教会学生如何合法地取得、正确地填制会计凭证，并熟练、准确地审核会计凭证，让学生具备熟练填制和审核会计凭证的实际操作能力，为以后从事会计工作打下坚实的基础。

3）教学内容分析

本节课的教学内容是会计凭证的填制和审核，其中，凭证的填制和审核的实务操作方法是重要的内容。在本节课中使用模拟教学法，可以让学生在仿真的环境中，动手实践，团结协作，从而获得心理体验，产生求知欲望，激发学习兴趣，使枯燥的探究问题变得易于被学生接受和理解。学生在整个教学过程中会始终处于积极兴奋的状态，乐于观察、思考，主动分析、探究。

4）模拟教学法运用的计算机教学媒体、工具、设备、文件和手册

模拟教学法运用的计算机媒体主要有多媒体设备（包括电脑、投影仪等）、企业日常业务中的各类原始凭证和记账凭证以及企业财务专用章等，主要用于展示凭证的格式和介绍凭证填制的方法。同时，也可以让学生利用多媒体展示他们小组协作的成果。

具体做法是把问题情境和现实经验、现行问题联系起来探索行为的一般原则。根据这一通常的做法，本节课教学设计如表9－1所示。

表 9-1　　　　　模拟教学法教学设计表

授课时间	______年____月____日　第____周　星期____　第____节
授课班级	______专业　____年级　____班级
教学内容	记账凭证的填制
教学目的	主要教学目的是学生通过分组模拟，归纳总结出记账凭证填制和审核的主要内容和方法，学会对错误凭证的处理方法。通过学习凭证的填制和审核，培养学生细心、认真、一丝不苟的学习态度及严谨、求实的工作作风，树立朱总理提出的"不做假账"的信念和职业操守。
教学方法	模拟教学法
教　具	多媒体、各类常用原始凭证、收款凭证、付款凭证、转账凭证、通用记账凭证、企业财务专用章。
教学重点难点	教学的重点是记账凭证的填制和审核。难点是灵活填制和审核记账凭证。

教学过程（教学内容及环节）

一、教师给学生布置准备任务

在上一节课要布置学生复习已经讲过的知识，然后把本节课所需要完成的任务布置给学生。根据班级总人数，将学生分组，每5~6人一组，一个是制单员，一个是复核员，还有模拟企业业务组和外单位业务组的学生。每个组各设一名组长，负责组织本组同学准备材料。材料包括：本企业发生的日常经济业务所取得或填制的原始凭证，如采购业务中产生的增值税专用发票、运费发票、材料验收入库单等。同时，要对其进行提前的引导，教会他们如何搜集资料、如何分工合作、如何进行凭证的传递等等。

二、开始上课

1. 回顾上一节课讲过的原始凭证的填制和审核内容。（教师进行）

2. 向学生说明本节课的任务以及要达到的目的和标准。（教师进行）

3. 学生分组模拟：依据各组准备的资料，各组成员分工合作，完成依据原始凭证填制记账凭证，并审核记账凭证的模拟操作过程。

4. 各小组组长代表本组发言，利用多媒体展示本组模拟成果并详细说明操作过程，同时找出优点和存在的不足之处。

三、大家评判

让大家评判，选出最佳小组以及本节课不成功的细节。

四、由教师总结本堂课的主要内容

五、让学生代表总结本堂课的收获

六、在评价手册上记录本课程的结果和教师授课评价手册

七、课后教研交流任务

（一）完成任务

1. 小组活动：

（1）将教师分成4个教研室，每组选一位教研室主任。开展教研活动。

（2）活动内容：以记账凭证的填制为知识点，使用模拟教学法，设计一个45分钟的公开课，准备参加单元检验公开课展示会。

（3）要求：①内容完整；②课程设计科学；③教案内容详实；④课件制作精美；⑤符合教学规律。

2. 个人完成：

（1）学习模拟教学法；

（2）设计公开课；

（3）参加小组交流活动。

（二）小组思考

1. 使用模拟教学法应该注意哪些问题？

2. 模拟教学法在本门课程中还可以应用到哪些知识点？

3. 使用模拟教学法，教师应具备哪些素质？

（三）单元检验公开展示课的综合评价

1. 全体教师参加听课、评课。

2. 培训教师作综合评价（登记教学效果评价表）。

相关事项说明：

第一，记账凭证填制模拟流程如图 9－1 所示。

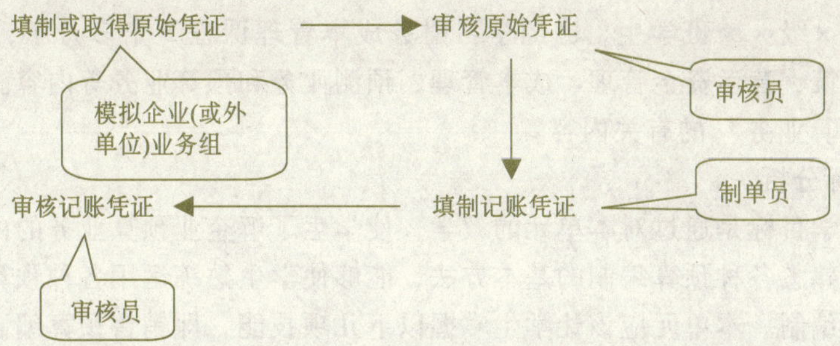

图 9－1

第二，模拟教学法教学效果评价的主要内容有：模拟内容的设计和对知识的选择是否适合模拟教学法；教师引导和课前的准备是否充分；形式是否生动、活泼；学生模拟得是否准确、有效；学生的参与是否积极；教学档案的建立是否完整、科学等等。如表 9－2 所示。

表 9－2　　　　教学效果评价表

总体印象：优□　良□　中□　差□　　评议分数：________

	评 价 项 目	分值	A	B	C	D	E
			1.0	0.8	0.6	0.4	0.2
1	模拟内容符合教学目标和教学内容。	10 分					
2	教学目标和教学内容的安排要合理。	10 分					
3	能加深学生对所担任的角色的价值观的了解。	10 分					
4	模拟的情节流畅，内容具体。	10 分					
5	教学环境安全、宽敞明亮，没有噪音影响。	10 分					
6	教学气氛愉快，活跃。	10 分					
7	模拟内容能反映或联系专业发展的新思路、新概念、新成果。	10 分					
8	能给予学生思考、联想、创新的启迪。	10 分					
9	学生达到教学的知识目标和技能目标的比例高。	10 分					
10	能有效地利用各种教学媒体。	10 分					

对本节课的教学内容、方法、手段等的具体指导意见或建议：

签字：

年　月　日

9.2.2 摸拟教学法在销售预算教学中的应用

1）教学对象分析

会计专业××级××班学生，已经学习财务成本管理课程3个多月了，学习了筹资管理、企业投资决策、营运资金管理、成本管理、预测业务和预算业务等内容。本部分教学内容是单元七“预算业务”的有关内容。

2）教学目标分析

本单元的教学目标是通过对本单元的教学，使学生了解企业预算业务的内容和为何要进行预算的编制，熟悉各种预算编制的基本方法，能够使学生熟练运用各种预算编制方法对不同预算进行具体编制。本单元应该让学生掌握以下几项技能，即销售预算编制、生产预算编制、直接材料预算编制、直接人工预算编制、制造费用预算编制、产品成本预算编制、期间费用（包括管理费用、销售费用和财务费用）预算编制、现金预算编制、预计资产负债表的编制和预计利润表的编制等技能。本节课主要培养学生编制销售预算的技能，让学生掌握销售预算编制的方法，学会编制销售预算，培养学生良好的职业道德。

销售预算是用于规划企业预算期销售活动的一种业务预算，是企业编制其他预算的基础，因此，销售预算是编制全面预算的关键和起点，是企业常有的工作任务。这一节课就是培养学生销售预算编制的实际应用能力和对销售预算的理解。因此，选取的案例必须符合企业实际发生的情况，要注意理论和方法的恰当结合。同时，教会学生如何深入企业、了解销售预算编制的具体操作程序，具备销售预算编制的实际操作能力，为学习企业其他预算内容的编制打下坚实的基础。

3）教学内容分析

为了达到上述教学目标，本节课的教学内容应当是利用前面所讲的销售预算编制方法和步骤，培养学生的实际应用能力。所以，应该掌握的内容有：销售预算编制的地位、原则和方法。本节课使用模拟教学法，首先可以充分调动学生的参与积极性，由于是亲自动手操作，学生对销售预算编制充满期待，有着浓厚的学习兴趣，并会自觉不自觉地将自己设想为企业编制销售预算的有关人员，从而达到教学理论与实践紧密结合的效果。其次，由于学生是以模拟的角色参与模拟操作，具有高度的灵活性和适用性。从测评的角度来看，模拟操作的内容丰富多样，在教师的要求下，学生的表现也是灵活的，学生按角色进行模拟操作，与实际工作不同，不必考虑实际工作中销售预算编制失误带来工作绩效的下降或失败等问题，心理压力相对减轻，学习相对来说轻松一些。再次，在模拟操作过程中，需要各角色之间的配合、交流与沟通，可以增加角色之间的感情交流，培养学生自我表达、相互认知等社会交往能力。本节课的主要角色是销售经理、财务经理。这两个角色在本节课的教学过程中起着重要的支撑作用。

本节课选取的案例任务是：通过对舒畅公司销售情况的预测，编制该公司新型打火机销售预算，并编制与销售预算有关的现金收入计算表。

案例介绍：舒畅公司是一家全国性的零售商。该公司2008年获得一项新型打火机的独家经销权。2009年该种打火机的销路急剧上升，出现良好的销售形势。公司决定借助这一喜人的形势，再接再励，做好2010年的销售预算。为此，公司由总经理主持召开了以销售部门为主的销售预算会议。会议要求销售部经理会同财务部经理一道根据2009年该种打火机的销售情况编制2010年该种打火机的销售预算以及与这项销售预算有关的预计现金收入计算表。根据会议精神，销售部经理安排本部门有关人员先收集了2009年的销售情况资料，并对2010年销售此种新型打火机的数量进行了预测，同时该项新型打火机的售价预计将为10元/只。销售人员搜集到的该种打火机2009年的实际销售情况如表9-3所示。

表9-3 **2009年一至四季度实际销售量**

季 度	1	2	3	4	全 年
实际销售量（台）	22 000	30 000	38 000	42 000	132 000

同时销售部门经理根据2009年的实际销售量会同本部门一道对2010年的销售量进行了预测，预测结果如表9-4所示。

表9-4 **2010年一至四季度预计销售量**

季 度	1	2	3	4	全 年
预计销售量（台）	45 000	55 000	60 000	70 000	230 000

财务部根据销售情况预计该种打火机的销售款当季度能收到货款的50%，次季度收到50%，坏账很少，可以不计。2009年末应收账款余额为3 000元。

公司财务部根据上述资料编制销售预算，并编制与销售预算有关的现金收入计算表。

此案例的主要教学目的是让学生通过模拟操作、调研、观察、辩论、评价、分析等程序体会如何编制销售预算以及与销售预算有关的现金收入计算表。对编制错误的地方要给予纠正。通过修改再编制，达到掌握销售预算编制以及编制与销售预算有关的现金收入计算表的目的。

4）模拟教学法应用的计算机教学媒体、工具、设备、文件和手册

模拟教学法应用的计算机媒体主要有带有投影仪全套多媒体设备（包括电脑、投影仪、音响等）、还有舒畅公司的销售实际情况、销售预测情况及其他条件的Power Point或Flash文件等多媒体工具，主要用于介绍舒畅公司销售预算编制和与销售预算有关的现金收入计算表编制的要求，以及回顾与本任务相关的知识。主要回顾上一节课已讲述过的销售预算的编制原则、方法及步骤。同时，也可以让学生利用多媒体展示经小组讨论后编制的销售预算和现金收入计算表的结果。同时，要有对整个模拟操作过程的评价表、评价手册和授课纪录等档案文件。为了方便学生模拟操作，还需要有模拟操作用的场景、道具：如公司办公室等模拟办公设备和模拟文件。

具体做法是把问题情境和现实经验、现行问题联系起来探索行为。根据这一通常的做法，将本节课设计如表9-5所示。

表9-5 **模拟教学法教学设计表**

授课时间	______年____月____日　第____周　星期____　第____节
授课班级	会计专业　____年级　____班级
教学内容	销售预算
教学目的	通过本任务的学习，了解销售预算在全面预算中的地位、编制原则、编制步骤的操作技能和方法。
教学方法	模拟教学法、项目教学法、讲授法、案例教学法、角色扮演法

续表

<table>
<tr><td>教　　具</td><td>电脑、投影仪、音响、场景布置用品、PPT 挂件</td></tr>
<tr><td>教学重点难点</td><td>模拟的重点：
1. 使学生了解编制销售预算的全流程。
2. 综合运用知识解决实际问题。
3. 熟练所学的销售预算知识，用销售预算编制的相关知识解决实际销售预算的编制问题。
模拟的难点：
1. 学生综合运用知识来解决实际问题的能力。
2. 分工合作完成整个销售预算的编制。
3. 搜集销售资料的创新能力。</td></tr>
<tr><td colspan="2">教学过程（教学内容及环节）</td></tr>
<tr><td colspan="2">一、教师给学员布置准备任务
在这一次课的第一节要布置学员复习已经讲过的知识。然后，把本节课所需要完成的任务布置给学生。将学生分成若干组，每组 5 名同学，每个组模拟一家公司，角色扮演：小组：某公司，小组成员：公司总经理（1 名）、财务部经理（1 名）、销售部经理（1 名）、销售人员（2 名），小组组长：公司总经理。每个组设一名组长，负责组织本组同学准备材料。材料包括：公司的介绍、公司的销售现状、销售预测以及相关的销售预算准备工作；本组内成员的工作职责。同时，要对不同角色进行提前的启发或引导，教会他们如何进入角色、如何模拟操作、如何使用社交语言、如何了解他们所充当的角色在企业中的位置和责任等等。
二、开始上课
1. 回顾上一节课讲过的销售预算。（教师进行）
2. 向学员说明本节课的任务以及要达到目的和标准。（教师进行）
3. 向各组成员示范销售预算的编制流程。
4. 请各组同学进行模拟操作。
5. 换人再操作。
6. 交换小组进行评判。
三、大家评判
让大家评判，选出最佳编制员或编制小组以及提出本节课不成功的细节。
四、由教师总结本堂课的主要内容
五、让学生代表总结本堂课的收获
六、在评价手册上记录本课程的结果和教师授课评价手册</td></tr>
<tr><td colspan="2">七、课后教研交流任务
（一）完成任务
1. 小组活动
（1）将教师分成四个教研室，每组选一位教研室主任。开展教研活动。
（2）活动内容（每组选择一个具体预算进行编制）：
可以是生产预算的编制或直接材料预算的编制、直接人工的编制等预算，以此为知识点，使用模拟教学法，设计一个 45 分钟的公开课，准备参加单元检验公开课展示会。
（3）要求：①内容完整；②课程设计科学；③教案内容详实；④课件制作精美；⑤符合教学规律。
2. 个人完成
（1）学习模拟教学法；（2）设计公开课；（3）参加小组交流活动。
（二）小组思考
1. 使用模拟教学法应该注意的问题有哪些？
2. 模拟教学法在本门课程中还可以应用到哪些知识点？
3. 使用模拟教学法，教师应具备哪些素质？
（三）单元检验公开展示课的综合评价
1. 全体教师参加听课、评课。
2. 培训教师做综合评价（登记教学效果评价表）。</td></tr>
</table>

根据以上的设计，本节课学生进行模拟操作过程如下：

(1) 舒畅公司由总经理主持召开公司销售预算会议，总经理、财务部经理、销售部经理等人参加，研究公司如何针对新型打火机喜人的销售情况制定预算期的销售预算。

总经理：介绍公司目前的经营状况（包括公司新型打火机的销售情况、市场占有率状况等）。

销售部经理：介绍公司销售新型打火机的实际情况和销售市场的大小。

财务部经理：结合新型打火机的销售情况和会计账面情况，估计销售收现情况等。

(2) 大家讨论：针对目前的销售情况展开讨论如何制订销售计划，并就此编制销售预算。大家一致同意销售预算的编制方案，并取得公司董事会的同意。

(3) 以财务经理的身份进行模拟操作，编制销售预算和与销售预算有关的现金收入计算表。如表 9－6 和表 9－7 所示。

表 9－6　　2010 年度销售预算

季　度	1	2	3	4	全　年
预计销售量（只）	45 000	55 000	60 000	70 000	230 000
销售单价（元/只）	10	10	10	10	10
预计销售额（元）	450 000	550 000	600 000	700 000	230 000

表 9－7　　2010 年度与销售收入有关的预计现金收入计算表　　单位：元

季　度	1	2	3	4	全　年
期初应收账款	3 000				3 000
第一季度销售收入	225 000	225 000			450 000
第二季度销售收入		275 000	275 000		550 000
第三季度销售收入			300 000	300 000	600 000
第四季度销售收入				350 000	350 000
现金收入合计	228 000	500 000	575 000	650 000	1 953 000

教师设问：继续思考生产预算、直接材料预算、直接人工预算、制造费用预算如何编制？

模拟教学模拟法效果评价见表 9－2。

9.3　在会计专业教学中应用模拟教学法应注意的事项

9.3.1　应用的条件和合适的教学内容

要运用模拟教学法进行本课程内容的教学，所需要的条件主要有：合格的指导教师（该教师要有良好的组织能力、良好的逻辑思维能力、良好的反映能力、充分的前沿会计专业知识包括财政部对会计方面的最新规定和丰富的会计实践经验）；要有善于动手操作、细心认真的学生，合理的教学场所的布置等等。模拟教学法在本课程中有以下内容可以使用模拟教学法。①原始凭证的填制；②总账、明细账的登记；③错账更正法的应用；④会计报表的编制；⑤会计核算程序等。

9.3.2　应注意的其他事项

模拟教学法的运用形象直观、灵活性较强，教师应视实际教学内容的需要恰当安排。在运用中，要注意分析多方面因素，判断什么时候适宜于使用模拟教学，同时将教学目标、教学内容、教学媒体、教学环境以及教学组织等问题考虑在内。具体地说，包括如下注意事项：

（1）应用模拟教学法一定要做好课前准备工作。内容完整、步骤规范的模拟教学，应包括几个基本环节：设计模拟教学方案、准备模拟教学实物、公布模拟题目及背景资料、分配模拟角色与任务、模拟演练实施、教师讲评、组织撰写模拟总结。教师在课前必须熟悉模拟事件涉及的基本理论、方法、一般发生过程，预见模拟演练展开后可能出现的意见分歧、不同结论和有关困难，仔细分析不同角色的地位、作用、处境及应当具有的能力，确保模拟教学的顺利进行。在运用模拟手段组织理论课程的教学时，应把缩短理论与实践的差距作为运用模拟手段的指导思想，把培养和开发学生的思维能力、提高学生分析与解决实际问题的能力作为教学目标。努力创设具有显著仿真特色的模拟环境，使学生在仿真环境中能独立地思考并处理问题，灵活把握解决实际问题的方法。

（2）应用模拟教学法需要的教学环境应该是安全、宽敞明亮，没有噪音影响。教学气氛应该是愉快的，不要给学生带来过大的压力或让学生产生挫败感；要注意学生的性格特点；努力营造轻松、和谐的气氛，让学生充分发挥积极能动性，应避免直接的批评或否定。

（3）应用模拟教学法需要的教学设施应该是齐全的。如多媒体、各类实践材料、模拟企业的公章等。否则会影响模拟效果。比如，需要用投影仪来展示各小组模拟的成果，还有模拟操作用的各类工具，如凭证、账簿、报表以及办公室条件和办公设备等都要齐全，不能过于简单。让学生要有一种身临其境的感觉。

（4）应用模拟教学法一定要注意教学环节的组织工作。充分的课前准备加上良好的组织教学，才能达到模拟教学的效果。如模拟岗位的分工，凭证、账簿等的传递，都需要教师的正确指导，学生才能顺利完成。在学生的自我评价中，教师要认真听，用心想，及时指出其中存在的问题。比如，对学生填制的记账凭证，在书写上是否规范、格式上是否完整等。在全体学生的讨论中，要注意学生评价的用词，控制讨论时间的长短等。在教师评价过程中，要大加赞赏，培养学生对这种教学方式的兴趣，从而让学生养成自主学习的习惯。

（5）在模拟教学法刚开始使用时，学生可能会因学习习惯、场地以及其他问题而感到困惑，教师也会因此觉得组织模拟教学有种种阻力，这时，教师要有耐心，让学生慢慢适应。

（6）千万不能把课程变成教师一言堂，一定要准备充分，让每个学生都参与进来。

10. 案例教学法

10.1 案例教学法概述

案例教学法（Case Study）最早于1870年由当时担任美国哈佛大学法学院院长的克里斯托弗·朗道尔教授创立。他在《合同法案例》一书的前言中说道："每一个原理都是通过逐步的演化才达到目前的地步，这是一个漫长的、通过众多的案例取得的发展道路。学习那些包含这些原理的案例，就是有效地掌握这些原理的最快、最好的途径之一”。在这里，他强调了案例教学法对学生学习和掌握知识的重要性。后来，这一教学方法被广泛应用于哈佛大学的法律和工商管理硕士等专业教育领域的教学，并成为举世闻名的“哈佛模式”。20 世纪 80 年代，案例教学法开始引入我国并被部分管理院校采用，目前，主要在 MBA 教学中取得较好效果，并已趋成熟和规范。

所谓案例教学法是一种理论联系实际，启发式的教学相长的教学过程。它要求根据教学大纲规定的教学目的，以案例为基本教材，在教师的指导下，运用多种形式启发学生独立思考，对案例所提供的材料和问题进行分析研究，提出见解，作出判断和决策，藉以提高学生分析问题、解决问题能力的一种教学方法。案例教学法通过学生主动参与，积极讨论，有针对性地运用理论去解决问题，从而加深对理论知识的理解。通过案例教学法获得的知识是内化了的知识，是通过“做中学”获得自己理解的并能驾驭的知识，它能立即被用到类似的实践情境中以解决处理类似的实际问题。

会计学作为一门理论与实践结合性很强的实用性专业，承担着培养符合时代要求的、具有综合素质高和实践能力强的应用型高级专门人才的重任。在会计教学中使用案例教学法，可以通过大量的个案分析，增强学生的感性认识，使学生对所学知识融会贯通，提高学生的综合能力；能够激发学生的积极性和主动性，有利于培养学生正确合理的思维方式，提高学生的语言和文字表达能力，更能够快速提高学生的实务操作技能；还有利于深化会计教学方法的改革，有利于培养学生实际工作的能力和综合运用知识的能力，也有利于提高师资队伍业务水平。因此，非常有必要在会计专业教学中推广案例教学法。

在会计专业教学中，实施案例教学法通常有如下几个步骤：

第一，案例准备。在此阶段，教师必须了解会计案例中的议题，掌握会计案例的运用原则。教师采取列条式或连续提问式概括地描述此案例应讨论的问题及方向，并在课前将这些案例材料分发给学生。学生按照要求对会计案例进行课外个人学习，仔细阅读案例，收集和整理相关资料，做好充分准备以便在课堂上讨论。

第二，分析与辩论。教师将全班学生分为若干小组，以小组为单位进行分析、讨论，教师应督促每个学生积极参与、积极发表自己的观点和见解。小组讨论结束后，争取形成统一的组内意见或认识。然后，各小组可指派中心发言人，在全班同学面前对案例进行分析，阐述各自的观点。在这一阶段，教师的任务是组织与引导。教师要善于营造良好的讨论气氛和环境，扮演导演的角色，设法使学生成为讨论的主角。在课堂上，每一个学生都需要贡献自己的智慧，没有旁观者，只有参与者。学生一方面从教师的引导中增进对一些问题的认识并提高解决问题的能力，另一方面也从同学间的交流、讨论中提高对问题的洞察力。教师在讨论和发言中不要轻意表露自己的观点，以免限制学生的思维，而让学生充分阐述自己的观点。同时，教师应掌握分析的主流方向，不要偏离主题。若学生分析判断错误，可采取故意提问的方式，让学生意识到问题，以便自觉修正。鼓励学生珍惜发言机会，大胆主动地表达自己对问题的见解，以锻炼口头表达能力、应变能力、掌握理论知识并灵活运用的能力。

第三，案例总结。案例讨论结束后，由教师对学生的答案进行即时的评价和总结。总结并非是简单地给出所讨论案例的答案，而是指出本次案例讨论的思路、重点，突出分析过程依据的理论知识、讨论的难点及其需要深入思考的地方，并指出本次讨论的成功与不足，结合实际比较答案。有可能的话，要提出新的深入的问题，鼓励学生下次更积极地参与讨论。

此外，教师还应对学生的表现加以评价，应多给予正面的、积极的评价。

第四，撰写案例报告。这是会计案例教学的最后阶段，也是引导学生由口头表达上升为文字表达的重要阶段。一个案例报告就是一篇小论文。撰写案例报告可以培养学生的书面表达能力。教师对学生撰写会计案例报告的格式、文体等要有明确的要求，并要对学生的案例报告进行评价。这一阶段，对学生而言，可以理性地对所讨论案例进行思考总结，从而掌握正确处理和解决问题的思路和方法；对教师而言，可反思此次会计案例教学中的得与失，以便下次顺利实施教学，积累经验。

10.2 案例教学法应用案例

10.2.1 案例教学法在"会计综合稽核方法"中的应用

案例教学法是一种具有启发性、实践性、能全面提高学生创新意识和综合能力的情景性教学方法，是一种互动式教学方法，师生共同参与，改变了传统的说教给学生带来的厌倦感，使学生能够积极参与，充分激发兴趣，能够发挥各自特点，更便于个性能力的培养。那么，如何将案例教学法应用于会计专业教学呢？下面我们就以《会计核算实务》教材中"会计综合稽核方法"的内容为例，进行案例教学法的展示。

1）教学对象分析

本节课是《会计核算实务》课程第十二单元任务二的内容。本节课的教学对象是会计专业××级××班学生，他们已经初步认识企业，会使用常用的会计计算工具，具备珠算、点钞等会计工作的基本技能；能够运用借贷记账法处理、记录企业会计事项；具备识别、填制、审核原始凭证、记账凭证的能力；具备设置、登记总分类账、明细分类账、日记账的能力；能够编制科目汇总表，简单阅读会计报表；明确相关财经法律法规的规定，并且学生要具有高度的责任心和严谨的会计职业态度，有较强的法律意识和良好的会计职业道德，完全有能力参与案例教学法"会计综合稽核方法"的教学活动。

2）教学目标分析

本单元的教学目标是通过本单元的教学及实践活动，使学生明确稽核岗位的职能范围；能使用稽核的基本方法完成简单的稽核工作；掌握原始凭证、记账凭证的稽核方法；掌握会计账簿、报表的稽核方法；了解电算化工作的稽核常识；能编制稽核工作底稿和稽核报告等。在教学中，培养学生的职业道德、积极向上的工作态度和严谨细致的工作作风，加强工作责任风险意识，树立良好的职业形象。

会计稽核的方法是本单元学习的重点内容，只有在掌握稽核方法的前提下，才能真正掌握原始凭证、记账凭证、会计账簿、会计报表的稽核，达到本单元的教学目标。这部分内容在整个单元中处于基础地位。通过本节课的教学，主要让学生完成学习目标所规定的任务，要求学生不仅能够知道这些方法是什么，怎么做，而且能够融会贯通地使用。因此，选取的案例一定是企业实际发生的案例，注意理论和方法的恰当结合。使学生能够接触到企业在进行账务处理时真实的错误舞弊情况，增强其处理实际问题的能力，为以后凭证、账簿、报表的稽核学习和将来的工作打下坚实的基础。

3）教学内容分析

为了达到上述教学目标，本节课的教学内容应当是利用前面所讲的会计实务核算理论，培养学生在实际稽核工作中发现错弊，纠正错误账务处理的能力。本节课要求学生应该掌握的基本内容有：会计稽核的基本方法，会计稽核的技巧方法，实际工作中是如何运用这些方法查找错误舞弊，澄清业务实质，作出正确判断的。本部分内容涉及的相关知识包括《会计基础工作规范》、《企业会计准则》、《财务会计报告条例》等法规中的有关规定，企业的内部控制制度，所得税的计算与缴纳，会计差错的更正方法等，这些知识学生已经在前面的学习中掌握。

本节课选取的案例是：稽核人员运用稽核方法发现企业虚减收入、虚增费用、逃避税收。此案例的主要内容如下：

海达公司财务稽核员张力在审查本公司12月18日57号凭证时，发现该笔业务的“会计凭证摘要”注明退货。57号记账凭证所附原始凭证有：开具的红字销售发票，购货方退回的未使用的开具的蓝字销售发票。除此之外，没有其他任何附件。按正常处理，还应有仓库保管员签字的“退货入库单”。因此，怀疑是一笔假退货。稽核人员进一步查证，追查购货单位，发现该笔业务购货方是一名个体户，为了少缴税，很多业务不入账。因此，公司与个体户协商，收回开出的发票，公司可以据以开出红字发票，以应付税务机关。同时，该笔货款在给予个体户一定优惠之后，由个体户以现金方式支付，公司将货款存入小金库。询问财务人员，为什么产成品能账实相符时，财务人员承认，已经将该笔虚增的产成品作盘亏处理，增加了当期的管理费用。查明原因之后，稽核员张力将结果上报公司财务总监，并调整账务处理。

【案例问题】 阅读这个案例之后，请思考：

(1) 在此案例中稽核人员运用了哪些会计稽核方法；

(2) 如何发现账簿记录中的疑点；

(3) 如何依据账务处理原理进一步查证，找出原因；

(4) 如何进行调账。

此案例的主要教学目的是让学生通过对稽核案例的分析，掌握如何运用稽核方法在实际工作中发现错弊，并作出处理。同时，可以使学生了解企业内控的相关知识和财经法律法规的相关规定，培养学生遵纪守法的意识，增强职业道德观念。

本节课的教学重点及难点是会计稽核方法在查账时的综合运用，在案例教学法中应突出这方面的问题，在设计教案时，要注意突出重、难点操作步骤并进行反复讨论。主讲教师要调动学生积极参与，加强沟通与合作，并及时给予激励和正面评价。

4）案例教学法应用的教学媒体、工具、设备、文件和手册

案例教学法对所用教学媒体的要求不是很高，仅仅借助于传统教学媒体就能够完成。即使在一间普通教室里，通过教师合理恰当地启发引导，学生充分地准备和积极地参与，也能组织起热烈的案例讨论。在有条件使用多媒体教室的情况下，生动形象、具体直观的声像手段能把案例中包含的各方面的信息更全面、更逼真地呈现给学生。实践表明，教师创设的案例越丰富真实，越能提高学生的视听效果，学生对事件构成诸要素的感受就越充分，对案例材料进行学习研究的兴趣、动机也就越强。比如，可以将案例制作成FLASH动画短片，突出说明案例中的细节，使学生从生活的角度出发来认识企业经济业务，引导学生提出问题，参与讨论。因此，在案例教学法中，教师需要准备的内容包括：案例教学法的多媒体PPT课件、各种原始单据、记账凭证、总账、明细账等实物展示，为了方便学生查阅，还应当准备相关的文件，例如，《会计基础工作规范》、《企业会计准则》、《海达公司内部控制管理制度》等。为了对教学效果作出评价，还应准备对整个案例教学过程的评价表、评价手册等文件。

5）会计稽核方法案例教学法教学设计表

在会计案例教学过程中，教师应结合所讲专业内容来进行教学方法选择及教案设计，具体做法是把案例和实际业务结合起来，调动所有有用的教学资源，结合教师自身特点对讲授知识点、技能点等进行教案设计。下面，我们选取《会计核算实务》单元十二中的会计综合稽核方法来进行案例教学法的教学设计，具体如表 10－1 所示。

表 10－1

教学对象	×××专业××班级	授课日期	××年×月
教学内容	单元十二 稽核业务核算和管理	计划学时	2 学时
教学目的	通过本单元学习，使学生能够： 通过案例分析了解如何运用稽核方法在实践工作中发现错弊，作出处理。同时，可以使学生了解企业内控的相关知识，牢记在会计工作中要严格遵守国家的法律法规，培养学生遵纪守法的意识，增强其职业道德观念。		
	知识目标	技能目标	素质目标
	1. 明确会计稽核的概念和会计稽核岗位职责范围； 2. 掌握会计稽核的基本方法； 3. 掌握会计稽核的主要技术分析方法； 4. 掌握对稽核中错弊的处理方法。	1. 学会运用技术分析方法发现可疑经济业务； 2. 熟悉在实际工作中销售产品的业务管理流程和相关内控制度； 3. 能够运用稽核基本方法和已经掌握的账务处理知识，进行错账查找。	1. 培养学生积极向上的工作态度和严谨细致的工作作风； 2. 学会待人接物的方法，树立良好的职业形象； 3. 培养遵纪守法的意识，增强职业道德观念。
教学的重点与难点	学会运用会计稽核的基础方法和技巧方法发现账簿中的疑点，并依据账务处理原理进一步查证，找出原因。		
教学方法	案例教学法		
教学资源	案例教学法的多媒体 PPT 课件、各种原始单据、记账凭证、总账、明细账等实物，以及备查的《会计基础工作规范》、《企业会计准则》等文件。		

对培养方案、大纲的修改意见	对授课计划的修改意见	对本教案的修改意见	需增加的教学资源	其　他
			海达公司的《销售业务内部控制管理制度》	

教研室主任：	系主任：	教务处：

项目教学活动流程设计			
教学步骤与内容	教学目标	教学方法	时　间
一、案例说明 以海达公司综合稽核实例采用案例教学法来完成本节课的教学任务。	完成综合案例稽核	案例教学法	1 分钟

续表

教学步骤与内容	教学目标	教学方法	时间
二、案例任务 依据给出的稽核综合案例分析讨论，在实际的会计稽核工作中都用到了哪些稽核方法，对于发现的错弊如何做处理。	1. 熟悉在实际工作中销售产品的业务管理流程和相关内控制度； 2. 学会运用技术分析方法发现可疑经济业务。	卡片展示法案例教学法	2分钟
三、计划阶段 将学生分成3个小组，以小组为单位开展工作，制定工作计划。			3分钟
四、案例教学法的实施 教师是整个教学的主导者、指挥者，掌握着教学进程，引导学生思考、组织讨论，进行归纳总结。	教师活动	学生活动	58分钟
（一）前期准备 精心选择和设计案例。案例教学的核心在于案例资料的组织，教师一定要精心选择和设计案例。应选择有针对性的、实用性强的、适合课堂内容的案例。本节课选择的案例是企业实际发生的，利用收入调整利润的主要形式之一，具有较强的代表性。	1. 了解会计案例中的议题，掌握会计案例的运用原则； 2. 采取列条式或连续提问式概括地描述此案例应讨论的问题及方向； 3. 在课前将这些案例材料分发给学生。	1. 按要求对会计案例进行课外个人学习； 2. 仔细阅读案例，收集和整理相关资料，做好充分准备以便在课堂中发言讨论。	激发学生的学习兴趣，启发思考。
（二）案例教学法的步骤 步骤一：呈现案例 指导学生力求引起学生的反应，唤起学生的问题意识，这为下面的讨论、交流奠定基础。本节课程在多媒体教室中完成，利用生动形象、具体直观的声像手段，把案例中的各方面的信息全面逼真地呈现给学生。	教师将案例任务描述清楚。	回顾已经学过的相关知识，以便于发言讨论。	使每个同学都参与思考。
步骤二：提出问题，引发学生讨论案例 讨论小组在下发案例的时候就已经分配好了，每小组6人，其中一个担任组长，负责记录讨论的结果，并在班级讨论时作为主要发言人。本节课教师提出的问题有： 1. 企业这么做是否符合财经法律制度； 2. 如果不符合，违反了哪些相关规定； 3. 稽核人员根据什么发现了错弊疑点； 4. 在查证过程中都运用到了哪些稽核方法； 5. 发现错弊之后稽核人员应该如何处理。	教师根据实际情况引导学生从多角度进行独立思考或小组讨论。	依据教师设定的问题，积极思考，主动发言。	在讨论中使学生思维活跃，加深对知识的理解。

续表

教学步骤与内容	教学目标	教学方法	时间
步骤三：集体归纳，回归教学内容 结合教学目标，本节课教师应归纳总结的知识点包括： 1. 稽核人员的职责范围有哪些？ 2. 什么是会计稽核方法？稽核方法有哪些？ 3. 如何运用技术分析方法发现疑点？需要进一步查证的、有疑点的账项一般有哪些特点？	1. 教师要安排学生汇报分析结果，并组织学生评议； 2. 结合会计稽核方法的具体内涵对案例进行全面、深刻的分析、讲解、释疑，概括出规律性的知识，帮助学生形成完整的认知体系。	1. 学生讨论； 2. 通过教师的归纳总结，把对知识的认识从感性上升到理性。形成系统的知识体系。	加深对中小企业存货内控及稽核相关知识的掌握及应用。
步骤四：总结评价，提升学习水平 教师对学生的讨论进行即时的评价与总结。并指出本次讨论的不足之处和成功之处，结合实际比较答案。	1. 运用多种方式从阅读案例的能力、分析案例的能力、合作参与意识、思维拓展情况、知识迁移能力、语言表达能力等方面对学习活动的整个过程进行总结、评价、反馈； 2. 可以重新创设案例情境。	学生查缺补漏，自我改进。	鼓励学生下次更积极地参与讨论。
步骤五：撰写案例报告。 要求学生撰写案例报告时会计案例教学的最后阶段，也是引导的重要阶段。	1. 对会计案例报告的格式、文体等要有明确的要求，并且要对学生的案例报告进行评价； 2. 反思此次会计案例教学中的得与失，以便下次顺利实施教学。	1. 学生由口头表达上升为文字表达。 2. 对所讨论的案例进行思考总结，掌握正确处理和解决问题的思路和方法。	培养学生的书面表达能力。
五、课堂评价 发放“各小组综合表现评价表”和“成果质量评价表”，供学生自评、互评和教师评价。采用发展性的评价机制，既关注执行任务的结果，更关注执行任务的过程及其能力表现。	对各组展示的成果、团结合作、自我管理能力、自主学习能力进行综合评价，组织学生评价。	1. 各组自我评价； 2. 学生评委互评； 3. 教师评价。	
六、归档整理 课后将本节课的“会计稽核综合案例”活动过程、时间安排、人员分工、工作任务等环节写成详细的任务方案，并归档整理，存放实验室。			

续表

教学步骤与内容	教学目标	教学方法	时间
七、课堂小结 1. 掌握会计稽核的基本方法； 2. 掌握会计稽核的主要技术分析方法； 3. 掌握对稽核中错弊的处理方法。	概括总结，帮助学生构建知识体系。	学生总结语言简练、概括。	3分钟
八、教法交流 案例教学法在应用中应注意哪些环节？如何评价？			3分钟

6）教学效果评价

案例教学法教学效果评价的主要内容有：选择的案例是否符合教学目标和教学内容；教学目标和教学内容的安排是否合理；形式是否生动、活泼；是否能够加深学生对所学理论知识的理解；对案例的分析是否能够围绕教学目标和教学内容进行；教学档案的建立是否完整、科学等等。具体如表10-2所示。

表10-2　　　　案例教学法教学效果评价表

总体印象：优□　良□　中□　差□　评议分数：______

序号	评价项目	分值	A	B	C	D	E
			1.0	0.8	0.6	0.4	0.2
1	教学内容符合教材内容的知识体系，知识点确定准确，体现教学内容的重点和难点。	10分					
2	教学目标和教学内容的安排要合理。	10分					
3	选择的案例符合教学目标和教学内容。	10分					
4	对案例的分析能围绕教学目标和教学内容进行。	10分					
5	教学环境安全、宽敞明亮，没有噪音影响。	10分					
6	教学环节严密，师生互动性强。	10分					
7	教学内容能反映或联系专业发展的新思路、新概念、新成果。	10分					
8	能给予学生思考、联想、创新的启迪。	10分					
9	学生达到教学的知识目标和技能目标的比例高。	10分					
10	能有效地利用各种教学媒体。	10分					
对本节课的教学内容、方法、手段等的具体指导意见或建议： 签字： 年　月　日							

10.2.2　案例教学法在“财务报告分析”中的应用

下面我们再以《会计核算实务》教材中“财务报告分析”的内容为例，进行案例教学法的展示。

1）教学对象分析

本节课是《会计核算实务》课程第十一单元任务六的内容。本节课的教学对象是会计专业××级××班学生，他们已经初步认识企业，会使用常用的会计计算工具，具备珠算、点钞等会计工作的基本技能；能够运用借贷记账法处理、记录企业会计事项；具备设置、登记总分类账、明细分类账、日记账的能力；能够编制科目汇总表，简单阅读会计报表，并且学生具备高度的责任心和严谨的会计职业态度，完全有能力参与案例教学法“财务报告分析”的教学活动。

2）教学目标分析

本单元的教学目标就是通过本单元的教学及实践活动，使学生掌握总账及报表基本知识；会设置和登记总账；能编制简单的财务报表；掌握财务报表分析的方法。在教学中，培养学生的职业道德，积极向上的工作态度和严谨细致的工作作风，加强工作责任风险意识，树立良好的职业形象。

财务报表分析是本单元学习的最后一部分内容，在学习这部分之前，学生已经掌握了前面几个任务的内容，即总账及报表的基本知识，会设置和登记总账，并能编制简单的财务报表。通过本节课的教学，主要让学生完成学习目标所规定的任务。要求学生：（1）掌握财务指标的计算方法，并培养对财务报表的直观把握能力；（2）掌握如何通过财务指标阅读公司财务报表；（3）掌握如何通过财务指标诊断企业存在的问题，以及如何改善经营管理。

3）教学内容分析

为了达到上述教学目标，本节课的教学内容应当是利用前面所讲的会计实务核算理论，使学生具备在实际工作中阅读和分析财务报表、计算财务分析指标的能力，并能通过财务指标诊断企业存在的问题。本节课要求学生应该掌握的基本内容有：报表分析的基本方法有哪些，常用的财务分析指标有哪些，如何利用杜邦分析方法进行报表分析。本部分内容涉及的相关知识包括《企业会计准则》、《财务会计报告条例》等法规中的有关规定，这些知识学生已经在前面的学习中掌握。

本节课选取的案例是：海达公司20×9年12月31日的资产负债表和利润表，资料如表10－3和表10－4所示。

表10－3 资产负债表

20×9年12月31日

单位：元

资产	期末余额	年初余额	负债和所有者权益（或股东权益）	期末余额	年初余额
货币资金	815 131	1 406 300	短期借款	50 000	300 000
交易性金融资产	0	15 000	交易性金融负债	0	0
应收票据	66 000	246 000	应付票据	100 000	200 000
应收账款	598 200	299 100	应付账款	953 800	953 800
预付款项	100 000	100 000	预收款项	0	0
应收利息	0	0	应付职工薪酬	180 000	110 000
应收股利	0	0	应交税费	226 731	36 600
其他应收款	5 000	5 000	应付利息	0	1 000
存货	2 484 700	2 580 000	应付股利	32 215.85	0

续表

资产	期末余额	年初余额	负债和所有者权益（或股东权益）	期末余额	年初余额
一年内到期的非流动资产	0	0	其他应付款	50 000	50 000
其他流动资产	100 000	100 000	一年内到期的非流动负债	0	1 000 000
流动资产合计	4 169 031	4 751 400	其他流动负债	0	0
非流动资产：			流动负债合计	1 592 746. 85	2 651 400
可供出售金融资产	0	0	非流动负债：		
持有至到期投资	0	0	长期借款	1 160 000	600 000
长期应收款	0	0	应付债券	0	0
长期股权投资	250 000	250 000	长期应付款	0	0
投资性房地产	0	0	专项应付款	0	0
固定资产	2 201 000	1 100 000	预计负债	0	0
在建工程	428 000	1 500 000	递延所得税负债	0	0
工程物资	300 000	0	其他非流动负债	0	0
固定资产清理	0	0	非流动负债合计	1 160 000	600 000
生产性生物资产	0	0	负债合计	2 752 746. 85	3 251 400
油气资产	0	0	所有者权益（或股东权益）：		
无形资产	540 000	600 000	实收资本（或股本）	5 000 000	5 000 000
开发支出	0	0	资本公积	0	0
商誉	0	0	减：库存股	0	0
长期待摊费用	0	0	盈余公积	124 770. 4	100 000
递延所得税资产	7 500	0	未分配利润	218 013. 75	50 000
其他非流动资产	200 000	200 000	所有者权益（或股东权益）合计	5 342 784. 15	5 150 000
非流动资产合计	3 926 500	3 650 000			
资产总计	8 095 531	8 401 400	负债和所有者权益（或股东权益）总计	8 095 531	8 401 400

表 10－4　　利　润　表

20×9 年 12 月 31 日　　单位：元

项　目	本期金额	上期金额（略）
一、营业收入	1 250 000	
减：营业成本	750 000	
营业税金及附加	2 000	
销售费用	20 000	
管理费用	157 100	
财务费用	41 500	
资产减值损失	30 900	
加：公允价值变动收益（损失以“－”号填列）	0	
投资收整（损失以“－”号填列）	31 500	

续表

项　　目	本期金额	上期金额（略）
其中：对联营企业和合营企业的投资收益	0	
二、营业利润（亏损以“-”号填列）	280 000	
加：营业外收入	50 000	
减：营业外支出	19 700	
其中：非流动资产处置损失	（略）	
三、利润总额（亏损总额以“-”号填列）	310 300	
减：所得税费用	85 300	
四、净利润（净亏损以“-”号填列）	225 000	
五、每股收益：	（略）	
（一）基本每股收益		
（二）稀释每股收益		

【案例问题】

阅读这两个表之后请思考：

（1）从哪些地方可以找到上市公司的年度报告？

（2）从表上直接来看，资产负债表中有哪些项目存在异常（对比20×8年度与20×9年度）？请详细阅读海达公司的年度报告，找出这些异常的原因。

（3）请分别计算该公司的偿债能力、资产运营能力和赢利能力指标；从计算结果来看，海达公司存在什么问题？

（4）海达公司销售利润率偏低的主要原因是什么？请用杜邦分析法解释。

（5）针对上面分析出的问题，你认为海达有限公司应该采取什么措施，以改善公司的经营管理？

此案例的主要教学目的是让学生通过案例分析掌握财务指标的计算方法，掌握如何通过财务指标阅读公司财务报表，掌握如何通过财务指标诊断企业存在的问题。

本节课的教学重点及难点是杜邦分析法的运用，在案例教学法中应突出这方面的问题，在设计教案时，要注意突出重、难点操作步骤并进行反复讨论。

4）案例教学法应用的计算机教学媒体、工具、设备、文件和手册

利用计算机多媒体技术，将案例生动形象、具体直观地呈现给学生。激起学生学习的兴趣和求知的欲望。教师可以将财务报表制作成PPT课件，展示给学生。同时借助展板、黑板、粉笔等为学生演示计算分析过程。为了方便学生查阅，应当准备一些相关文件，如《企业会计准则》、《财务会计报告条例》等。为了对教学效果作出评价，还应准备对整个案例教学过程的评价表、评价手册等文件。

5）财务报告分析案例教学法教学设计表

在会计案例教学过程中，教师应该结合所讲专业内容来进行教学方法选择及教案设计，具体做法是把案例和实际业务结合起来，调动所有有用的教学资源，结合教师自身特点对讲授知识点、技能点等进行教案设计。下面，我们选取《会计核算实务》单元十一中的财务报告分析方法来进行案例教学法的教学设计，具体如表10-5所示。

表 10－5

<table>
<tr><td>教学对象</td><td colspan="2">×××专业××班级</td><td colspan="2">授课日期</td><td>××年×月</td></tr>
<tr><td>教学内容</td><td colspan="2">单元十一　财务报表分析</td><td colspan="2">计划学时</td><td>2 学时</td></tr>
<tr><td rowspan="3">教学目的</td><td colspan="5">通过本单元学习，使学生能够：
通过案例分析掌握财务指标的计算方法，掌握如何通过财务指标阅读公司财务报表，掌握如何通过财务指标诊断企业存在的问题。锻炼学生的语言表达能力、应变能力和对知识的灵活运用能力。</td></tr>
<tr><td colspan="2">知识目标</td><td colspan="2">技能目标</td><td>素质目标</td></tr>
<tr><td colspan="2">1. 财务报告分析中运用的主要财务指标有哪些？如何计算？
2. 掌握通过财务指标阅读公司财务报表的方法；
3. 掌握通过财务指标分析企业存在的问题的方法。</td><td colspan="2">1. 培养对财务报表的直观把握能力；
2. 熟悉在实际工作中运用财务指标进行报表分析的方法；
3. 能够针对分析结论提出对企业有利的建议。</td><td>1. 培养学生积极向上的工作态度和严谨细致的工作作风。
2. 树立创造企业价值最大化的意识，增强职业道德观念。</td></tr>
<tr><td>教学的重点与难点</td><td colspan="5">杜邦分析法的运用以及通过财务指标诊断企业存在的问题。</td></tr>
<tr><td>教学方法</td><td colspan="5">案例教学法</td></tr>
<tr><td>教学资源</td><td colspan="5">展示案例使用的多媒体 PPT 课件、展板、黑板、粉笔等教学媒体，以及备查的《会计基础工作规范》、《企业会计准则》等文件。</td></tr>
<tr><td>对培养方案、大纲修改意见</td><td>对授课计划修改意见</td><td>对本教案修改意见</td><td colspan="2">需增加资源</td><td>其　他</td></tr>
<tr><td></td><td></td><td></td><td colspan="2">海达公司 20×9 年 12 月 31 日财务报表附注</td><td></td></tr>
<tr><td colspan="2">教研室主任：</td><td colspan="2">系主任：</td><td colspan="2">教务处：</td></tr>
</table>

<table>
<tr><th colspan="4">项目教学活动流程设计</th></tr>
<tr><th>教学步骤与内容</th><th>教学目标</th><th>教学方法</th><th>时　间</th></tr>
<tr><td>一、案例说明
以海达公司财务报表分析实例采用案例教学法来完成本节课的教学任务。</td><td>完成财务报表分析实例</td><td>案例教学法</td><td>1 分钟</td></tr>
<tr><td>二、案例任务
依据给出的财务报告进行案例分析讨论，使学生认识不同类型企业的会计报表，认识不同类型企业之间会计运作上的差别，从而对实际会计工作有更加深刻的了解。</td><td>1. 掌握财务指标的计算方法，并培养对财务报表的直观把握能力；
2. 掌握如何通过财务指标阅读公司财务报表；
3. 掌握如何通过财务指标诊断企业存在的问题，以及如何改善经营管理。</td><td>案例教学法</td><td>2 分钟</td></tr>
</table>

续表

教学步骤与内容	教学目标	教学方法	时间
三、计划阶段 将学生分成三个小组，每小组 6 人，其中一人担任组长，负责记录讨论的结果，并在班级讨论时作为主要发言人。			3 分钟
四、案例教学法的实施	教师活动	学生活动	58 分钟
（一）前期准备 精心选择和设计案例。案例教学的核心在于案例资料的组织，教师一定要精心选择和设计案例。应选择有针对性的、实用性强的、适合课堂内容的案例。本节课选择的案例是对海达公司 20×9 年 12 月 31 日的资产负债表和利润表进行分析的实例。	1. 透彻分析案例中所涉及的问题和知识点； 2. 列出学生讨论过程中可能会遇到的问题； 3. 设计出富有启发性的问题。	1. 仔细地阅读案例材料； 2. 收集和整理相关资料，做好充分准备以便在课堂中发言讨论。	激起学生的学习兴趣，启发思考。
（二）案例教学法的步骤 步骤一：呈现案例 指导学生，力求引起学生的反应，唤起学生的问题意识，这为下面的讨论、交流奠定基础。本节课程利用计算机多媒体技术，将案例具体直观地呈现给学生。	1. 教师将案例任务描述清楚； 2. 提出启发性的问题引导学生思考。	回顾已经学过的相关知识，以便于发言讨论。	使每个同学都参与思考。
步骤二：提出问题，引发学生讨论案例 小组讨论是比较关键的，需要成员之间相互核对计算结果的正确性，相互补充在进行个人分析时未能考虑周全的地方，再形成较为统一的小组意见。本节课教师提出的问题有： 1. 从哪些地方可以找到上市公司的年度报告？ 2. 从表上直接来看，资产负债表中有哪些项目存在异常（对比 20×8 与 20×9 年度）？请详细阅读海达公司的年度报告，找出这些异常的原因。 3. 请分别计算该公司的偿债能力、资产运营能力和盈利能力指标；从计算结果来看，海达公司存在什么问题？ 4. 海达公司销售利润率偏低的主要原因是什么？请用杜邦分析法解释。 5. 针对上面所分析出的问题，你认为海达有限公司应该采取什么措施，以改善公司的经营管理？	教师根据实际情况引导学生从多角度进行独立思考或小组讨论。	依据教师设定的问题，积极思考，主动发言。	在讨论中使学生思维活跃，加深对知识的理解。
步骤三：集体归纳，回归教学内容 结合教学目标，本节课教师应归纳总结的知识点包括： 1. 主要财务指标有哪些？如何计算？ 2. 通过财务指标阅读公司财务报表的方法； 3. 通过财务指标分析企业存在问题的方法，并提出相应改善经营管理的措施。	1. 教师要安排学生汇报分析结果，并组织学生评议；2. 结合财务会计的基本内容对案例进行全面、深刻地分析、讲解、释疑，概括出规律性的知识，帮助学生形成完整的认知体系。	1. 学生讨论； 2. 通过教师的归纳总结，把对知识的认识从感性上升到理性。形成系统的知识体系。	加深学生对企业财务报表知识的掌握及应用。

续表

教学步骤与内容	教学目标	教学方法	时间
步骤四：总结评价，提升学习水平 教师对学生的讨论进行即时的评价与总结。并指出本次讨论的成功和不足，结合实际比较答案。	1. 运用多种方式从阅读案例的能力、分析案例的能力、合作参与意识、思维拓展情况、知识迁移能力、语言表达能力等方面对学习活动的整个过程进行总结、评价、反馈； 2. 可以重新创设案例情境。	学生查缺补漏，自我改进。	鼓励学生下次更积极地参与讨论。
步骤五：撰写案例报告 要求学生撰写案例报告是会计案例教学的最后阶段，也是引导的重要阶段。	1. 对会计案例报告的格式、文体等要有明确的要求，并要对学生的案例报告进行评价； 2. 反思此次会计案例教学中的得与失，以便下次顺利实施教学。	1. 学生由口头表达上升为文字表达； 2. 对所讨论案例进行思考总结，掌握正确处理和解决问题的思路和方法。	培养学生的书面表达能力。
五、课堂评价 发放“各小组综合表现评价表”和“成果质量评价表”供学生自评、互评和教师评价。采用发展性的评价机制，既关注执行任务的结果，更关注执行任务的过程和能力表现。	对各组展示的成果、团结合作、自我管理能力、自主学习能力进行综合评价，组织学生评价。	1. 各组自我评价； 2. 学生评委互评； 3. 教师评价。	
六、归档整理 课后将本节课的“财务报表分析”活动过程、时间安排、人员分工、工作任务等环节写成详细的任务方案，并归档整理，存放实验室。			
七、课堂小结 1. 掌握财务指标的计算方法； 2. 掌握如何通过财务指标阅读公司财务报表； 3. 掌握如何通过财务指标诊断企业存在的问题，以及如何改善经营管理。	概括总结，帮助学生构建知识体系。	学生总结语言简练、概括。	3 分钟
八、教法交流 案例教学法在应用中注意哪些环节？如何评价？			3 分钟

6）教学效果评价

案例教学法教学效果评价的主要内容有：选择的案例是否符合教学目标和教学内容；教学目标和教学内容的安排是否合理；形式是否生动、活泼；是否能加深学生对所学理论知识的理解；对案例的分析是否能围绕教学目标和教学内容进行；教学档案的建立是否完整、科学等等。具体内容见 10.2.1 节。

10.3 在会计专业教学中应用案例教学法应注意的事项

10.3.1 案例教学法应用的条件和场合

运用案例教学法进行本项内容的教学，所需要的条件主要有：合格的指导教师（该教师要有良好的组织能力、逻辑思维能力、反应能力、语言表达能力和充分的前沿知识）；有针对性、综合性强的实际案例；有具备一定理论知识、善于思考的学生；合理的教学场所布置等等。案例教学法在本课程许多知识点的学习中都可以使用，如销售业务的账务处理、采购业务的账务处理、投资筹资业务的账务处理等等。

但是案例教学法对学生的思维能力、知识储备有较高的要求。具体来说，学生应该做到：

首先，要认真准备。学生应事先预习与案例相关的内容。通过对案例的学习，能进一步掌握和巩固会计理论知识。

其次，是学生应积极参与，主动参与讨论，锻炼语言表达能力。

最后，总结收获。案例讨论后，学生应总结自己在案例阅读和分析过程中存在的问题，以及对案例理解和适用理论上的收获。在总结的过程中，发现新的问题，从而体会到解决问题是一个不断发现问题和分析问题的过程。

10.3.2 案例教学法运用的几个关键点

案例教学法可以选择的案例范围广泛，灵活性比较强，这就要求教师把教学目标、教学内容、教学媒体、教学组织等因素综合考虑后进行运用。具体说来，需要注意以下几点：

（1）慎重选择使用的案例。教学案例是案例教学的载体，案例教学的效果与案例选择有很大关系。教师要根据会计专业课程的教学目标和要求以及学生的知识储备，准备恰当的课堂教学案例。教学案例中所描述的情境应该是学生比较熟悉或易于理解的，以便于学生的感知和理解；教学案例应该是生动、具体、形象的，以便于学生从具体思维过渡到抽象思维；教学案例应该能准确反映理论的实质，相应的概念和原理渗透其中，以便于学生准确把握。案例选择的难点主要就在于如何选择到既符合教学目标、又适合学生、而对教师来说也较容易进行课堂发挥的案例。

（2）处理好讲授教学与案例教学之间的关系。虽然会计案例教学法有着其他教学方法不可比拟的优越性，但并不意味着它是万能的，可以取代讲授教学。对会计专业中很多的重点、难点的讲授，讲授教学仍然是教学中不可缺少的重要环节。案例教学与讲授教学是相辅相成的，只有把二者有机地结合起来，才能达到理想的教学效果。

（3）案例教学要求学生具备一定的会计理论知识。学生必须熟练掌握会计的基本理论与基本方法，才能使自己站在一个高层次的角度来分析问题，从而提出有一定创新性的独到见解。只有具备了一定的会计理论知识，才能使案例教学得以开展，实现预定的教学目标。

（4）正确处理教师与学生的关系。案例教学要颠倒教师与学生在课堂上的角色，强调学生是教学活动的主体，要求师生之间进行密切沟通和共同探讨。如何调动学生的积极性，激励学生踊跃参加讨论，不但是对教师驾驭课堂能力的考验，也是教师由传统教学向案例教学转型的体现。

11. 项目教学法

11.1 项目教学法概述

项目教学法是以实践为导向，教师为主导，学生为主体的教学方法，是从职业的实际出发选择具有典型性的事例作为教学的内容，学生在教师的指导下，按照问题的要求搜集、选择信息资料，通过小组的共同研究，努力创造性地去解决问题，得出结论或完成任务。在项目教学法的教学活动中，改变了传统教学方法中教师讲、学生听的局面，学生由被动学习转变为主动的探究性学习。学生划分为若干个项目小组，按照项目任务的要求，通过小组的分工协作，学生独立制订计划并实施计划，完成项目任务。教师在整个教学活动中仅仅起一个引导、指导和辅助的作用。项目教学法能最大程度地调动学生学习的主动性、参与性，使其独立学习，独立思考，团结协作，发挥想象力和创造力，有效地锻炼和提高学生的动手能力、方法能力和综合职业能力。在讲授《财务会计》这门课时，教师应该尽量选择合适的内容使用项目教学法进行教学，以使学生能够理论联系实际，更深入地学习和掌握这门课程。

在最早的项目教学法中，主要是采用独立作业的组织方式。随着对职业教育要求的提高，现在越来越多地采用项目教学法来培养学生的社会能力和沟通、协作等关键能力，因此，也就更多地采用小组合作的方式，即共同制订计划、共同或分工完成整个项目。

项目教学法一般按照下面五个教学步骤进行：（1）确定项目任务。通常由教师提出一个或几个项目的任务设想，然后学生一起讨论，最终确定项目的目标和任务。（2）制订计划。由学生制订项目工作计划，确定工作步骤和程序，并最终得到教师的认可。（3）实施计划。学生确定各自在小组的分工以及小组成员合作的形式，之后按照已确立的工作步骤和程序工作。（4）检查评估。首先学生进行自我评估，然后由教师对项目工作完成情况进行检查并评分。师生共同讨论、分析在项目工作中出现的问题、学生解决处理问题的方法以及学生的学习行为特征。通过对比师生的评价结果，找出造成评价结果差异的原因。（5）归档或结果应用。作为项目的实践教学产品，应尽可能具有实际应用价值。因此，项目工作的结果应该归档或应用到公司的生产教学实践中。

11.2 项目教学法应用案例

11.2.1 项目教学法在“货币资金核算业务”中的应用

“在一节课的时间内你能对企业的银行存款进行清查吗?”通过编制“银行存款余额调节表”对银行存款进行清查，这就是我们今天要完成的项目。

职业教育强调的是“做中学，做中教”，教学的重点是将理论知识和实践行为结合，培养学生的职业实操能力。今天我们就是要求大家通过完成银行存款余额调节表的编制来学习对银行存款的清查。

1）教学对象分析

中职二年级学生，已经完成《会计基础》的学习，对银行存款、未达账项有一定认识，但只停留在理论知识层面，缺乏职业实践经验；具有登记银行存款日记账的能力。大部分学生学习态度端正，能积极配合教师的各种教学手段，也有少部分同学有厌学的状况，但对于感兴趣的活动还是能够参与的，具备以活动课的形式开展教学的条件。

2）教学目标分析

本项目教学的目标是要求学生在掌握“银行存款余额调节表”的基础上，进一步了解企业内部控制制度中的相关规定，思考在这项工作中为什么对各会计相关岗位有这样的要求。同时，在教学活动中通过设问、演练等方式培养学生逐步形成责任风险意识，培养财务人员严谨的工作作风。教学采用小组合作、角色扮演的方式，每人有明确的分工并各司其责，但也要共同合作才能完成项目，培养了学生正确待人接物、相互协作的工作态度。

3）教学内容分析

银行存款是企业进行生产经营的血液，进行准确记录是合理运用资金的前提条件，而对银行存款进行清查是企业每月都要进行的常规业务，这项业务对我们掌握银行存款的实有数以及确保银行存款如实记录有着非常重要的意义。

本项目的教学重点是“银行存款余额调节表”的编制，难点是未达账项在“银行存款余额调节表”中如何调整以及内控制度对这项业务的要求。

在项目教学中应突出学生的学习主动性，教师只是引导学生在完成项目过程中应注意的问题，要求学生自己去分析为什么，自己去解决问题，从而掌握本次教学的重点、难点。

4）项目教学法应用的条件

教学媒体：计算机、投影仪、实物投影仪、黑板。

工具：教材、银行存款日记账、银行对账单、PPT课件、工作手册。

5）项目教学法教学设计方案（如表11－1所示）

表11－1　　项目教学法教学设计方案

项目名称		银行存款的清查	学时	2课时
教学对象		中职二年级学生	类型	实践课
教学目标	知识目标	1. 认识银行存款清查的意义； 2. 理解内部控制制度中对银行存款清查的相关规定； 3. 理会银行存款清查的工作流程。		
	技能目标	1. 能编制银行存款余额调节表； 2. 能根据有关的内控要求合理安排各岗位的工作任务。		
	素质目标	1. 培养严谨细致的工作作风； 2. 学会在工作中应如何交往，以及如何协作完成工作； 3. 通过设计各岗位任务形成责任风险意识。		

续表

教学内容	教学重点	银行存款余额调节表的编制
	教学难点	1. 未达账项在银行存款余额调节表中如何填列； 2. 内控制度的要求。
	教学关键点	在小组学习过程中严格按各自岗位的职责完成工作。
教学媒体		计算机、投影仪、实物投影仪、黑板
教学工具		教材、银行存款日记账、银行对账单、PPT课件、教学手册。
教学准备	设计项目	对海达有限公司3月份的银行存款进行清查。
	项目任务	结合所学的知识，利用所提供的海达有限公司的银行存款日记账以及银行对账单，对海达公司的银行存款进行清查。
	前期准备	1. 设计经济业务并登记银行存款日记账； 2. 根据经济业务设计银行对账单； 3. 拍摄银行的实景或相关图片； 4. 将学生分成四人小组，分别扮演出纳、会计、会计主管、银行的角色。
教学过程	1. 创设情景	在《会计基础》的学习中学生对银行存款日记账已经熟悉了，但对银行对账单了解不多，因此对这张单的运用容易出错。这次课程的任务是要学习并掌握银行存款清查的方法，但教师不是直接告诉学生清查方法，而是通过事先拍摄的银行大堂相关设备的照片让学生了解工作情景，知道银行对账单的来源，从而理解银行对账单的作用。然后展示事先设计好的银行存款日记账和银行对账单，引入项目。
	2. 确定项目	引导学生分别观察银行存款日记账和银行对账单的余额是否一致，让学生分析原因，既复习了旧知识未达账项，也明确了本次课程所要完成的任务——通过对银行存款的清查确保账实一致，了解银行存款的实有数。
	3. 分析项目	1. 小组讨论完成项目的工作分工及步骤； 2. 教师描述各岗位的工作任务； 3. 小组修正角色分工及工作步骤。
	4. 自主完成项目	1. 勾对未达账项。小组讨论如何进行勾对，教师巡查了解各组完成情况。 2. 观察分析未达账项的表现特点。教师引导学生观察未达账项一般都是在什么时间出现，为什么？ 3. 分析未达账项的调整公式。小组讨论应如何调整未达账项。 4. 填制银行存款余额调节表。小组讨论如何将未达账项填写到“银行存款余额调节表”。 5. 进一步分析“银行存款余额调节表”的作用。小组讨论在“银行存款余额调节表”中调整后相等的余额表示什么？
	5. 项目拓展	分析企业内部控制制度的要求，明确岗位职责。 小组讨论在银行存款的清查中，这些工作能否由一个人独立完成？为什么？

具体做法如下：

第一步：设计项目。由于缺乏实践经验，中职学生并不清楚企业的银行存款这种“特殊的实物”是怎么表现的，对这项资产如何进行清查更加没有认识。因此，在设计项目时清楚表明是“利用所提供的海达有限公司的银行存款日记账以及银行对账单，对海达公司的银行存款进行清查”，提供清晰的指引要如何完成工作项目。

第二步：创设情景，了解项目。这次课程所要完成的项目是学习并掌握银行存款清查的方法，在这个过程中必须用到银行对账单，但学生对银行对账单了解不多，在运用这张单时经常出现错误。因此，为了提高教学效果，教师不宜直接告诉学生清查方法，而是通过事先拍摄的银行大堂中企业领取回单的设备的照片让学生了解工作情景，知道银行对账单的来源，从而理解银行对账单的作用。然后教师再展示事先设计好的银行存款日记账和银行对账单，引入项目。

第三步：细分项目。项目教学是要求学生在学习过程中完成工作项目，因此学生首先要对工作步骤清楚了解。首先让学生分小组讨论完成项目的角色分工及工作步骤，然后由教师描述各岗位的工作任务，最后学生再根据教师的描述点评修正工作的分工及步骤。

第四步：自主完成项目。行动导向的项目教学法强调的是由学生主动去学习并完成项目，课堂教学应该将以前的“要我学”变为“我要学”，教师主要是以引导者的方式出现而不是讲授者，将课堂交给学生，要求学生根据将要完成的项目自主地学习，教师只是在巡查过程中发现问题，及时指引学生进行思考并修正行动。

（1）勾对未达账项。小组讨论如何进行勾对，教师巡查了解各组完成情况。学生开始勾对会发现银行存款日记账与银行对账单的记账方向不一致，教师应引导学生自己分析原因。通过勾对过程，学生可以充分理解企业和银行的记账时间、记账方向是不同的，为编制银行存款余额调节表做好准备。

（2）观察分析未达账项的表现特点。教师引导学生观察未达账项一般都是出现在月末几天，从而加深对未达账项为何不记账的理解，同时也学会自我检查的方法。

（3）分析未达账项的调整公式。通过分析，学生对未达账项的理解透彻了，教师就可以引导学生自己推算出未达账项的调整公式。

（4）填制银行存款余额调节表。经过前面的准备，学生就可以比较容易地将未达账项填写到“银行存款余额调节表”。教师在巡查过程中注意观察学生填写是否出现方向颠倒的错误。

（5）进一步分析银行存款余额调节表的作用。银行存款余额调节表中调整后的余额相等说明银行存款是账实一致的，银行存款的清查也完成了，但教师应继续引导学生作知识的延伸。这时在银行存款余额调节表出现三个余额：一是银行存款日记账余额；二是银行对账单的余额；三是调整后相等的余额。让学生分析这三个余额分别代表什么，哪一个是银行存款的实有数。

第五步：知识拓展。小组讨论在银行存款的清查中，这些工作能否由一个人独立完成？为什么？分析企业内部控制制度的要求，明确岗位职责。

第六步：交流评价。

（1）小组展示小组完成的项目作品——银行存款余额调节表，学生互评。

（2）教师对本次课程内容进行小结。

第七步：在评价手册上记录本课程的结果和教师授课评价手册。

6）项目教学法教学效果评价

项目教学效果评价的主要内容有：项目的设计和对知识的选择是否适合项目教学法；教师课前的准备是否充分；形式是否能吸引学生积极参与；学生能否充分展示个人观点，保质保量完成工作项目；教学档案的建立是否完整、科学等。详见表11－2。

表 11－2　　项目教学法教学效果评价表

总体印象：优□　良□　中□　差□　　　　评议分数：

	评　价　项　目	分值	A	B	C	D	E
			10	8	6	4	2
1	项目设计符合教学目标和教学内容	10 分					
2	教学目标和教学内容的安排要合理	10 分					
3	能加深学生对将完成项目的价值观的了解	10 分					
4	工作环节清晰，内容充实，信息量大	10 分					
5	教学环境安全、宽敞明亮，没有噪音影响	10 分					
6	教学气氛愉快，安排紧凑，师生互动性强	10 分					
7	项目内容能反映或联系专业发展的新思路、新概念、新成果	10 分					
8	能给予学生思考、联想、创新的启迪	10 分					
9	学生达到教学的知识目标和技能目标的比例高	10 分					
10	能有效地利用各种教学媒体	10 分					
对本节课的教学内容、方法、手段等的具体指导意见或建议： 签字： 年　月　日							

11.2.2　项目教学法在“存货业务核算”中的应用

1）教学对象分析

本节课授课教学对象是会计专业二年级学生，他们在校学习已经一年多时间，基本具备会计业务基本核算和操作，学生们能初步认识企业、了解会计核算工作流程，会使用常用的会计计算工具，具备会计工作的基本技能；能够运用借贷记账法处理、记录企业会计事项；具备识别、填制、审核原始凭证、记账凭证的能力；具备设置、登记总分类账、明细分类账、日记账的能力；能够编制科目汇总表，简单阅读会计报表的能力，并且学生具备高度的责任心和严谨的会计职业态度，树立了良好的会计职业道德，完全有能力参与项目教学法“存货业务核算”教学活动。

2）教学目标分析

本单元教学目标是通过本单元的教学及实践活动，使学生能够了解制订存货的业务流程及内部控制的相关要求；掌握对存货日常的购销活动进行会计处理；能够对原材料进行实际成本和计划成本业务核算；掌握周转材料和其他存货业务核算，并能进行实地财产清查。

通过本节课教学，主要让学生完成学习目标所规定任务，主要是理解存货的业务管理流程，熟悉在实际工作中哪些会计科目要求数量金额核算及数量金额账簿的设置，掌握存货期末的核对，企业财务部门与业务部门进行存货核对，做到账实相符，掌握低值易耗品、包装物的账务处理，掌握存货盘盈、盘亏、毁损的账务处理及计提存货跌价准备的账务处理。学生们通过识记存货的概念、范围、分类，并能区分不同性质存货，了解存货业务流程及内部控制相关规定，掌握存货各种原始单据及发票审核要素及审核重点，掌握存货盘点及清查业务流程及审批后的账务处理。通过技能训练，熟练地使用计算器、Excel 及用友、金蝶软件对存货模块核算，能识别审核涉及存货各种原始票证，最后，能独立进行原材料日常业务收发核算及输入总账及明细账，能编制存货盘点报告、存货清查明细表和会计报表，并能进行存货最佳经济订货量、存货周转率和存货周转天数计算与分析。

在教学中，培养学生职业道德，积极向上的工作态度和严谨细致的工作作风，学会待人接物的方法，加强工作责任风险意识，树立良好的职业形象。比如，通过存货盘点及清查，核实存货因短缺、丢失、行窃等原因造成的短缺，锻炼学生的责任和风险意识。

3）教学内容分析

为了达到上述教学目标，本节课的教学内容应当是利用前面所讲的内容，让学生了解存货的特点，它是存货核算岗位人员应具备的基本条件；熟悉企业存货按经济内容、存放地点、综合性分类的重要性；了解存货核算岗位的范围；理解存货确认的条件及存货成本计量应遵守的相关会计规定；掌握存货的实物计量方法和存货核算的计价方法之——历史成本和重置成本计价法；掌握存货核算计价方法的表现方式——实际成本计价法和计划成本计价法；能理解存货核算方法的变形——进价金额核算制和售价金额核算制；掌握存货的盘盈盘亏、期末计价等教学内容；了解《企业会计准则第 1 号——存货》对会计报表中存货信息披露有什么样的相关规定。

通过对课堂教学内容教案设计，将存货的确认和计价，材料采用实际成本计价时收入、发出的核算，材料采用计划成本计价时收入、发出的核算；包装物和低值易耗品的核算；委托加工物资的核算；库存商品的核算，包括商品流通企业毛利率法和售价金额核算法以及存货的盘盈盘亏、期末计价等内容的相关理论知识融入按照工作导向的任务中去，达到“理论与实训一体化”的基本要求。

本节课的教学重点及难点是计划成本核算及应用，新设置“材料成本差异”账户的具体应用，库存商品的核算及周转材料的摊销业务及对海达公司存货进行盘点及清查。

通过教学重点、难点及关键点分析，在项目教学法中应突出这些问题，在设计教案时要注意突出重点及难点操作步骤进行反复练习。主讲教师要调动学生积极参与，加强沟通与合作，并要及时给予激励与正面评价，关注部分被动学习者的进展情况。

4）项目教学法应用的计算机教学媒体、工具、设备、文件和手册

项目教学法应安排在具有仿真模拟情景的综合实验室来完成，实验室应配备带有投影仪等全套多媒体设备（包括电脑、投影仪、音响等）、为项目教学法准备的 PPT 课件、网络平台会计实验教材、模拟会计实验手册及各种原始单据、记账凭证、总账、明细账、存货台账等实物展示，还有对整个项目教学过程的教学计划表、评价表、评价手册等文件。

5）项目教学法教学设计方案

在中职会计教学过程中，教师应该结合所讲专业内容来进行教学方法选择及教案设计，具体做法是把讲授问题情境和实际业务结合起来，调动所有有用的教学资源，结合教师自身特点对讲授知识点、技能点等来进行教案设计，下面，我们选取《会计核算实务》单元五存货业务核算中存货盘点与清查业务来进行项目教学法设计方案展示。

在该设计方案中，我们将围绕教学目标、教学重点、难点及关键点展开，运用项目教学法基本流程，以学生为中心，教师边指导边组织教学，使学生在做中学、老师在做中教，达到教学目标及工作任务的完成，表 11－3 列示了项目教学法教学设计方案。

表 11－3

<table>
<tr><td>教学对象</td><td>×××专业××班级</td><td>授课日期</td><td>××年×月</td></tr>
<tr><td>教学内容</td><td>单元四　存货业务核算与管理</td><td>计划学时</td><td>2 学时</td></tr>
<tr><td rowspan="3">教学目的</td><td colspan="3">通过本单元学习，使学生能够：
存货的确认和计价，材料采用实际成本计价时收入、发出的核算，材料采用计划成本计价时收入、发出的核算；包装物和低值易耗品的核算；委托加工物资的核算；库存商品的核算，包括商品流通企业毛利率法和售价金额核算法以及存货的盘盈盘亏、期末计价等内容。</td></tr>
<tr><td>知识目标</td><td>技能目标</td><td>素质目标</td></tr>
<tr><td>1. 制订存货的管理和核算办法；
2. 对存货日常的购销活动进行会计处理；
3. 存货的确认条件及其入账价值的构成；
4. 掌握存货在实际成本和计划成本下的账户设置及其会计核算方法；
5. 掌握存货发出计价方法；
6. 掌握存货的期末计价和核算。</td><td>1. 理解存货的业务管理流程；
2. 熟悉在实际工作中哪些会计科目要求数量金额核算及数量金额账簿的设置；
3. 掌握存货期末的核对，企业财务部门与业务部门进行存货核对，做到账实相符；
4. 掌握低值易耗品、包装物的账务处理；
5. 掌握存货盘盈、盘亏、毁损账务处理及计提存货跌价准备的账务处理。</td><td>1. 培养学生积极向上的工作态度和严谨细致工作作风；
2. 学会待人接物的方法，树立良好的职业形象；
3. 责任风险意识。通过存货盘点及清查，核实存货因短缺、丢失、行窃等原因造成的短缺，锻炼学生的责任和风险意识。</td></tr>
<tr><td>教学的重点与难点</td><td colspan="3">存货核算业务中计划成本核算及材料成本差异、委托加工物资核算、库存商品核算、周转材料核算及计提存货跌价准备。</td></tr>
<tr><td>教学方法</td><td colspan="3">模拟教学法、项目教学法。</td></tr>
<tr><td>教学资源</td><td colspan="3">模拟会计单项实训操作教程及各种设计存货业务原始单证及相关文件资料。</td></tr>
</table>

<table>
<tr><td>对培养方案、大纲修改意见</td><td>对授课计划修改意见</td><td>对本教案修改意见</td><td>需增加资源</td><td>其　他</td></tr>
<tr><td></td><td></td><td></td><td>需要海达公司一个月的完整的实务记账凭证及总账与明细账、存货台账等。</td><td></td></tr>
<tr><td colspan="2">教研室主任：</td><td colspan="2">系主任：</td><td>教务处：</td></tr>
</table>

<table>
<tr><td colspan="4">项目教学活动流程设计</td></tr>
<tr><td>教学步骤与内容</td><td>教学目标</td><td>教学方法</td><td>时　间</td></tr>
<tr><td>一、项目说明
我们将海达公司“存货业务核算”按项目教学法来完成本节课教学任务。</td><td>完成存货业务核算</td><td>项目教学法</td><td>1 分钟</td></tr>
</table>

续表

教学步骤与内容	教学目标	教学方法	时间
二、项目任务 结合所学的存货知识，利用课前老师组织职业情境模拟来对海达公司年末存货进行盘点及清查的设计方案，在老师的帮助和指导下完成海达公司一项财产清查活动。	1. 熟悉海达公司存货业务流程及内部控制基本要求； 2. 了解采购部门、财务部门、仓储部门任务分工； 3. 学习《企业会计准则第1号——存货》。	卡片展示法 项目教学法	2分钟
三、计划阶段 将学生分成三个小组，以小组方式工作，制订工作计划。			3分钟
四、项目实施 教师做演示，学生在旁边看，学生可以随时提出问题，教师要对学生提出的问题做解答；学生根据计划完成自己的任务，教师观看、指导。	教师活动	学生活动	涉及的知识点及教学意图 58分钟
（一）前期准备 1. 岗前培训。学生模拟海达公司《存货核算办法》、《存货内控制度》以及存货盘点和存货清查流程进行20×9年年末财产清查工作。 2. 学生课前分组。每组成立模拟清查小组或盘点小组，设置不同角色，各角色的职责分别是： （1）总盘人：由总经理或财务总监担任，负责盘点工作总指挥，督导盘点工作的进行及异常事项的裁决。 （2）主盘人：由各经管部门主管担任，负责实际盘点工作的推动及实施。 （3）复盘人：由总盘人视需要指派及各经管部门的主管，负盘点监督之责。 （4）盘点人：由各经管部门指派，负责点计数量。 （5）会点人：由财务部门指派（人员不足时，间接部门支援），负责会点并记录，与盘点人分段核对、确实数据工作。 （6）监点人：由总经理或财务总监派员担任。 3. 每组用观察法对海达公司存货核算及管理进行了解。	教师指导学生模拟海达公司《存货核算办法》、《存货内控制度》、以及存货盘点和存货清查流程进行20×9年年末财产清查工作。	学生课前分组，每组成立模拟清查小组或盘点小组，设置不同角色，各角色的职责。	涉及的知识点及教学意图
（二）项目步骤——布置各岗位工作任务 （1）总盘人：由总经理或财务总监担任，负责盘点工作总指挥，督导盘点工作的进行及异常事项的裁决。 （2）主盘人：由各经管部门主管担任，负责实际盘点工作的推动及实施。 （3）复盘人：由总盘人视需要指派及各经管部门的主管，负盘点监督之责。	教师将各岗位的工作任务描述清楚。	各岗位承担者要明确工作任务，并互相协助，如有疑问可请求教师帮助。	使每个同学都有相应的工作任务。

续表

教学步骤与内容	教学目标	教学方法	时　间
（4）盘点人：由各经管部门指派，负责点计数量。 （5）会点人：由财务部门指派（人员不足时，间接部门支援），负责会点并记录，与盘点人分段核对、确实数据工作。 （6）监点人：由总经理或财务总监派员担任。			
（二）项目步骤——各组按照岗位完成任务 步骤1：模拟总盘人是如何分配（总经理或财务总监担任负责盘点工作总指挥，督导盘点工作的进行及异常事项的裁决）工作任务及召开动员会议及相关文件。	1. 巡查各组工作任务开展情况； 2. 提示学生存货盘点、存货清查是公司核算与管理需要，主要目的保证账实相符。	1. 小组成员共同讨论，然后分工制作展示物，撰写报告。 2. 总盘人展示根据各组讨论情况，进行任务布置汇报。	加深学生对中小企业存货业务核算与管理重要性的认识（财产清查）。
步骤2：模拟主盘人是如何动员各部门落实与完成（由各经管部门主管担任，负责实际盘点工作的推动及实施）工作任务。	1. 为各组解答疑难问题； 2. 提示工作任务时间与流程中应注意事项及相关文案设计规范性。	1. 学生讨论； 2. 总盘人记录讨论结果并及时进行总结发言； 3. 主盘人开始布置下一轮动员工作。	加深学生对中小企业存货业务流程及相关知识掌握及应用（存货业务流程）。
步骤3：模拟复盘人（由总盘人视需要指派及各经管部门的主管，负盘点监督之责）。按照存货内控需要，是否应设此岗位。	1. 教师了解各组工作任务进展情况，观察各角色担任者的表现； 2. 在“做中学”、“做中教”，培养学生成本意识和安全风险意识。	1. 学生讨论； 2. 评价设置该岗位优势与劣势，得出结论。	加深学生对中小企业存货内控及稽核相关知识掌握及应用（存货内控要求）。
步骤4：模拟各组盘点人（由各经管部门指派，负责点计数量），如何进行现场实地盘点，该履行哪些手续？	教师指导学生如何通过现场台账进行海达公司金属库、非金属库等盘点。	1. 学生讨论； 2. 熟悉金属库、非金属库名称及用途。	存货范围、存货分类及存货确认相。
步骤5：模拟会点人由财务部门指派（人员不足时，间接部门支援），负责会点并记录，与盘点人分段核对、确实数据工作。	1. 指导教师对本步骤任务应重点提示； 2. 分工协作，注意培养较强的人际交往能力和合作能力。	1. 学生讨论； 2. 熟悉金属库、非金属库进行账实核对，并填制“存货盘点报告”和“存货清查表”。	加深学生对中小企业存货核算中永续盘存制及实地盘存制的认识与理解。

续表

教学步骤与内容	教学目标	教学方法	时间
步骤6：模拟监点人（由总经理或财务总监派员担任）工作任务及手续。	指导教师提示监点人应履行哪些手续？	1. 学生讨论； 2. 进行工作任务完成后准备工作。	存货盘点及清查过程中存在问题及分析，提出处理办法。
步骤7：各组进行成果作品展示。要求各小组派代表上台演讲，汇报存货盘点与存货清查业务成果汇报。	1. 指导教师担任主持人，激励各小组踊跃上台演讲； 2. 在每组代表发言后马上概括出工作任务具体情况并进行评价。	各组发言人上台通过课件进行汇报小组工作完成情况，进行作品展示。	让学生互相学习，欣赏成果。同时，锻炼学生的口才、表演能力。
五、项目评价 发放"各小组综合表现评价表"和"成果质量评价表"供学生自评、互评和教师评价。	对各组展示的成果、团结合作、自我管理能力、自主学习能力进行综合评价，组织学生评价。	1. 各组自我评价； 2. 学生评委互评； 3. 教师评价。	采用发展性的评价机制，既关注执行任务的结果，更关注执行任务的过程及能力表现。
六、归档整理 课后将本节课的"存货盘点与存货清查业务"活动过程、时间安排、人员分工、工作任务等环节写成详细的任务方案，并归档整理，存放实验室。			
七、课堂小结 1. 掌握材料日常收发业务核算，能准确地应用账户； 2. 掌握实际成本法、计划成本法核算； 3. 掌握企业存货盘点和清查业务。	概括总结，帮助学生构建知识体系、明确技能操作标准	学生实物展示讲解语言简练、概括	3分钟
八、教法交流 项目教学法在应用中注意哪些环节？如何评价之。			3分钟

完成上述教学方案后，就可以进入教学效果的评价了。

6）项目教学法教学效果评价

项目评价采用发展性的评价机制，既关注执行任务的结果，更关注执行任务的过程及能力表现。

项目法教学效果评价的主要内容有：教师引导和课前的准备是否充分；形式是否生动、活泼；学生展示得是否真实、有效；学生的参与是否积极；结论是否对企业有帮助；教学档案的建立是否完整、科学等。项目法教学法教学效果评价表见11.2.1。

11.2.3 项目教学法在目标成本控制中的应用

1）教学对象分析

本节课的教学对象是会计专业×××级×××班学生，他们已经学完了基础会计、财务会计、税收理论等会计课程。已经掌握了与会计相关的基本理论和基本技能。本节课是该门课程第四单元的内容，是该单元的的实际应用部分，学生已经了解了目标成本的确定、了解目标成本控制的原则、了解并掌握了目标成本的控制方法和步骤。

2）教学目标分析

本单元的教学目标是通过对本单元的教学，使学生了解企业目标成本控制的目的，熟悉目标成本控制的原则，掌握目标成本控制的方法和步骤，能够使学生熟练运用目标控制的方法对目标成本进行总额分解和分层分解，并以此为基础对目标成本进行控制。本单元应该让学生掌握两种技能，即成本预测技能和成本控制技能。本节课主要培养学生的成本控制技能。让学生掌握目标成本控制的方法和步骤，特别是学会分解目标成本总额，并根据分解的情况分别对目标成本进行控制。

成本控制是企业实现目标利润的重要方法之一，能够为企业开源节流、避免浪费提供财务依据，它是企业财务成本管理的重要内容之一。在公司的财务活动中，占有举足轻重的地位。这次课是培养学生成本控制的实际应用能力和对目标成本控制的重要地位的理解。因此，选取的案例一定是企业实际发生的案例。要注意理论和方法的恰当结合。同时，教会学生如何深入企业，了解目标成本控制的具体操作程序。具备成本控制的管理能力和实际操作能力，使他们在校期间就能够为企业进行诊断——如何为一家企业的成本控制做咨询服务，为以后评价企业业绩的学习和将来的工作打下坚实的基础。

3）教学内容分析

为了达到上述教学目标，本节课的教学内容应当是利用前面所讲的目标成本控制理论和控制方法，培养学生的实际应用能力。所以，应该掌握的内容有：目标成本总额的确定及其分解、目标成本控制的原则和目标成本控制的方法。使用项目教学法，首先，可以充分调动学生的参与积极性，仿真的情景教学，会让学生产生极大的参与兴趣；可以改变过去讲课者一言堂的局面，给课堂带来生机。在项目教学过程中，伴有角色扮演教学法在其中。由于项目情景设置贴近现实，能够达到寓教于乐的效果。其次，由于设置的项目机动灵活和角色扮演具有高度的灵活性，使课堂具有活力。从测评的角度看，设置的项目、角色扮演的形式和内容丰富多彩，在教师的启发示范下，学生的表现灵活多样，能力得到充分发挥。它是在模拟状态下进行的，因此，学生在对目标成本控制采取的措施时可以尽可能地按照自己的意愿发挥想象去完成，不必顾虑企业在实际工作中如何进行目标成本控制会否能够实现，因而心理压力相对减轻。最后，在角色扮演过程中，需要角色之间的配合、交流与沟通，因此，可以增加角色之间的感情交流，特别是让学生了解目标成本控制与实现目标利润的关系，能够培养学生的责任感。同时，培养学生学会自我表达、相互认知等社会交往能力。本节课的主要角色有公司总经理、财务部经理、采购部经理、生产部经理、销售部经理、行政部经理，这六个重要的角色在本节课的教学过程中起着重要的支撑作用。

本次课选取的案例任务是：如何根据华达公司的目标利润确定目标成本，进而对目标成本进行总额控制和分解控制。

通过对目标成本的控制，使学生进一步掌握目标成本控制的方法和步骤，并在进行目标成本控制中体验成功带来的快乐。

情景介绍：

华达公司生产的液晶电视机，占有35%的市场份额，主要生产37英寸、40英寸和52英寸等三个系列产品，2009年销售额分别为：2 178万元（6 200台）、5 421万元（18 000台）、3 719万元（14 000台），合计11 318万元。由于市场竞争日趋激烈，估计2010年上述电视机市场价格会下跌25%。为此公司由总经理主持召开了公司高管会议，研究如何应对激烈竞争的液晶电视销售市场。会上，各部门经理进行热烈的讨论，认真仔细地研究电视机销售市场，研究公司的成本，最后达成一致的意见，在销售量与2009年持平的情况下，认为应该通过对目标成本进行控制，努力降低成本，确保2010年目标利润能够通过控制目标成本等措施来加以实现。随后总经理将会议的一致意见报告给公司董事长。公司董事长在董事会上让董事进行讨论，最后董事会一致通过了公司高管会议的意见。公司董事会决定，在全公司实行目标成本控制，努力降低成本，确保2010年利润总额不低于2009年（2009年利润额为964万元），2010年目标利润确定为978万元。为将成本控制在2010年目标成本之内，2010年生产成本（直接材料、直接人工、制造费用）要比2009年降低30%，期间费用（管理费用、销售费用、财务费用）要比2009年降低10%。

2009年有关费用的资料如下：

（1）直接材料成本为6 202万元，其中：37英寸电视机为1 193万元、40英寸电视机为2 971万元、52英寸电视机为2 038万元。

（2）直接人工918万元，其中：37英寸电视机为177万元、40英寸电视机为440万元、52英寸电视机为301万元。

（3）制造费用总额为1 923万元，其中：制造工程部为390万元、显像管生产车间为460万元、主板生产车间为1 073万元。

（4）期间费用：销售费用总额为71万元，且全部是由销售部门发生和控制的。管理费用总额为1 105万元，其中，物控部为72万元、采购部为27万元、人事部为696万元、财务部为90万元、电脑部为103万元、公司总部为12万元、品质部为38万元、产品开发部为67万元。

（5）财务费用总额为135万元。

（6）2009年生产工人每小时工资为5.25元；37英寸、40英寸、52英寸电视机的单位产品生产工时分别为54.26小时、46.52小时、41.03小时。

（7）其他条件：与供应商协商将订货时间由原来的40天缩短为29天。

要求：请你根据公司董事会的要求按成本控制制度的有关规定进行目标成本的控制。

此案例的主要教学目的是让学生通过表演、调研、观察、辩论、评价、分析等程序掌握如何制订华达公司的目标成本，如何将华达公司目标成本进行分解，并注意在分解目标成本时，区分构成产品成本的目标成本和计入期间费用的目标成本，同时注意构成产品成本的目标成本和计入期间费用的目标成本在目标成本中的地位；并针对分解的目标成本的具体情况分别加以控制目标成本。

4）项目教学法应用的计算机教学媒体、工具、设备、文件和手册

项目教学法应用的计算机媒体主要有电脑、投影仪、音响等。华达公司近年来的液晶电视机的销售情况资料和目标成本控制的Power Point或Flash文件等多媒体工具，主要用于介绍华

达公司以往液晶电视机的销售情况、目标成本控制情况、当前激烈的电视机销售市场情况，以及回顾与本任务相关的知识。主要回顾上一节课已讲述过的目标成本的制订、目标成本控制的原则和控制方法和步骤。同时，也可以让学生利用多媒体展示他们小组讨论后的结果。对整个角色扮演过程的评价表、评价手册和授课记录等档案文件。为了方便学生表演和完成目标任务，还需表演用的场景、道具：如公司办公室、会议室等模拟办公设备和模拟文件。

具体做法是把问题情境和现实经验、现行问题联系起来探索。根据这个通常的做法，将本次课程设计如表 11 -4 所示。

表 11 -4　　项目教学法教学设计表

授课时间	____年___月___日　第___周　星期___　第___节
授课班级	会计专业　___年级　___班级
教学内容	成本控制
教学目的	通过本任务的学习，了解目标成本控制的原则、控制步骤的操作技能与方法。
教学方法	项目教学法、讲授法、案例教学法、角色扮演法
教　具	电脑、投影仪、音响、场景布置用品、PPT 挂图及评价手册等文件
教学重点难点	项目重点： 1. 使学生了解实施一个项目的全流程； 2. 综合运用知识解决实际问题； 3. 熟练所学的成本控制制度知识、目标成本控制的相关知识解决实际项目。 项目难点： 1. 学生综合运用知识来解决实际问题的能力； 2. 分工合作完成整个项目； 3. 目标成本控制创新能力。

教学过程（教学内容及环节）
一、教师给学员布置准备任务 在上这次课之前要布置学生复习已经讲过的知识。然后，把本次课所要完成的任务布置给学生。将学生分成若干组，每组六名同学，每个组模拟一家公司。 角色扮演： 小组：某公司（公司名称由每组自己命名）。 小组成员：公司总经理、财务部经理、采购部经理、生产部经理、销售部经理、行政部经理。 小组组长：公司总经理。 教师：扮演实际工作中的某公司财务部经理。 **二、开始上课** 1. 回顾上一节课讲过的成本控制基础知识（教师进行）。 2. 向学生说明本次课的任务以及要达到的目的和标准（教师进行）。 3. 各部门交流：各公司在实施目标成本控制之前，要由总经理召开公司部门经理会议，根据教师事先示范的目标成本控制例子讨论如何根据公司的实际情况确定目标利润、目标成本，并根据目标成本结合公司的实际情况进行目标成本的分解，进而实施目标成本和期间费用的控制。 4. 各公司分部门讨论：首先由各公司的总经理向各部门经理介绍本公司经营的实际情况，并提出实现目标利润和目标成本控制的要求，各部门经理根据本部门的情况，进行本部门费用情况的调查，并列出本部门费用的具体使用情况，然后报告给财务部经理，财务部经理再报告给公司总经理。经总经理同意，然后由财务部门会同各部门经理对目标成本进行具体分解。并将目标成本分解的情况报告教师，然后由教师提出修改意见，再根据修改意见进行最后的修改。 5. 各公司分部门讨论如何控制本部门的成本费用，然后由财务部经理负责向公司总经理报告，总经理分部门进行评选某部门为控制成本最好的部门。

续表

教学过程（教学内容及环节）
6. 各公司将本公司的市场价格的确定、目标利润的确定、目标成本的确定、目标成本的具体分解和目标成本的具体控制等成果搜集整理好，参加本次教学法的评比。 7. 项目验收（内部验收）。各公司总经理向全班汇报、展示、交流本公司的最终作品，在介绍过程中要求说明各公司是如何进行目标成本控制的思路以及在进行控制过程中遇到过什么问题，这些问题是如何解决的，同时，其他公司的同学也可提出问题，让某公司总经理解释控制目标成本所用的相关知识。 8. 各公司之间进行互评，互相学习，通过相互评价进一步修改各自的目标成本控制的具体操作，评选出目标成本控制的最佳公司，教师点评。 **三、由教师总结本堂课的主要内容** **四、让学生代表总结本堂课的收获** **五、在评价手册上记录本课程的结果和教师授课评价**
六、课后教研交流任务 （一）完成任务 1. 小组活动： （1）将教师分成四个教研室，每组选一位教研室主任，开展教研活动。 （2）活动内容：以成本预测为知识点，使用项目教学法，设计一个45分钟的公开课，准备参加单元检验公开课展示会。 （3）要求：①内容完整；②课程设计科学；③教案内容翔实；④课件制作精美；⑤符合教学规律。 2. 个人完成： （1）学习项目教学法；（2）设计公开课；（3）参加小组交流活动。 （二）小组思考 1. 使用项目教学法应该注意的问题有哪些？ 2. 项目教学法在本门课程中还可以应用到哪些知识点？ 3. 使用项目教学法，教师应具备哪些素质？ （三）单元检验公开展示课的综合评价 1. 全体教师参加听课、评课。 2. 培训教师做综合评价（登记教学效果评价表）。

具体做法如下：

第一步，教师给学生布置准备任务。在这次课的上一节课要布置学生复习已经讲过的知识，然后，把本次课需要完成的任务布置给学员。将班级分为若干组，每组六名学员，每个组模拟一家某公司，公司名称由每组自己命名，小组成员：公司总经理、财务部经理、采购部经理、生产部经理、销售部经理、行政部经理；小组组长：公司总经理负责组织本组同学准备材料。材料包括：本公司的介绍、公司经营情况、为何采取目标成本控制的原因等。同时，要对每组的学员进行引导或启发，教会他们如何进入角色、如何对成本控制发表看法、如何使用社交语言，然后了解他们所充当的角色在企业中的位置与责任，他们应该怎样做等。

第二步，开始上课。

（1）回顾上一节课讲过的内容（教师进行）。

（2）向学生说明本节课的任务以及要达到目的和标准（教师进行）。

（3）设置开会场景：利用多媒体向学生介绍华达公司的经营情况、目标成本的确定、分解和控制过程以及为何采取目标成本控制的原因。

• 设计：华达公司的高管（公司总经理、财务部经理、采购部经理、生产部经理、销售部经理、行政部经理）等人正在开会，研究公司如何进行目标成本控制的问题，会上各部门经理将本部门的情况进行汇报，讨论热烈。

总经理：介绍公司目前液晶电视机的销售情况（包括公司液晶电视机销售情况、市场占有率状况以及预测明年液晶电视机销售的预测趋势等）。

财务部经理：将近年来公司的目标成本控制情况进行通报。

销售部经理：液晶电视机的销售市场情况、本公司的销售情况及预测情况。

生产部经理：液晶电视机的生产情况。

采购部经理：液晶电视机生产需要的材料采购价格情况。

大家讨论：根据目前液晶电视机销售激烈的竞争情况，要提高售价实现目标利润困难重重，如何实现目标利润？只能从公司内部想办法——控制目标成本，层层落实……最终，大家一致表决同意公司预测年度进行目标成本控制。

财务部场景：制订目标成本，分解目标成本，落实到各部门分别实施目标成本控制。

各部门场景：结合本部门情况具体制定如何控制本部门的成本。

• 具体控制过程：

（1）确定市场价格（即确定2010年的液晶电视机的销售收入）。

2010年华达公司的液晶电视机的销售收入为：

37英寸液晶电视机的销售收入 = 2 178 ×（1 - 25%）= 1 634（万元）

40英寸液晶电视机的销售收入 = 5 421 ×（1 - 25%）= 4 066（万元）

52英寸液晶电视机的销售收入 = 3 719 ×（1 - 25%）= 2 789（万元）

因而2010年华达公司液晶电视机的销售收入 = 1 634 + 4 066 + 2 789 = 8 489（万元）

（2）确定目标利润。华达公司2010年目标利润定为978万元。

（3）确定目标成本。华达公司2010年目标成本为7 510万元（8 488 - 978）。

（4）分解目标成本。华达公司2010年各项目标成本和费用都是以2009年的部门成本费用为基础，考虑到目标年度各项因素的变化而制订的。即生产成本在2009年的基础上减少30%，期间费用在2009年的基础上减少10%。详述如下：

①华达公司直接材料目标成本的制订和分解。直接材料成本2009年为6 202万元，其中：37英寸电视机为1 193万元、40英寸为电视机2 971万元、52英寸电视机为2 038万元。按30%比例降低后，2010年直接材料成本为4 342万元，其中：42英寸电视机为835万元、50寸为电视机为2 080万元、65英寸电视机为1 427万元。这样就确定了此三款电视机各自的材料总目标成本。然后在此基础上，根据此三款电视机各自的物料构成，分解成各种具体的材料（产品开发部可以提供产品物料构成表），然后参照2009年的材料成本，总体上减少30%后即可确定2010年各种材料的目标成本。

应该指出，材料目标成本的分解过程也是材料成本压力的传导和挤压过程，这种过程最终会将这种压力传导和挤压给供应商，供应商又会将部分压力传导和挤压给它的供应商，如果供应商的供应商也运用目标成本系统，那么，这个连锁的过程会贯穿整个供应链，这会使整条供应链变得更有效率。

②华达公司直接人工目标成本的制订和分解。直接人工成本2009年为6 202万元，其

中：37 英寸电视机为 177 万元、42 英寸为电视机 440 万元、50 英寸电视机为 301 万元。按 30% 比例降低后，2010 年的 37 英寸电视机为 124 万元、42 英寸为电视机 308 万元、50 英寸电视机 211 万元。

③华达公司制造费用的制订和分解。2009 年制造费用总额为 1 923 万元，其中，制造工程部为 391 万元、显像管生产车间为 460 万元、主板生产车间为 1 073 万元。

2010 年制造费用拟在 2009 年的基础上下降 30%，即 2010 年制造费用目标总额为 1 346 万元，其中，制造工程部为 274 万元、显像管为 322 万元、主板生产车间为 750 万元。在保证实现制造费用目标总额的前提下，上述三个部门有权将各自的制造费用总目标分解给班组和个人，形成班组和个人的目标和责任，并提出保障目标实现的措施。

④华达公司期间费用的制订和分解。华达公司的期间费用有销售费用、管理费用、财务费用三种。期间费用在日常核算中是按部门归集的，归集的原则是：哪个部门受益，费用就归集到哪个部门，对于不能直接分清受益对象的费用或者由多个部门共同受益的费用，则归集到有权控制该项费用的部门。依此原则，期间费用的目标分解实例如下：

销售费用的分解：2009 年的销售费用总额为 71 万元，且全部是由销售部门发生和控制的。2010 年目标销售费用拟在此基础上减少 10%，即为 64 万元，责任部门是销售部。

管理费用的分解：2009 年的管理费用总额为 1 105 万元，其中，物控部为 72 万元、采购部为 27 万元、人事部为 696 万元、财务部为 90 万元、电脑部为 103 万元、公司总部为 12 万元、品质部为 38 万元、产品开发部为 67 万元。

2010 年的管理费用目标值拟在 2009 年的基础上降低 10%，则 2010 年的管理费用目标总额为 994 万元，其中，物控部为 65 万元、采购部为 25 万元、人事部为 627 万元、财务部为 81 万元、电脑部为 92 万元、公司总部为 10 万元、品质部为 34 万元、产品开发部为 60 万元。这些部门对各自的管理费用目标值负责。

财务费用的分解：财务费用 2009 年总额为 135 万元，并且是由财务部控制的，因此它只归集给财务部一个部门。2010 年财务费用目标值拟在此基础上降低 10%，即为 121 万元，责任部门是财务部。

综上所述，2010 年销售额、目标成本、利润之间的关系为：销售额 8 488 万元 − 利润 978 万元 = 目标成本 7 510 万元。

（5）实施目标成本控制。目标成本控制应从产品设计研制开始，对材料采购、库存、生产、销售直至售后服务整个过程实施全面控制，而不仅是对生产阶段的成本实施控制。目标成本控制是围绕目标的设置、分解、实施、分析和考核进行的，即通过合理设置成本目标及其目标分解，把企业的各部门、各环节直至全体职工连成一个有共同努力方向的纵横协调的指标保证体系，以充分调动各方面的积极性和主动性，全力以赴地去完成企业的目标总成本。

①产品开发设计过程的目标成本控制。实行目标成本管理，要求将成本指标作为企业经营决策的一项重要因素，它不是在新产品设计后产生，而是作为新产品设计前的目标，以目标成本作为新产品设计的一项重要依据，这和传统的成本管理主要是对生产和销售过程中的成本耗费进行控制是不同的。可以说，设计研制阶段的节约是最有效的节约，设计研制中的失误，会导致成本控制“先天不足”，会导致巨大的浪费。因此，加强设计研制阶段的成本控制意义重大。而价值工程是进行此阶段成本控制的有效方法。

价值工程的核心是功能分析，其目的是保证产品或作业必须具备必要功能的条件下，降低产品成本。因为产品或作业的功能是必要的，而不是无限的，如果产品或作业的功能非常全面、很高，但某些功能并非客户所需要，就会造成功能过剩；反之，如果其功能不足，达不到用户要求，则无法实现产品的使用价值，所有这些都要依靠功能分析来解决。

从功能角度来理解，可以将价值、成本、功能三者之间的关系用数学比例式表达为：

价值＝功能/成本

目标成本控制就是要在产品设计研制过程中始终贯彻价值工程的基本原理，对目标成本、产品功能和产品价值三个因素进行综合考虑，反复权衡，力图在保证目标成本实现的前提下，尽可能提高产品功能和价值。

②材料采购目标成本控制。节约材料成本对实现目标成本具有重要的意义。材料采购工作组织得好坏，在一定程度上制约着材料成本的高低。材料采购过程控制主要做法是：

根据目标成本编制材料采购计划，并监督企业严格执行材料采购计划。

保证材料的质量。在采购过程中，绝不能只注重材料价格的低廉，而首先应保证材料质量，同时，也要防止盲目追求质量，造成质量过剩。

在保证材料质量的前提下，从“廉”采购。应进行材料质量与材料价格的分析，以决定采购哪个厂家生产的材料；可采用招标采购法，通过对多家参与投标的供应商的考察对比，选择质量好、价格合理的供应商作为合作伙伴。

选择合理的运输方式，以降低材料的运费。

加强对采购人员的教育和利用内部审计来强化纪检监察工作。要杜绝采购员个人为吃回扣拿好处而不惜牺牲企业利益的不正之风的发生。日常应采用 ABC 分析法对库存材料进行管理，分别不同类别的材料，采用不同的控制方法；供应部门应制订库存材料的正常损耗单及盈亏单，发现问题可据此追究责任。

华达公司将材料成本降低目标向供应商挤压，供应商又将其成本目标向它的供应商挤压，使材料采购成本沿着供应链向后挤压，最终使材料采购成本降低。

③生产过程中材料成本的控制。生产过程中材料成本控制的主要做法有：下达材料用量定额计划，施行限额用料制度。不得使用不符合质量要求的材料，以免由于材质不好造成废品和次品。

加强生产过程中的产品质量控制工作，提高合格品率和优级品率，把废品率控制在合理的范围之内，提高原材料的利用率。

分析材料实际成本与目标成本的差异，对于差异较大者应进行重点控制，查明原因，分清责任，奖罚分明；要不断总结材料成本控制中的经验教训，不断改善材料成本控制工作。

华达公司材料报废除生产过程中产生外，还在其他环节产生：由于华达公司是根据总公司下的订单生产的，根据这些订单的要求由工程部开发出样机后，采购部根据客户订单的交货期提前 40 天左右下订单给材料供应商。随后不久，有些客户订单由于客户的原因会在外观及功能等方面进行修改，要按新的要求生产出产品，原来的部分材料订单必然要取消，取消订单给供应商造成的材料报废损失自然由华达公司承担。

华达公司通过与供应商协商将订货时间由原来的 40 天缩短为 29 天，同时提高产品开发速度和推行适时生产系统，尽量使库存等于零（但并未完全做到），使取消订单造成的报废明显减少。通过采取以上措施，公司材料废品率由原来的 2.2% 降低为现在的 1.75%，使单台电视机的材料用量减少。单台电视机的材料报废成本降低如下:52 英寸电视机、40 英寸电视机和 37 英寸电视机单台材料报废成本降低额分别为 8.66 元、7.43 元和 6.55 元。

通过价值工程,采购管理和生产管理,使直接材料成本降低总额为 1 860 万元。其中:

52 英寸电视机材料成本降低额为 358 万元{6 200 台 ×(81.94 + 486.84 + 8.66)};

40 英寸电视机材料成本降低额为 891 万元 {18 000 台 ×(79.7 + 408.03 + 7.43)};

37 英寸电视机材料成本降低额为 611 万元 {14 000 台 ×(77.13 + 353.03 + 6.55)}。

④直接人工成本控制。

A. 建立健全必要的原始记录，为企业开展人工成本控制提供准确的信息。

B. 严格执行国家颁布的各项工资政策、法令及有关规定，不得擅自提高工资标准、增加工资性支出。

C. 提倡岗前培训和定期轮训方法，改善工人业务素质和工作效率，逐步提高劳动生产率。

D. 加强生产过程中人工成本控制。要防止停工待料，避免不必要的加班加点；要发挥机器设备的最大生产能力，减少不必要的停工时间；要加强产品质量管理，减少废品和次品；要不断改进工艺流程，结合行为科学搞好劳动优化组合，做到人尽其用；结合实际采用满负荷工作法、六小时工作制或弹性工作制等，提高劳动效率。

E. 分析各种产品直接人工工时实际消耗量与目标消耗量的差异，对于差异较大者，要查明原因，分清责任，奖罚兑现，如果是目标本身制定得不合理的，应及时修订之，使之与实际相符。

为完成直接人工目标成本，华达公司组织人力资源部将生产工人每小时工资由 2009 年的 5.25 元调减为 2010 年的 4.98 元（即目标工资率）；同时尽量采用自动化作业，尽量消除非增值作业，减少人工作业和减少加班，使 50 英寸电视机、42 英寸电视机和 37 英寸电视机的单位产品生产工时分别由 2009 年的 54.26 小时、46.52 小时、41.03 小时减少为 2010 年的 40.04 小时、34.33 小时、30.28 小时（即目标工时）。然后将此目标工时落实给生产部门，生产部门又将此目标工时分解到产品制造的每一道工序和每一个车间，车间又将目标分解给班组和个人。实际执行结果是：直接人工降低总额为 275 万元。其中：

52 英寸电视机降低额为 53 万元［6 200 台 ×(54.26 小时 ×5.25 元/小时 -40.04 小时 ×4.98 元/小时)］;

40 英寸电视机降低额为 132 万元［18 000 台 ×(46.52 小时 ×5.25 元/小时 -34.33 小时 ×4.98 元/小时)］;

37 英寸电视机降低额 90 万元［14 000 台 ×（41.03 小时 ×5.25 元/小时 -30.28 小时 ×4.98 元/小时)］。

（6）制造费用的控制。在资本密集型和技术密集型企业中，制造费用在产品成本中所占比重较大且有不断上升的趋势，因此，切实控制好这部分费用对于企业提高效益至关重要。其具体控制措施有：

①严格执行各项费用开支的标准，不得随意扩大制造费用的开支范围与开支标准，应贯彻精打细算、勤俭节约原则，做到增产节支、开源节流。

②根据费用项目的性质，将制造费用总成本分解落实到有关责任中心，作为其费用控制的目标；对于固定性制造费用可设置费用目标成本手册进行日常控制。

③进行制造费用成本差异的计算，对于实际制造费用与制造费用目标成本的差异较大者，要查明原因，深入分析，进行重点控制，如果是目标成本本身制定得不合理，要加以修改，使之尽可能接近实际，对直接责任单位和个人，要奖罚兑现。

华达公司制造费用中比较大的三项费用是水电费、低值易耗品摊销和厂房租金。过去，生产和生活用电都靠公司自己的两台发电机发电，发电用的柴油是外购的，但柴油价格在不断上涨，昂贵的发电机一年要大修1～2次，每修一次都要花费4万～5万元人民币，有三名机修工专门负责发电机的日常运行和小修理，加上发电机的折旧，每发一度电的成本是人民币1.36元，而供电公司的每度电只有人民币0.78元，公司决定无论是生产还是生活用电，平时只用供电公司的电，只有停电时才自行发电，三名专职的机修工变为兼职的，此做法同时也减少了发电机的磨损和修理费，这样，使公司2010年比2009年减少电费235万元。

过去，低值易耗品的申购和使用处于失控状态，特别是生产部门盲目申购生产用小型工具，机修部门盲目申购维修用品及工具，并且丢失和损坏严重。公司决定每个部门设一名兼职的财产管理员，由财务部的一名副主管总负责（兼职），负责登记低值易耗品数量式明细账和进行日常管理，每季度盘点一次，发现账实不符的，管理员要负责查明原因后上报副总经理，由副总经理对责任人进行必要的奖罚。此措施使此项费用2010年比2009年减少45万元。

华达公司部分厂房是租赁的，公司人事部组织人员对本市其他镇区的租金情况进行了大量调查，结合交通情况、地理位置、经济发展情况等，发现公司的租金偏高，于是公司与房东进行了卓有成效的谈判，使租金有所降低，与2009年相比，2010年租金减少了25万元。

制造费用的其他项目也有不同程度的降低，使2010年制造费用总额比2009年降低了577万元，实现了目标。

（7）期间费用的控制。期间费用主要有管理费用、销售费用和财务费用。要控制期间费用，首先要划分责任中心，然后将上述费用的目标值按责任中心进行分解，层层落实到部门和个人；财务核算上要按责任中心归集费用，要实现财务核算的电脑化，以便及时反馈实际费用与目标费用的差异；要贯彻“例外管理”的原则，把注意力集中于非正常的例外项目上，抓住显著的、突出的问题。

华达公司在未实行目标成本控制以前，也一直是把部门作为成本中心来归集费用的，这非常有利于将目标值按部门进行分解和落实。

2010年，公司对广告费、利息、交际应酬费、售后服务费用、差旅费等实行了重点监控：销售部对广告效益进行了评估，控制了不必要的广告费支出；财务部对资本结构和资产负债情况进行了分析，寻求最佳债务结构，努力降低资金成本；财务部也制定了交际应酬费的管理办法，杜绝了以交际应酬为名，用公款吃喝的现象；公司为了加强和完善售后服务，着眼企业长远发展目标，增加了售后服务费用；人事部制定了切实可行的差旅费报销标准，使该项费用控制有章可循，比如，通过调查分析，确定了公司不同级别人员，出差不同城市的交通费和住宿费报销标准。

实际运行结果是：2010年的期间费用估计要比2009年降低了10%，即降低了131万元。其中：销售费用降低额为7万元，管理费用降低额为110万元，财务费用降低额为14万元，实现了期间费用的降低目标。

第三步，对各公司的目标成本控制措施进行验收。

第四步：由教师总结本堂课的主要内容。

第五步：让学生代表总结本次课的收获。

第六步：在评价手册上记录本课程的结果和教师授课评价。

第七步：布置课后教研交流任务：

（1）布置任务。

①将教师分成四个教研室，每组选一位教研室主任，开展教研活动。

②活动内容：以成本预测为知识点，使用项目教学法，设计一个45分钟的公开课，准备参加单元检验公开课展示会。

③要求：内容完整；课程设计科学；教案内容翔实；课件制作精美；符合教学规律。

（2）个人完成。

①学习项目教学法；②设计公开课；③参加小组交流活动。

（3）小组思考。

①使用项目教学法应该注意的问题有哪些？

②项目教学法在本门课程中还可以应用到哪些知识点？

③使用项目教学法，教师应具备哪些素质？

（4）单元检验公开展示课的综合评价。

①全体教师参加听课、评课。

②培训教师做综合评价（登记教学效果评价表）。

6）教学效果评价

项目教学法效果评价的主要内容有：情景内容设计和对知识的选择是否适合项目教学法；教师引导和课前的准备是否充分；形式是否生动、活泼；学生展示得是否真实、有效；学生的参与是否是积极状态；结论是否对企业有帮助；教学档案的建立是否完整、科学等。项目法教学法教学效果评价表见11.2.1。

11.2.4 项目教学法在《会计报表审阅》教学中的应用

1）教学对象

在学习会计报表审阅业务前，学生已具备了相关会计报表审计业务的知识，由于审阅业务与审计业务的工作程序基本相似，所以对于该部分内容学生应该更容易理解，因此对《会计报表审阅》这一课程应用项目教学法，可以使学生系统全面地理解和掌握会计报表审阅业务的相关内容及最终项目结果——审阅报告的出具方法，教师更容易操纵教学过程。

2）教学目标

本节课的教学目标是通过教学，使学生理解审阅计划的制订方法，掌握审核程序包括的具体内容提要及如何根据被审计单位的实际情况出具审阅报告，本节的核心内容是审阅报告出具。采用项目教学法可以通过具体的项目培养学生分析、解决问题的能力、分工协作的团队合作能力以及良好的书面表达能力。此外学生在进行具体工作项目的过程中，能够不断地自主分析问题，切身实践，站在注册会计师角度，从企业实际情况出发，全方位地考虑理解问题，为出具合理真实的审阅报告而进行专业性的交流研讨，从而培养了审计人员独特的缜密思考问题的方式。

在会计报表审计业务的对比下会计报表审阅业务相对来说较为简单易懂，因此教师完全可以将“确定项目”及“操作完成项目”的工作交给学生完成。须在教学中注意和把握的是：教师要根据实际情况，选择合适的项目来进行教学。在教学中需要以《中国注册会计师审阅准则第 2101 号——财务报表审阅》为工作准则和教学指南，进行项目的具体操作和实施。

3）教学内容

本教学内容重点在于了解被审计单位的情况；确定审阅程序；出具审阅报告。难点是具体审阅程序的确定及审阅报告的出具上。

在教学过程中，教师应该利用三大报表之间的内在关系，了解报表数字的实质性，从不同角度论证表中数字真实与否，同时运用科学的方案加以分析，得出真实的财务数据和信息。因此，应将学生划分为若干工作小组，以不同的项目工作作为任务，各小组分别商讨完成项目工作内容。

教学过程中的项目划分如图 11－1 所示。

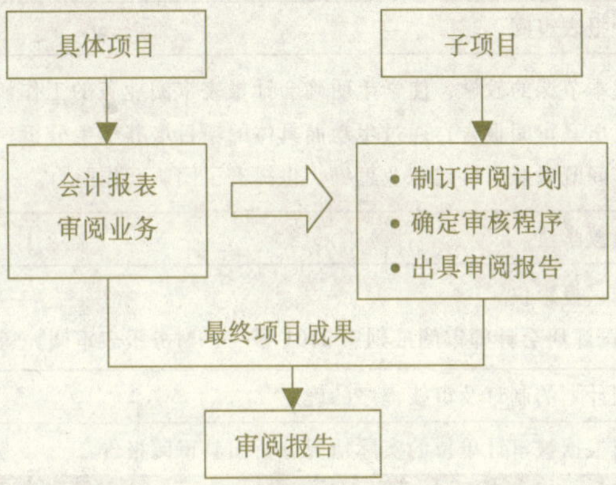

图 11－1

此外，在每一个子项目模块中还可细化为若干工作，各工序通过不同的审计工作底稿完成具体的操作，因此，此部分内容需要的课时量较大。

课前将学生分成三组，各组在学习了会计报表审计业务后，按会计报表审计业务的相关知识在统一进行了解被审计单位的情况、确定审核程序后，对被审计单位的具体情况进行分析，根据被审计单位的具体情况出具审阅报告，并进行统一评价。课堂上的分组，有利于开展研讨分析，加深学生对该部分知识内容的理解。事实上，在审计实际工作中，注册会计师的意见往往是有所分歧的，只有相互交流，统一认识，才能达到根本上的提高。

本节课实现该项目需要的企业资料如下：

××会计师事务所接受 ABC 股份有限公司全体股东的委托，对其 2009 年度的财务报表执行审阅程序，双方在业务约定书中明确规定审阅报告仅限于 ABC 股份有限公司 2010 年股东会使用，在执行外勤工作中审阅小组通过与管理层沟通及执行相应的程序得知该公司存货以高于其可变现净值 700 万元计价，审阅工作完成日为 2010 年 1 月 20 日，ABC 股份有限公司管理层批准相应的财务报表日期为 2010 年 1 月 30 日，重要性水平为 500 万元。

对该公司的具体情况进行了解分析，并出具审阅报告。

4）教学媒体

使用电脑等多媒体工具。

5）工具

相关审计工作底稿。

6）设备

本教学法应用的计算机教学媒体主要有带投影仪的全套多媒体设备，用于指导性的案例操作演示，并对具体教学内容进行动画等方式的演示。

7）文件手册

《中国注册会计师审阅准则第2101号——财务报表审阅》。

8）实施过程和步骤。本节课设计如表11－5所示。

表11－5　　项目教学法教学设计表

授课时间	____年____月____日　第____周　星期____　第____节
授课班级	____专业　____年级　____班级
教学内容	会计报表审阅
教学目的	通过本节课的教学，使学生明确会计报表审阅业务的工作流程——制订审阅计划、确定审核程序、出具审阅报告，通过生动而具体的项目培养学生分析、解决问题的能力，学生在相互分工协作间既锻炼了特定职业思维，也提升了团队合作能力。
教学方法	项目教学法
教　　具	电脑、投影仪 《中国注册会计师审阅准则第2101号——财务报表审阅》等相关文件
教学重点	审阅计划的制订及审核程序的确定
教学难点	如何根据被审计单位的实际情况分析出具审阅报告

教学过程（教学内容及环节）

一、课前分组

课前将学生分成三组，每组一名负责同学，以便各组在学习研究之间相互对比、探讨，总结分析问题，从不同的思路与答案中总结出问题的关键。

二、教学过程实施

（一）情景模拟

××会计师事务所承接了ABC股份有限公司2009年度会计报表审阅业务，主要通过实施查询和分析性复核，说明是否发现会计报表在所有重大方面有违反企业会计准则及国家其他有关财务会计法规规定的情况。

（二）确定项目

具体项目——会计报表审阅业务；

子项目——制订审阅计划、确定审核程序、出具审阅报告；

项目成果——审阅报告。

（三）相关基础知识学习

1. 制订审阅计划。学生根据教师给出的审计基础信息，了解被审计单位情况，学习审阅业务约定书的签订方法并制订审阅计划，以使审阅工作更加有效。

2. 确定审阅程序。

（1）了解被审阅单位及其环境；

（2）询问被审阅单位采用的会计准则和相关会计制度、行业惯例；

（3）询问被审阅单位对交易和事项的确认、计量、记录和报告的程序；

（4）询问财务报表中所有重要的认定；

（5）实施分析程序，以识别异常关系和异常项目；

续表

教学过程（教学内容及环节）
（6）询问股东会、董事会以及其他类似机构决定采取的可能对财务报表产生影响的措施； （7）阅读财务报表，以考虑是否遵循指明的编制基础； （8）获取其他注册会计师对被审阅单位组成部分财务报表出具的审计报告或审阅报告。 ※在确定审阅程序中，向学生讲明“询问”环节在本节课中省掉，而实际工作中则不可省略。 （四）协作学习 出具审阅报告。各教学小组在学习了会计报表审计业务后，按会计报表审计业务的相关知识在统一进行了解被审计单位的情况、制订审阅计划、确定审核程序后，对被审计单位的具体情况进行分析，根据被审计单位的具体情况出具审阅报告。 实现该项目需要的案例如下： ××会计师事务所接受ABC股份有限公司全体股东的委托，对其2009年度的财务报表执行审阅程序，双方在业务约定书中明确规定审阅报告仅限于ABC股份有限公司2010年股东会使用，在执行外勤工作中审阅小组通过与管理层沟通及执行相应的程序得知该公司存货以高于其可变现净值700万元计价，审阅工作完成日为2010年1月20日，ABC股份有限公司管理层批准相应的财务报表日期为2010年1月30日，重要性水平为500万元。 对该公司的具体情况进行了解分析，并出具审阅报告。 （五）学习评价 各组将本组对具体项目分析的意见结果进行汇总、整理，梳理成条理清晰的脉络进行汇报，在课堂进行交流，自评并互评项目结果的准确性与完整性。 在教师评价时，教师应对各组的审阅意见给予指导和肯定，并且给学生项目成果的正确答案。具体应出具的审阅报告类型与格式如下： **审阅报告** ABC股份有限公司全体股东： 我们审阅了后附的ABC股份有限公司（以下简称ABC公司）财务报表，包括2009年12月31日的资产负债表，2009年度的利润表、股东权益变动表和现金流量表以及财务报表附注。这些财务报表的编制是ABC公司管理层的责任，我们的责任是在实施审阅工作的基础上对这些财务报表出具审阅报告。 我们按照《中国注册会计师审阅准则第2101号——财务报表审阅》的规定执行了审阅业务。该准则要求我们计划和实施审阅工作，以对财务报表是否不存在重大错报获取有限保证。审阅主要限于询问公司有关人员和对财务数据实施分析程序，提供的保证程度低于审计。我们没有实施审计，因而不发表审计意见。 ABC公司管理层告知我们，存货以高于可变现净值的成本计价，由ABC公司管理层编制并经过我们审阅的计算表显示，如果根据企业会计准则规定的成本与可变现净值孰低法计价，存货的账面价值将减少700万元，净利润和股东权益将减少700万元。 根据我们的审阅，除了上述存货价值高估所造成的影响外，我们没有注意到任何事项使我们相信财务报表没有按照适用的会计准则和相关会计制度的规定编制，未能在所有重大方面公允的反映被审阅单位的财务状况、经营成果和现金流量。 另外，我们所出具的本审阅报告是专供ABC公司全体股东在2010年股东会上使用，不作为其他用途，否则由此引起的问题与执行本审阅业务的注册会计师及其所在的会计师事务所无关。 ××会计师事务所（盖章）　　　　中国注册会计师：×××（签名并盖章） 中国××市　　　　中国注册会计师：×××（签名并盖章） 2010年1月30日 **三、拓展学习** 在以上学习项目完成之后，教师应给出拓展学习的内容，即对不同意见类型的审阅报告的把握以及相关项目案例的展示学习。目的是对基础优秀的学生给予学习指导，指出更深入的知识点所在。
课后小结：总结本节课的重、难点内容，对学生的学习给出总结性的指导。

续表

反思过程（教研交流与教学反思）
本节课在教学过程中需要注意的是在该项目教学法下一个由学员组成的小组必须有一项确定的工作，他们自己计划并且完成工作，结束时应当有一个正确的结果。 此外在项目实施过程中会涉及很多知识，如审计业务会用到许多会计知识等，这样锻炼了学生结合不同学科多角度思考问题的能力。把项目教学法运用于《审计》课程教学中，能提高学生学习的积极性，让学生积极地参与到每个审计项目中，教师不再局限于讲授和灌输，而是充当向导和顾问的角色。

在本节课应用项目教学法的实施过程和步骤主要有：

(1) 情景设置。由于审计知识较为抽象，所以，在本节课中，教师要为学生创设当前所学习的内容与现实情况基本相接近的情景环境，也就是说，把学生引入到需要通过某知识点来解决现实问题的情景。在此部分知识的教学中主要体现在审计基础资料的给定即被审计单位情况及编制审阅报告需要的全部信息。

(2) 操作示范。围绕当前学习的知识点，以便于学生“知识迁移”的要求，选择合适的小项目，即项目的划分，将会计报表审阅这一大项目划分为三个子项目，即制订审阅计划、确定审核程序、出具审阅报告，并示范解决项目的过程，如在制订审阅计划的子项目中，以具体的审计工作底稿编制来示范，会更具体化、形象化。

(3) 独立探索。通过前期会计报表审计及会计报表审阅业务的知识基础，让学生独立思考，对本节知识点进行理解，消化示范项目的解决要点，为解决练习项目打下基础。

(4) 确定项目。小组通过研究讨论，分析交流，确定本节课最终要出具的项目成果：审阅报告。并在教师的指导下确定要完成该项目的准备工作程序：了解被审计单位情况→签订审阅业务约定书→制订审阅计划→确定审阅程序→出具审阅报告。

(5) 协作学习。开展小组交流、讨论，组员分工协作，共同完成会计报表审阅工作项目。

(6) 学习评价。学生学习的效果直接由完成工作项目的情况来衡量，包括教师评价、学习小组评价和自评三部分。对于各组出具的审阅报告主要评价的内容是：审阅报告的类型是否正确、报告格式是否准确、报告内容是否完整。

9）教学效果评价

项目教学法教学效果评价的主要内容有：

项目设计的合理性；教师指导的有效性；学生操作过程的合理、合规性；学生操作结果的正确性及原因；项目完成的科学、完整性等。需要注意的是在项目教学法下由学员组成的小组要有确定的工作，在本节课中，小组的确定工作是“根据被审计单位实际情况出具相应的审阅报告”，他们自己计划并且完成工作，结束时应当有一个正确的结果。

在本节课中应用项目教学法能很大程度地提高学生的学习兴趣，让学生对抽象的审计理论有了一个具体而生动的接触，理解实际工作中的工作流程，调动学生的积极性，培养学生的合作能力，通过项目小组内及小组间的充分交流、讨论、决策等，强化学生的团队意识。

审计课本身是重实践能力、重创新能力、重多门学科综合运用的一门综合性很强的课程，而运用项目教学法可以更好地促进各专业课程间的整合。这是因为，在项目实施过程中会涉及很多学科知识，如审计业务会用到许多会计、经济、市场、金融方面的知识等，锻炼了学生结合不同学科多角度思考问题的能力。把项目教学法运用于《审计》课程教学中，能提高学生学习的积极性，让学生积极地参与到每个审计项目中，教师不再局限于讲授和灌输，而是充当向导和顾问的角色，这对教师提出了更高的要求，使得教师必须花更多的时间和精力去准备、计划、实施、评价项目教学，同时也要求教师到会计师事务所去进行真正的实务操作，这样才能做好学生的向导和顾问。所以说项目教学法对于学生和教师来说是双赢的。

但是，应用该方法也有不足之处，如项目教学法需要的课时较多，否则难以完成项目工作任务。项目教学法教学效果评价表见 11. 2. 1。

11. 2. 5 项目教学法在审计报告教学中的应用

1）教学对象

会计专业××级××班学生，已经学习了财务会计、财务分析、财务管理、管理会计等专业知识。在鉴证业务中已经学习了审计基本原理、基本方法。从报表审计的业务流程来看，已经与被审计单位签订了《审计业务约定书》，并制订了总体审计策略和具体审计计划，同时也进行了各类交易和账户余额的审计，并将获得的审计证据记录于审计工作底稿中。

2）教学目标

本单元的教学目标是通过本单元的学习掌握鉴证业务中报表审计的基本业务流程及相关知识。而报表审计的结论就是要根据在审计过程中获得的审计证据确定审计报告的类型并出具审计报告。这是报表审计业务中非常重要的结尾工作。

在本节课需要学生掌握审计报告的基本内容；掌握审计报告类型的确定；掌握不同类型审计报告的撰写。通过学习培养学生两项技能：一是根据审计证据判断出具何种意见审计报告，即职业判断能力；二是如何撰写审计报告，即实际应用能力。在审计报告的撰写过程中要遵循《中国注册会计师审计准则第 1501 号——审计报告》等法规的要求，因此还要训练学生语言的严谨性和逻辑性，达到提高学生的职业素质的目标。

3）教学内容

为达到上述教学目标，本节课的教学内容就是根据将以前所学习的审计基本原理和基本方法及各交易账户余额审计的结果出具审计报告，培养学生综合应用能力。所以需要学生了解审计报告的概念及基本内容；掌握审计报告类型的确定；掌握不同类型审计报告的撰写。重要的是确定审计报告的类型及审计报告的撰写。

本节课采用项目教学法讲授，通过对每个项目的实地分析，使所有学生能够了解和把握在什么情况下出具何种意见类型的审计报告，完成审计报告的要素有哪些，撰写审计报告的基本要求与撰写不同类型审计报告的术语及措词要求。学生在理解和把握审计报告理论知识和技能的同时，体验创新的艰辛与收获的乐趣，培养学生分析问题和解决问题的能力及团队精神。在审计报告中使用项目教学法，由最基本的标准无保留意见审计报告开始，按照由表及里、逐层深入的学习途径，便于学生循序渐进地掌握带强调事项段的无保留意见审计报告、保留意见、否定意见、无法表示意见审计报告的撰写，让学生不断地获得成就感，更大地激发起求知欲望，从而培养出独立探索、勇于开拓进取的自学能力。

注册会计师在进行各类交易和账户余额审计过程中，已经将获得的审计证据记录于工作底稿中，注册会计师应当根据已获取的审计证据，评价是否已对财务报表整体不存在重大错报获取合理保证。从而出具恰当的审计报告。所以在这个教学内容中关键有两点：一是确定审计报告的类型；二是根据确定的审计报告的类型撰写审计报告。本节课选取的案例是南岭会计师事务所对正安股份有限公司的2010年度财务报表进行实质性程序时记录于工作底稿中的相关资料。

公开发行A股的正安股份有限公司（以下简称正安公司）系南岭会计师事务所的常年审计客户。A和B注册会计师负责对正安公司2010年度财务报表进行审计，并确定财务报表层次的重要性水平为120万元。正安公司2010年度财务报告于2011年2月25日获董事会批准，并于同日报送证券交易所。正安公司适用的增值税税率为17%。其他相关资料如下：

资料一：正安公司未经审计的2010年度财务报表部分项目的年末余额或本年发生额如表11－6所示。

表11－6

项目	金额（万元）
资产总额	21 000
股本	7 500
资本公积——股本溢价	4 000
法定盈余公积	1 000
未分配利润	900
营业收入	18 000
利润总额	300
净利润	200

资料二：在对正安公司的审计过程中，A和B注册会计师注意到以下事项：

（1）A和B注册会计师在审计正安公司2009年度财务报表时，通过实施销售截止测试发现，正安公司2010年1月，主营业务收入明细账和主营业务成本明细账上记载的一批甲产品的销售业务，在2009年12月已收妥款项，并符合销售收入确认条件，但在当月未做任何会计处理，而在2010年1月作了如下会计处理：借记“银行存款”1 170万元，贷记“主营业务收入”1 000万元、“应交税费——应交增值税（销项税额）”170万元；同时结转相应的主营业务成本，借记“主营业务成本”870万元，贷记“存货——甲产品”870万元。在对2009年度财务报表审计时，A和B注册会计师建议将上述会计处理作为审计调整分录，调整正安公司2009年度财务报表。正安公司调整了2009年度财务报表，但未调整2010年度相关账户和财务报表。

（2）为建造厂房和生产线，正安公司于2010年6月1日分别向F银行借入年利率为5%的专项长期借款900万元，向H银行借入年利率为6%的专项长期借款600万元。该工程预计建造期为1年6个月，采用出包方式，按照工程进度于每月月初支付当月工程进度款。2010年6—12月，每月月初实际支付的工程进度款分别为800万元、250万元、50万元、50万元、100万元、20万元和100万元。正安公司2010年12月31日未经审计的该项在建工程余额为14 172 500元，其中包括利息费用472 500元（不考虑专项长期借款闲置部分的利息收入）。

（3）正安公司会计政策规定，对应收款项采用账龄分析法计提坏账准备。根据债务单位的财务状况、现金流量等情况，确定坏账准备计提比例分别为：账龄1年以内的（含1年，以下类推），按其余额的10%计提；账龄1～2年的，按其余额的30%计提；账龄2～3年的，按其余额的50%计提；账龄3年以上的，按其余额的80%计提。正安公司2010年12月31日未经审计的应收账款账面余额为5 192.9万元，相应的坏账准备余额为6 364 900元。

应收账款账面余额明细情况如表 11－7 所示。

表 11－7

单位：元

账龄 客户名称	1 年以内	1～2 年	2～3 年	3 年以上
应收账款——a 公司	35 150 000	500 000	932 000	
应收账款——b 公司	2 000 000	15 100 000	54 000	
应收账款——c 公司	600 000		25 000	
应收账款——d 公司	9 500 000	－12 000 000		
应收账款——e 公司				68 000
小　　计	47 250 000	3 600 000	1 011 000	68 000

（4）正安公司根据企业会计准则的规定，按照“成本与可变现净值孰低”对期末存货进行计价。2010 年 11 月末，正安公司持有的 500 公斤乙产品的账面成本总额为 900 万元，由于市场价格下跌，预计可变现净值为 800 万元，由此计提了存货跌价准备 100 万元。2010 年 12 月，乙产品的数量未发生增减变动，但正安公司与 Z 公司于 2010 年 12 月 5 日签订了购销合同，约定于 2011 年 1 月以每公斤 12 400 元的价格（不含增值税，下同）向 Z 公司销售乙产品 400 公斤。2010 年 12 月 31 日，由于市场价格上升，乙产品的单位可变现净值为每公斤 18 500 元。对此，正安公司未做任何会计处理，仍保留 100 万元的存货跌价准备。

（5）2010 年 1 月，正安公司为 G 公司向银行借款 4 000 万元提供信用担保。2010 年 12 月，因 G 公司未能偿还到期债务，银行向法院起诉，要求正安公司承担连带责任，支付借款本息 4 240 万元。2011 年 1 月 20 日，法院终审判决银行胜诉，并于 2011 年 1 月 25 日执行完毕。考虑到 G 公司已宣告破产清算，无法向其追偿债务，正安公司在 2010 年度做了如下会计处理：借记“营业外支出”4 240 万元，贷记“预计负债”4 240 万元。这一事项使得正安公司 2010 年末的营运资金和 2011 年 1 月的经营活动产生的现金流量净额均出现负数。针对可能导致对持续经营能力产生重大疑虑的上述事项，正安公司提出了拟采取的改善措施。A 和 B 注册会计师实施了必要的审计程序，认为正安公司编制 2010 年度财务报表所依据的持续经营假设是合理的，但持续经营能力仍存在重大不确定性（针对该事项，正安公司已经作为日后事项作出了会计调整）。

要求：

（1）在资料一的基础上，如果不考虑审计重要性水平，针对资料二中事项（1）至事项（5），请分别回答 A 和 B 注册会计师是否需要提出审计处理建议？若需提出审计调整建议，请直接列示审计调整分录（审计调整分录均不考虑对正安公司 2010 年度的企业所得税、期末结转损益及利润分配的影响，下同）。

（2）在资料一的基础上，如果考虑审计重要性水平，假定正安公司分别只存在资料二的 5 个事项中的 1 个事项，正安公司拒绝接受 A 和 B 注册会计师针对事项（1）至事项（4）提出的审计处理建议（如果有），接受针对事项（5）提出的审计处理建议（如果有）。在不考虑其他条件的前提下，请指出 A 和 B 注册会计师应当针对该 5 个独立存在的事项分别出具何种意见类型的审计报告。

(3) 在资料一的基础上，如果考虑审计重要性水平，假定正安公司同时存在资料二中的事项（4）和事项（5），并且拒绝接受A和B注册会计师对事项（4）提出的审计处理建议（如果有），但接受对事项（5）提出的审计处理建议（如果有）。在不考虑其他条件的前提下，请指出A和B注册会计师应当出具何种意见类型的审计报告，并请代为续编以下审计报告。

审计报告

正安股份有限公司全体股东：

我们审计了后附的正安股份有限公司（以下简称正安公司）财务报表，包括2010年12月31日的资产负债表，2010年度的利润表、股东权益变动表和现金流量表以及财务报表附注。

一、管理层对财务报表的责任

按照企业会计准则的规定编制财务报表是正安公司管理层的责任。这种责任包括：(1) 设计、实施和维护与财务报表编制相关的内部控制，以使财务报表不存在由于舞弊或错误而导致的重大错报。(2) 选择和运用恰当的会计政策。(3) 作出合理的会计估计。

二、注册会计师的责任

我们的责任是在实施审计工作的基础上对财务报表发表审计意见。我们按照中国注册会计师审计准则的规定执行了审计工作。中国注册会计师审计准则要求我们遵守职业道德规范，计划和实施审计工作以对财务报表是否不存在重大错报获取合理保证。

审计工作涉及实施审计程序，以获取有关财务报表金额和披露的审计证据。选择的审计程序取决于注册会计师的判断，包括对由于舞弊或错误导致的财务报表重大错报风险的评估。在进行风险评估时，我们考虑与财务报表编制相关的内部控制，以设计恰当的审计程序，但目的并非对内部控制的有效性发表意见。审计工作还包括评价管理层选用会计政策的恰当性和作出会计估计的合理性，以及评价财务报表的总体列报。

我们相信，我们获取的审计证据是充分、适当的，为发表审计意见提供了基础。

……

ABC会计师事务所（盖章）　　　　中国注册会计师：A（签名并盖章）

　　　　　　　　　　　　　　　　中国注册会计师：B（签名并盖章）

中国　正安市　　　　　　　　　　2011年2月25日

4）教学媒体

录像、PPT等多媒体工具。

5）工具

为了方便学生的具体计算，还应当有计算器等工具，由于本节课与会计知识关联较大，所以还应该准备一本会计实务教课书。

6）设备

项目教学法应用的计算机教学媒体主要有带投影仪的全套多媒体设备，角色扮演教学法应用的计算机媒体主要有带有投影仪全套多媒体设备（包括电脑、投影仪、音响等），用于指导性的案例操作演示。还有正安公司基本情况简介的光碟及南岭事务所对正安公司进行审计工作过程上记录的审计工作底稿。

7）文件手册

用于记录学生分组过程和结果，应指定小组组长记录讨论过程及结果以及最后形成的小组意见；小组交流时，摘要记录对方的优缺点；教师点评时，记录教师的建议与要求。同时由于注册会计师在执行审计业务时还要遵循以下审计准则，因此应准备相关文件资料，主要包括：《中国注册会计师审计准则第 1501 号——审计报告》，《中国注册会计师审计准则第 1141 号——财务报表审计中对舞弊的考虑》，《中国注册会计师审计准则第 1142 号——财务报表审计中对法律法规的考虑》，《中国注册会计师审计准则第 1324 号——持续经营》第 25 条第二款，《中国注册会计师审计准则第 1332 号——期后事项》第 17 条，《中国注册会计师审计准则第 1511 号——比较数据》第 10、11 条，《中国注册会计师审计准则第 1521 号——含有已审计财务报表的文件中的其他信息》第 13 条第一款。

8）实施过程和步骤（如表 11－8 所示）

表 11－8

授课时间	______年____月____日　第____周　星期____　第____节（100 分钟）
授课班级	______专业　____年级　____班级
教学内容	审计报告
教学对象	会计专业××级××班学生，已经学习了财务会计、财务分析、财务管理、管理会计等专业知识。在鉴证业务中已经学习了审计基本原理、基本方法。从报表审计的业务流程来看，已经与被审计单位签订了《审计业务约定书》，并制订了总体审计策略和具体审计计划，同时也进行了各类交易和账户余额的审计，并将获得的审计证据记录于审计工作底稿中。
教学目标	认知目标：(1) 掌握审计报告内容； (2) 掌握如何确定审计报告类型及不同意见类型审计报告的撰写。 能力目标：(1) 培养学生何种情况出具何种审计报告的职业判断能力； (2) 培养学生对审计理论的综合应用能力。 素质目标：(1) 在审计报告撰写时提高学生语言的严谨性和逻辑性； (2) 培养细心、严谨、诚信的职业素养。
教学方法	项目教学法
教　　具	电脑、投影仪、教材等，《中国注册会计师审计准则第 1501 号——审计报告》。
教学重点难点	教学重点是审计报告的类型及出具条件。 教学难点是各种类型审计报告的撰写。
教学过程（教学内容及环节）	
一、布置本节任务（5 分钟） 通过录像来播放正安公司业务情况及背景资料，并把注册会计师在审计中发现的问题用投影设备展示给学生。 **二、新授课** 1. 情景设置（5 分钟）。将前述的案例用工作底稿的形式记录下来，给学生以真实感，将所有的工作底稿用投影	

续表

教学过程（教学内容及环节）
仪展示给学生，学生根据自己所学会计知识的专长来选择进入哪一个项目组。 2. 知识点讲授（15 分钟）。由教师围绕确定审计报告类型这个知识点讲解审计报告的概念、要素及审计报告类型，重点讲解何种情况下出具标准无保留意见的审计报告，及如何撰写标准无保留意见的审计报告。此时运用的基本上是讲述法。 3. 操作示范（10 分钟）。选择案例的资料 1 中的事项（2）来示范确定审计报告类型及撰写审计报告的全过程。 4. 独立探索与协作学习（35 分钟）。将资料中的其他事项交给各小组，要求各小组确定其他 4 个资料应出具什么意见类型的审计报告，这种审计报告与标准无保留意见的审计报告有什么不同，应该增加的说明段或强调事项段的术语是什么，这时学生会主动找到教材中非标准意见类型审计报告的范例，来解决这些疑问和要点。同时在小组内部展开讨论，组员分工协作，共同完成非标准审计报告的撰写。 5. 小组间交流（20 分钟）。每个小组派出一名同学集中发言，主要阐述意见类型和这种类型审计报告的术语，以及与标准无保留意见审计报告相比应在什么位置增加什么段落，至于报告的每一要素如何写，应由组内的其他成员完成。以充分调动每个同学的积极性。 6. 学习评价（10 分钟）。包括自评、学习小组评价和教师评价三部分。 **三、本节小结（3 分钟）** 审计报告是报表审计的结束，出具何种类型的审计报告一方面体现了注册会计师的执业能力，同时也关系到会计师事务所将来所面临的法律责任和社会信誉，还面临着能否与被审计单位续约而影响到事务所的经济利益。因此我们必须保持应有的职业谨慎，在实施了审计程序，获得足够的审计证据，并与被审计单位管理层沟通的基础上，出具恰当的审计报告。 **四、布置作业（2 分钟）** 习题册中本章的练习。 **五、课后分析** 对上述教学设计的实际授课感受、体会和改进措施是什么？

9）教学效果评价

（1）项目教学法能够充分调动学生的学习主动性，真正变被动为主动。通过教师讲解最基本的标准无保留意见的审计报告，抓住学生的学习热情，再抛出不同情况让学生分析，激发学生“探究”的潜能。课堂氛围好，学生记忆深，教学效果显著。

（2）学生根据自己的兴趣选择项目小组，在教师的启发下，能顺利完成知识目标。同时也因为审计报告是会计师事务所工作的结论，它关系到事务所的执业风险，也关系到事务所是否能与被审计单位续约而保持良好的客户关系，所以学生在分析时表现出严谨的态度，在措词上也表现出很强的逻辑性，所以也实现了本节教学的职业目标和素质目标。

（3）小组协作意义和集体荣誉感被放大。在课堂上同学们积极提出自己的想法，有的记录，有的在书上找答案，有的则反驳、争论，大家都为一个共同的目的，在最短的时间内拿出最正确的答案。当老师点评时，他们认真听讲，当教师宣布他们小组的答案是正确的，学生击掌庆贺，表现出集体荣誉与自身荣誉的统一。

此案例的不足之处在于教学内容多，而 2 节课的时间有些少。主要是考虑知识体系的完整性，而忽略了时间的问题。另外有的同学由于会计知识学的不好，或者本来就不喜欢学会计，这节课与会计知识关联很大，所以出现了少数同学不积极思考、无所事事的情况。项目教学法教学效果评价表见 11.2.1。

11.3 在会计专业教学中应用项目教学法应注意的事项

11.3.1 项目教学法在“银行存款清查”教学中应注意的事项

银行存款的清查是货币资金业务中一项非常重要的管理工作，学生在学习过程中不但要懂得具体的操作，还应该理解这项工作的内控要求是如何加强管理的，用项目教学法让学生自己去完成这项工作，将更易于掌握。

1）项目教学法的应用的条件和场合（环境评价）

采用项目教学法一般要求有仿真的模拟实验室，让学生去感受真实的状况，从感性认识提升到理性认识。由于对银行存款的清查并不是逐一清点实物，主要是将银行存款日记账与银行对账单进行核对，所以对场合没有特殊要求，可以在课室进行。

学生缺乏实践，不能很好地理解银行对账单的来源与作用，因此，教师应事前取得银行回单的存储柜及其操作的照片或影像资料，通过课件向学生呈现，用真实的情景让学生去了解、感悟教师事前设计的问题。

项目教学法可根据各项目及学生的情况采用独立完成或小组协作的方式进行，由于在银行存款清查的这个项目中要求学生能理解内控制度的要求，如果选择小组协作的方式较好，更利于学生理解相互牵制的问题。

2）项目教学法应用的注意事项和教训（对象化）

项目的选取既要考虑到符合教学知识点，又要考虑能激发学生兴趣的项目。兴趣是学习的动力，因此在设计项目时应综合考虑相关因素。

项目教学法要求学生通过自己动手完成项目来感受学习，所设计项目的难度要合适，若难度过大容易引起学生的畏难情绪并早早放弃，这将不利于教学的进行。如对银行存款的清查就必须在学生已经熟练掌握登记银行存款日记账的技能后才进行，这时才能保证突出教学重难点——找出未达账项并填写到银行存款余额调节表中。若在学生刚接触登账和货币资金业务时就采用项目教学法，学生首先被银行存款日记账难住，将会花费较多时间精力在此而无法突出本次教学的重点。

项目教学法可以要求学生单独完成项目，也可以要求学生分组并进行角色扮演。若是刚开始接触会计课程就不适宜采用分角色扮演的方式，而应该首先让学生独立完成项目，在学生已经熟悉流程及岗位分工后才采用角色扮演的方法。采用小组协作的方式时，注意组员的合理搭配，让每个人都能动起来而不是只依靠一两个人进行。

11.3.2 项目教学法在存货清查教学的应用中需注意的事项

本项目教学设计内容为海达公司年末存货盘点和存货清查业务，在项目教学过程中重要的是落实知识目标、技能目标和素质目标。该业务在中小企业存货管理与核算业务中是非常重要的一项工作任务。教师的项目教学设计紧紧围绕核心工作任务展开，并突出关键知识点与技能点，在整个教学活动过程中依据教学内容分解教师活动和学生活动，明确工作任务，并且清楚地与自己的教学设计诸环节的教学意图相符合。教学任务在完成过程中又分解为能让学生充分互动的具体活动，这激发了学生学习的积极性和学习热情，让学生在轻松又严谨的课堂氛围中“想学”和“乐学”，取得了非常好的教学效果。

1）存货业务核算项目教学应用条件

要明确项目教学所涉及工作任务的关键节点和闸口，以存货业务核算中的存货盘点及清查为例：

（1）该项目教学对教师自身条件提出了较高要求，教师要熟悉中小企业存货管理基本流程及核算要求，掌握企业建立定期或不定期存货盘点制度，熟悉盘点能全面清点库存物资，理解各单位至少每半年对库存材料要进行一次全面的盘点，盘点工作必须有财务人员参加等一些基本常识性业务，通过检查物资的实际库存数量是否与账面数量相符，及时发现问题，采取有效措施纠正错误，堵塞漏洞，加强公司管理。同时，要求主讲教师必须具备丰富的实际操作经验和熟知专业教学法应用能力。

（2）该项目对参加学生的基本要求是：学生必须熟悉财务部门财务账册上核算的存货的品种、规格、数量与仓库记载的存货品种、规格、数量以及实际盘点的结果进行核对分析，能编制《盘点情况汇总表》，列明差异情况、差异原因及分析相关责任部门的责任，撰写分析报告，并提交给企业管理层。在该项目实施过程中，学生必须具备一定文字处理及办公软件的使用能力，锻炼学生与各部门沟通与合作能力，否则，难以推进项目教学。

（3）本项目教学需要项目小组在会计综合仿真模拟实验室来完成，可充分利用投影、幻灯，以及实际的凭证和账簿，向学生讲解与存货核算相关的知识内容。在有条件使用多媒体教室的情况下，可以利用多媒体设备，更加形象生动地向学生展示企业存货管理流程和核算流程等情节。比如，可以将制作成 FLASH 动画短片，突出说明存货业务中的细节，使学生从生活的角度出发来认识企业经济业务，引导学生提出问题，参与讨论。需要准备的资料包括项目教学法的多媒体 Powerpoint 课件、各种原始单据、记账凭证、总账、明细账等实物展示，为了方便学生查阅，还应当准备相关的文件。如《会计基础工作规范》、《企业会计准则》、《海达公司存货内部控制管理制度》等。为了对教学效果作出评价，还应准备对整个案例教学过程的评价表、评价手册等文件。同时，需要计算机设备、打印机及相关耗材，还需要设计各种存货管理工具表单，以保证项目教学的顺利完成。存货盘点报告如表 11－9 所示。

表 11－9　　存货盘点报告

文案名称	存货盘点报告			受控状态	
				编　　号	
执行部门		监督部门		考证部门	

一、盘点基准日

______年______月______日。

二、盘点时间

______年______月______日。

三、抽点时间

______年______月______日。

四、盘点范围

公司的所有存货。

五、盘点实施情况

（一）盘点人员

1. 总盘人：由总经理或财务总监担任，负责盘点工作总指挥，督导盘点工作的进行及异常事项的裁决。

2. 主盘人：由各经管部门主管担任，负责实际盘点工作的推动及实施。

3. 复盘人：由总盘人视需要指派及各经管部门的主管，负盘点监督之责。

续表

4. 盘点人：由各经管部门指派，负责点计数量。

5. 会点人：由财务部门指派（人员不足时，间接部门支援），负责会点并记录，与盘点人分段核对、确实数据工作。

6. 监点人：由总经理或财务总监派员担任。

（二）盘点方式

全面盘点。

（三）盘点结果

账面数额与此次初盘的实际数量存在差异。

1. 初盘结果：略。

2. 账面数额：略。

六、盘点差异分析及处理

（一）盘点差异分析

1. 盘点中商品编码记录有误，造成漏盘、误盘等。

2. 盘点时计量、记录出现错误。

3. 盘点结果录入时出现差错。

（二）盘点差异处理

财务部已组织人员对出现差异的部门进行复盘，最终盘点结果将于近期得出。

编制日期		审核日期		批准日期	
修改标记		修改处数		修改日期	

2）存货核算业务项目教学场合和注意事项、教训

通过项目教学应用案例一，我们得到以下几点启示与思考：

（1）项目的选取。应选择学生熟悉的、能引起兴趣的项目，这样学生在实践这个工作项目时，能够运用成本会计的专业知识和技能通过实践探索，在他们的能力范围内完成知识目标、技能目标和素质目标。在教学环节中应注意学生动手能力、自我学习和自我管理能力以及健康的心理素质、较强的社会责任感及良好的社会公德的培养，同时加强学生的质量意识、成本意识、效益意识、安全风险意识的培养。

（2）教师在项目教学过程中要扮演不同角色，成为学生的协助者。在项目教学实践课中，教师要实现角色的转变，从知识传授者转变为引导者、组织者、协助者、鼓励者的角色，从“台前”退到“幕后”。在学生小组活动时，充当观察员、协助员，为学生解决疑难问题。在评价学习成果时，充当鼓励者，要尊重学生的成果，发现作品的闪光点。学生通过完成存货盘点与存货清查工作项目，了解中小企业存货流程及管理要求，如何组织盘点或清查小组，掌握人员构成，把握工作时间安排，协调各部门的关系，准确落实工作任务，使学生增加专业学习的兴趣，把枯燥专业知识演绎成生活化的内容，起到了寓教于乐的作用。

（3）项目教学要成为一个人人都参与的实践活动。每位学生都要承担岗位职业角色，在任务执行过程中有事可做。学生们通过角色分工，明确工作责任，相互配合，才能完成项目任务。学生要根据财务部门编制的《盘点情况汇总表》、《存货清查明细表》进行分析讨论，作出差异处理和对相关责任人的处罚决定，向管理层汇报。经批准后财务部门才能根据企业管理层的决定对存货的盘盈、盘亏按照会计核算的要求进行处理及办理报批手续。

（4）项目教学要让学生发挥最大潜能。我们在组织项目教学过程中，鼓励学生把自己的所想、所做都通过作品展示出来。比如，有的学生能熟练使用计算机、Excel及用友、金蝶软件对存货模块操作；同时，还能进行一些统计知识与数据的简单分析等。通过作品课件

展示，如财务部门将盘点工作表、盘点情况汇总表、存货清查明细表、企业管理层的处理决定等按照时间顺序装订成册，作为会计档案进行妥善保管，学生成就感大增。

（5）项目教学的评价。项目教学的评价既要看学生完成项目质量，更要关注他们在实践过程中的综合表现、能力表现。在项目教学过程中将成果的评价内容分为工作过程的表现评价和成果质量的评价，用发展性学业评价机制，调动学生的学习积极性和主动性。

（6）项目教学能够培养学生的职业关键能力。职业教育的宗旨是培养学生的职业关键能力。在本次项目教学的实践课中，学生从无从入手开始，在得到教师的指导、协助后展开工作，到最终能够完成项目，使他们的团队合作能力、组织能力、分析能力、动手能力、创造能力在实践中得到有效发挥。

11.3.3 在报表审计授课中应用项目教学法的注意事项

1）合格的指导教师

在项目教学法下，教师必须准备充分：相关法规文件、审计工作底稿需详尽掌握，且要求教师具有分解项目、适当指导和评价项目的能力，尤其是教师本人对实际鉴证业务工作流程的认识、理论和实践的融会贯通等，这对教师的教学基本功提出了新的考验，教师必须具有会计师事务所的实战经验方可操作整个课堂，给学生以实践上的指导。

2）充分的前置知识储备

掌握会计报表审计业务等基础理论。

3）合理的情景模拟设置

让学生置身于一个模拟的企业环境，以注册会计师身份进行工作，从而体会实际工作中的流程。

4）具体而明确的工作项目

运用该方法授课的教师需能作出具体的项目成果。

5）适当的案例设计或案例引用

在案例挑选时可以选取规模较小的企业，以便于学生理解和掌握。初始练习时可以以一种类型审阅报告进行练习，把其他类型案例放到拓展学习上，让每一层次的学生都能学有所得。

12. 四阶段教学法

12.1 四阶段教学法概述

四阶段教学法是以示范—模仿为核心，由准备、示范、模仿、归纳四个阶段组成。四阶段教学法的恰当运用，能够有效地提高学生学习的兴趣，确保学生对专业知识和技能的掌握，实现理论与实践的紧密结合，为学生今后的继续学习和从事会计实务工作奠定良好的基础。

四阶段教学法要求在课前，教师要做好充分的准备，包括课堂教学用具要齐全、对演示内容要熟练以及如何解决学生练习过程中可能会出现的问题等，都要做到精心准备，心中有数。在教学过程中，要明确教学目标，教学内容的设计很重要，要体现真实性，要考虑内容的多少，难易程度，学生是否感兴趣等。学生在模仿时，先要分析、理解模仿内容，并在模仿过程中对发现的问题，通过自己的思考和老师的引导及时解决问题。

四阶段教学方法的实施具体过程通常包括：

12.1.1 准备阶段

这一阶段是为课程的教学所做的一切准备，主要是以教师行为为主。其中，应包括教师在课程知识内容上的准备、对教学对象情况的掌握及相关教学用具的准备等。教师在准备阶段要充分考虑学生的特点，尽可能以企业真实发生的业务，通过创设情境让学生了解学习任务的必要性和与学习任务相关的学习信息，激发学生的学习兴趣。兴趣是最好的老师，让学生在“想学”和“乐学”的基础上掌握有关会计的理论知识与技能知识，并获得与将来职业相关的综合职业能力。做好这一部分的准备，将有利于教师在整个教学过程中掌握主动权，处于有利的地位，“知己知彼”才能有效地在教学中实行因材施教、因人施教。

12.1.2 教师示范阶段

教师先完整地操作一遍后，再进行分步骤的操作示范。这一阶段关键是要求教师对操作要熟练和准确。教师操作的熟练、准确程度不仅是保证了学生在稍后模仿的正确性，而且从教师本身树立形象、建立威信这一角度来说，这也是很有帮助的。四阶段教学法特别强调，知识不是通过教师传授得到的，而是学习者在一定的情境下，借助他人的帮助，利用必要的学习资料，通过自己的经历获得的。

另外，在这一阶段中，教师要在示范操作的同时，辅以生动的讲授说明，让学生明确这是在做什么？怎样做？为什么要这样做？这样才能充分调动学生的学习情绪，达到眼、耳、脑并用。教师在进行分段、分步骤示范时，等于是向学生进一步地剖析操作规程，这时要注意突出重点，并可根据教师的实践经验将可能出现的错误给予指出。

12.1.3 学生模仿阶段

这一阶段应该是以学生为主体，教师为指导，教师在这个阶段主要起着监督和指导的作用。培养学生操作的独立性、协作性以及分析、处理问题的能力。应用四阶段教学法要特别注意，当学生遇到问题之后，教师不要急于讲解，而是引导学生自己分析，找出解决问题的关键点，从而使学生将所学理论知识应用于实践。

12.1.4 归纳练习阶段

当教师完成某一阶段课题教学时，教师根据课题要求布置习题让学生去独立完成，而教师在旁指导监督、观察完成习题的整个过程，认可学生练习的结果，及时地纠正出现的错误。四阶段教学法强调学生在实践中发现问题，分析问题，并自己解决问题，培养学生的自学能力和相对独立的分析问题、解决问题的能力。因此，教师尽量不要直接告诉学生应当如何去解决面临的问题，可以向学生提供解决问题的有关线索或资源，由学生个人去独立完成任务。通过采用符合学生特点的、直观的、有效的方法来提高学习的效率。

12.2 四阶段教学法应用案例

12.2.1 四阶段教学法在“填制记账凭证”教学中的应用

会计是一门集知识和技能于一体、实践性很强的课程，要求学生具有扎实的理论功底，熟练的业务技能，严谨的工作作风，严密的逻辑思维能力，较好的语言表达能力、组织协调能力、分析决策能力等。四阶段教学法对三维目标（知识与技能；过程与方法；情感、态度和价值观）的实现和实现的程度都比较理想，适合于会计教学。

1）教学对象分析

本节课的教学对象是会计专业××级××班学生，他们已经学习了基础会计、财务会计等会计专业课程，掌握了会计核算的基本流程和实务操作方法。该班为40人班型，多数学生学习态度端正，有一定的学习积极性，能在教师的指导下，积极思考，较好地配合教师开展各项课堂活动。小部分学生学习兴趣不高，学习方法欠缺，表现在学习的主动性和探索性不够，学生不爱提问题，但喜欢动手并善于动脑。

2）教学目标分析

本单元的教学目标是使学生掌握在电算化软件下填制和审核记账凭证的理论知识、技能要求和综合素养。具体包括记账凭证的类型和填制内容，记账凭证的填制方法，记账凭证的审核。本节课教学内容为海达公司12月份发生的日常经济业务，在教学过程中要充分体现知识目标、技能目标和素质目标。本节课的知识目标是熟悉记账凭证的类型，学会记账凭证的设置方法，掌握记账凭证填制和审核的方法。技能目标是熟练、正确地填制记账凭证并审核记账凭证。素质目标是通过学习凭证的填制和审核，培养学生细心、认真、一丝不苟的学习态度及严谨、求实的工作作风。

3）教学内容分析

海达公司是生产塑料制品的企业，本单元的主要任务是依据海达公司2009年12月份发生的日常经济业务，填制并审核记账凭证。本节课的内容是填制和修改记账凭证。具体教学内容包括：根据审核无误的原始凭证编制记账凭证，并审核记账凭证。

为了达到上述教学目标，本节课的教学内容应当是利用前面所讲的填制记账凭证的内容和方法，培养学生的实际应用能力。在本节课中使用四阶段教学法可以充分调动学生的参与积极性，紧密围绕填制记账凭证这一核心工作展开教学，并突出关键知识点与技能点，在整个教学活动过程中依据教学内容分解教师活动和学生活动，明确工作任务，让学生在轻松又严谨的课堂氛围中，通过教师演示、学生实践，获取知识和技能。在练习实践过程中，培养学生的实践操作能力，激发学生学习的积极性和学习热情。

4）四阶段教学法应用的计算机教学媒体、工具、设备、文件和手册

四阶段教学法应用的计算机媒体主要有电脑、投影仪、音响、会计电算化软件等，另外要有海达公司业务简介、海达公司12月份经济业务的原始凭证、记账凭证、教学评价表。

5）四阶段教学法教学方案设计

我们知道，会计专业课最大的特点是理论与实践的紧密结合。学生通过学习，不仅要熟练掌握理论知识，更重要的是将理论知识与企业实际紧密结合，并能够灵活应用到实践中去。四阶段教学法就是把企业真实业务带到课堂，让学生在课堂根据企业真实情况，发现问题，解决问题，真正实现理论与实践的结合。学生在完成业务实践的过程中掌握知识，提高

操作技能，具备与实际工作零距离对接的能力。

四阶段教学法就是将分阶段的教学方式与探究性学习的学习方法结合起来，通过整合教学内容，使学生在分阶段模式的驱动下自主探究，动手操作，完成学习内容的教学法。根据这个通常的做法，将本节课四阶段教学法教学方案设计如表 12－1 所示。

表 12－1　　四阶段教学法教学方案设计表

授课时间	____年____月____日　第____周　星期____　第____节
授课班级	____专业　____年级　____班级
教学内容	填制记账凭证
教学目的	本节课的知识目标是熟悉记账凭证的类型，学会记账凭证的设置方法，掌握记账凭证填制和审核的方法。技能目标是熟练、正确地填制记账凭证并审核记账凭证。素质目标是通过学习凭证的填制和审核，培养学生细心、认真、一丝不苟的学习态度及严谨、求实的工作作风。
教学方法	四阶段教学法
教　具	电脑、投影仪、音响、会计电算化软件、海达公司业务简介、海达公司 2009 年 12 月经济业务的原始凭证、记账凭证、教学评价表。
教学重点难点	教学的重点是填制记账凭证。难点是如何选择适当的方法对错误凭证进行修改。
教学过程（教学内容及环节）	
一、准备阶段 本单元主要任务是使学生能够正确填制和审核记账凭证。为了完成该项任务，课前，教师准备了一个小型制造企业海达公司 2009 年 12 月份的经济业务，通过反复练习，熟练整个操作流程，并从中发现可能出现的问题，加以及时纠正。在教学过程中，教师利用多媒体向学生介绍海达公司业务情况，使学生了解该公司的业务流程，为填制记账凭证做好准备。为了能够让学生积极参与，在课堂中适当加入小组讨论、分析、自主探究等方式，加深学生对真实的经济业务的理解，这种做法，既能够让学生真实理解企业发生的经济业务，又能够掌握具体操作，从而解决了学生因为没有感性认识，对所学理论知识不感兴趣，无法与企业实际工作联系起来的难题。 **二、教师示范阶段** 教师首先将整个操作过程演示一遍，让学生观察。学生不可能一下子学会，只是对其过程有所了解，知道教师到底是怎么操作的。此后教师再分步示范，并解释每一步是怎么做的，为什么这样做，使学生在感性认识的基础上，加深对理论知识的理解。通过教师的示范操作，让学生明确在教学活动结束以后应该掌握的知识和技能。示范操作可以使学生直观、具体、形象、生动地进行学习，不仅易于理解和接受，而且可以清晰地把观察到的示范操作印记在脑海里。在组织教学中，应从做什么、怎么做、为什么这样做等三个方面来实施教学计划，安排教学内容的展开。教师在讲解的同时，通过实物或教学用具向学生示范如何操作。 **三、学生模仿阶段** 通过教师示范，学生对操作过程有了进一步的理解，这时学生开始模仿教师的操作过程，由学生自己进行学习活动，也就是学生按照教师的示范动作的要求，自己动手模仿操作，对操作要领自我领会及消化，通过模仿最终实现知识和技能的掌握。从模仿过程中教师可得到反馈信息，了解学生掌握程度。如果学生不能正常模仿时教师要重复示范。这样通过模仿，学生有了第一次操作的经验，知道了怎样操作，但还不熟练。在此过程中教师必须不断的巡回指导，及时发现问题，纠正错误。 **四、归纳练习阶段** 通过教师示范，学生对操作过程有了进一步的理解，这时学生开始模仿教师的操作过程，由学生自己进行学习活动，也就是学生按照教师的示范动作的要求，自己动手模仿操作，对操作要领自我领会及消化，通过模仿最终实现知识和技能的掌握。从模仿过程中教师可得到反馈信息，了解学生掌握程度。如果学生不能正常模仿时教师要重复示范。这样通过模仿学生有了第一次操作的经验，学生知道了怎样操作，但还不熟练。在此过程中教师必须不断的巡回指导，及时发现问题，纠正错误。	

续表

教学过程（教学内容及环节）
五、交流评价 1. 学生评价，学生依据模仿结果，进行自我评价，并谈谈学习感受。锻炼学习自我表达能力以及对知识的理解能力。 2. 让学生代表总结本堂课的收获。 3. 由教师总结本堂课的主要内容。 **六、在评价手册上记录本课程的结果和教师授课评价手册** **七、课后教研交流任务** 1. 完成任务。 （1）小组活动。 ①将教师按照专业方向分成四组，每组选一位组长，开展教研活动。 ②活动内容：选取某一知识点，使用四阶段教学法，设计一个45分钟的公开课，准备参加单元检验公开课展示会。 ③要求：内容完整；课程设计科学；教案内容翔实；课件制作精美；符合教学规律。 （2）个人完成。 ①学习四阶段教学法；②设计公开课；③参加小组交流活动。 （3）小组思考。 ①使用四阶段教学法应该注意的问题有哪些？ ②四阶段教学法在本门课程中还可以应用到哪些知识点？ ③使用四阶段教学法，教师应具备哪些素质？ 2. 单元检验公开展示课的综合评价。 （1）全体教师参加听课、评课。 （2）培训教师做综合评价（登记教学效果评价表）。

6）四阶段教学法教学效果评价

四阶段法教学效果评价的主要内容有：教学内容设计和对知识的选择是否适合四阶段教学法；教师引导和课前的准备是否充分；形式是否生动、活泼；学生是否能保质保量完成操作任务；学生的参与是否是积极状态；教学档案的建立是否完整、科学等。四阶段教学法教学效果评价如表12－2所示。

12.2.2 四阶段教学法在营运资金授课中的应用

1）教学对象

会计专业××级××班级学生，他们已经学过了基础会计、财务会计和税收等会计专业课程，对现金、应收账款和存货的会计核算业务已经很熟悉。

2）教学目标

现金、应收账款和存货等营运资金的管理至关重要，营运资金过多，会降低资金使用效率，减少企业赢利；营运资金过少，造成资金流动性不足，影响企业生产活动正常进行。所以要加强对营运资金管理，以提高营运资金的使用效率。通过本单元营运资金业务的学习，要达到以下目标：能正确地预测企业的现金需要；能用应收账款信用政策加强应收账款的日常管理；能用存货管理方法加强对存货的管理控制；着重培养学生模仿能力和动手能力。

3）教学内容

为了达到以上教学目标，需要学习的内容有：现金持有的动机和成本、最佳现金持有量的预测方法；应收账款的功能和成本、信用政策和日常管理；存货的功能和成本、存货经济

表 12-2　四阶段教学法教学效果评价表

总体印象：优□　良□　中□　差□　　　评议分数：

	评价项目	分值	A	B	C	D	E
			10	8	6	4	2
1	教学内容符合教学目标和教学内容。	10分					
2	每个阶段的内容和时间搭配合理。	10分					
3	能加深学生对知识的实践运用能力。	10分					
4	知识结构清晰，内容充实，信息量大。	10分					
5	教学环境安全、宽敞明亮，没有噪音影响。	10分					
6	教学气氛愉快，活跃，学生热情参与。	10分					
7	教学内容能反映或联系专业发展的新思路，新概念，新成果。	10分					
8	能给予学生思考、联想、创新的启迪。	10分					
9	学生达到教学的知识目标和技能目标的比例高。	10分					
10	能有效地利用各种教学媒体。	10分					
对本节课的教学内容、方法、手段等的具体指导意见或建议： 签字： 年　月　日							

进货批量模型和ABC分类管理。结合本单元特点，采用四阶段教学法，即先由教师示范再让学生模仿，让学生在学中练、练中学，学会认知、学会做事，培养学生的能动性和悟性。本次课选取的内容为单元二的任务一：现金管理。通过龙华股份有限公司由于现金短缺给公司造成损失的案例，引入企业应“如何加强现金管理”。

4）阶段教学法应用的计算机教学媒体、工具、设备、文件和手册

计算机全套多媒体设备，包括电脑、投影仪、音响。用于案例的引入、出示教学资料和各小组展示小组信息；现金管理条例挂图、银行账户管理办法挂图、银行业务介绍光碟以及点钞机等，以加深学生对现金管理的理解；还有学生成绩评定表、教学过程记录表和教学效果评价表等。

5）四阶段教学法教学设计——现金管理（如表12-3所示）。

表 12-3　四阶段教学法教学设计表

授课时间	____年___月___日　第___周　星期___　第___节（两学时90分钟）
授课班级	会计专业　二年级　___班级
教学内容	现金管理。
教学目的	学会运用成本分析模式和因素分析模式来预测企业最佳现金持有量。
教学方法	四阶段教学法。
教　具	多媒体设备，现金管理条例挂图、银行账户管理办法挂图等。
教学重点难点	最佳现金持有量的确定。

续表

教学过程（教学内容及环节）
第一阶段：准备阶段（5 分钟） 1. 知识的准备。（课前） 2. 教学用具的准备。（课前） 3. 熟悉学生情况并进行分组。（课前） 4. 教师用情景引入现金管理。（5 分钟） 教师通过设置问题情景，说明掌握所学内容的重要意义来调动学生的学习积极性。 第二阶段：教师示范（25 分钟） （一）成本分析模式 1. 理论讲解； 2. 实例示范。 （二）因素分析法 1. 理论讲解； 2. 实例示范。 第三阶段：学生模仿（35 分钟） 1. 教师给出资料； 2. 学生独立示范； 3. 教师巡查纠错； 4. 每组代表总结操作要点。 第四阶段：练习与总结（25 分钟） 1. 学生在模仿的基础上进行练习； 2. 教师检查练习情况，对不足之处进行纠正； 3. 对任务完成情况，各组内部可进行评定交流； 4. 结束练习时检测目标是否达到，是否已经学会了预测企业的最佳现金持有量。如未达到，找出原因，并继续练习，直到达到目标完成任务为止。

6）具体操作步骤

第一阶段：准备阶段（5 分钟）

（1）知识的准备。知识的准备不仅包括本次课所用到的知识点，还包括所用到的教学方法如何实施，教师都要烂熟于心。教师还要考虑到如何组织课堂，才能使学生更容易接受，比如，采用生活化的生动的语言、制作成精美的教学课件、穿插一些小故事……（课前）

（2）教学用具的准备。多媒体全套设备，胶棒、彩纸做的笑脸或星星、水彩笔等（课前，给学生评定成绩时用）。

（3）熟悉学生情况并进行分组。分组时要兼顾到学生的合理搭配，一般把学习能力不同的学生安排在一组，以便相互交流，相互促进，共同提高。这样，更有利于调动学生的积极性，学生也更容易完成任务。让学生在课前就把组分好，每组要用电脑设计出自己的组徽、组训，选出组长，各组还要把组徽、组训、组长、组员等信息设计在教师预先发的宣纸上，做成信息卡。上课时每组要把自己的信息用多媒体展示在大家面前，并把信息卡贴在教室固定位置（课前）。

（4）教师用以下情景引入现金管理（用 flash 动画形式，5 分钟）。

2009年7月初，龙华股份有限公司由于现金短缺，错过了一个廉价购进原材料的机会，给公司造成巨大损失，公司老总刘平大为恼火。他要求公司财务部8月份要准备尽可能多的现金，以备急需之用。财务经理张志远对此提出了异议：现金太多太少都不好，能满足公司需要就行。为了加强现金管理，刘总要求财务经理为公司确定一个合理的现金持有量。

由此，引入最佳现金持有量、现金持有动机（交易性需要、预防性需要及投机性需要）、现金持有成本（机会成本、短缺成本、管理成本）等相关知识。

第二阶段：教师示范（行为主体为教师，25分钟）

确定现金持有量的模式主要有成本分析模式和因素分析模式。分别讲解两种模式的含义和应用。

（1）成本分析模式。

①成本分析模式的含义：是根据现金有关成本，分析预测其总成本最低时现金持有量的一种方法。分析持有现金的成本，寻找使机会成本、管理成本和短缺成本最低的现金持有量，即最佳持有量，如图12－1所示。

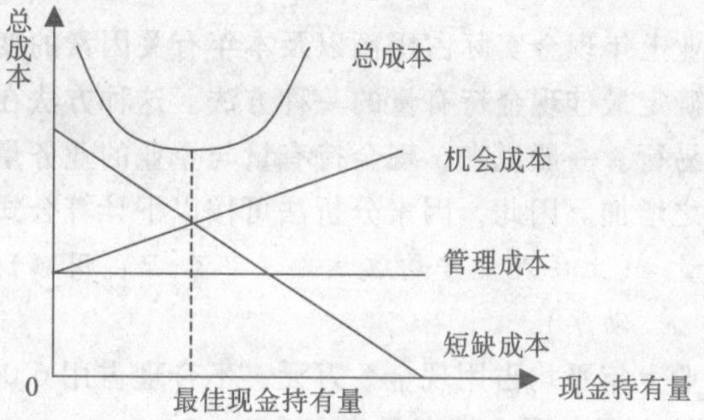

图12－1 成本分析模式示意图

②对该图进行讲解：从图12－1可以看出，由于各项成本同现金持有量的变动关系不同，使得总成本曲线呈抛物线型，抛物线的最低点所对应的现金持有量便是最佳现金持有量，此时总成本最低。

③在实际工作中，运用成本分析模型确定最佳现金持有量的步骤是：（1）根据不同现金持有量方案测算并确定有关成本数值；（2）按照不同现金持有量及其有关成本资料编制最佳现金持有量测算表；（3）在测算表中找出总成本最低时的现金持有量，即最佳现金持有量。

④实例示范：飞跃公司根据不同现金持有量方案测算并确定的有关成本资料如表12－4所示。

表12－4 **持有方案** 单位：元

项目	甲	乙	丙	丁
现金持有量	10 000	30 000	45 000	60 000
机会成本率	15%	15%	15%	15%
管理成本	8 000	8 000	8 000	8 000
短缺成本	6 000	2 000	1 000	0

要求：根据表 12－4，采用成本分析模式编制该企业的最佳现金持有量测算表，分析哪种方案最优。

根据表 12－4，采用成本分析模式编制该公司的最佳现金持有量测算表，具体内容如表 12－5 所示。

表 12－5　　最佳现金持有量测算表　　单位：元

方案及现金持有量	机会成本	管理成本	短缺成本	相关总成本
A（10 000）	1 500	8 000	6 000	15 500
B（30 000）	4 500	8 000	2 000	14 500
C（45 000）	6 750	8 000	1 000	15 750
D（60 000）	9 000	8 000	0	17 000

通过比较分析各方案的总成本，可知 B 方案的相关总成本 14 500 元为最低成本，因此该企业最佳现金持有量为 3 万元。

（2）因素分析法。

①概述：是根据企业上年现金实际占用额以及本年有关因素的变动情况，对不合理的现金占用进行调整，从而确定最佳现金持有量的一种方法。这种方法在实际工作中具有较强的实用性，而且比较简便易行。一般说来，现金持有量与企业的业务量呈正比关系，业务量增加，现金需要量也会随之增加。因此，因素分析法可按以下计算公式表示：

最佳现金持有量＝(上年现金平均占用额－不合理占用额)×(1＋预计销售收入变动率)

②实例示范：某企业上年平均占用现金 5 万元，不合理占用 6 000 元，今年销售收入预计较上年增长 10%，则今年最佳现金持有量为多少？

最佳现金持有量＝(50 000－6 000)×(1＋10%)＝48 400（元）

则该企业最佳现金持有量为 48 400 元。

第三阶段：学生模仿（行为主体为学生，35 分钟）

（1）教师结合前面的情景导入给出资料（可利用多媒体，以节约时间并吸引学生注意力）：龙华公司财务经理张志远为了确定最佳现金持有量，他做了大量调查研究，并反复推敲，最终从以下两个途径为公司确定了最佳现金持有量。

①采用成本分析模式。

A. 根据不同现金持有量方案测算并确定的有关成本资料，具体内容如表 12－6 所示（管理成本为固定成本，不予考虑）。

表 12－6　　持有方案　　单位：元

项　目	A	B	C	D
现金持有量	10 000	20 000	30 000	40 000
机会成本率	10%	10%	10%	10%
短缺成本	4 500	2 400	900	0

B. 根据表 12－6，采用成本分析模式编制该公司的最佳现金持有量测算表。

②采用因素分析法。龙华公司上年平均占用现金 26 000 元，不合理占用 1 000 元，今年

销售收入预计较上年增长18%，则龙华公司的最佳现金持有量为多少？

（2）学生模仿教师，解决上述问题。

①学生独立仿照教师的示范步骤进行操作。

②教师让每组学生代表说明每步操作的要点，并说明不这样操作会出现什么后果。也可让学生代表为大家演示此过程。（教师评定每组成绩并颁发笑脸或星星）

③学生模仿后，要求每组用简洁的语言进行总结。（教师评定每组成绩并颁发笑脸或星星）

第四阶段：练习与总结（教师和学生的行为比例基本相同，25分钟）

（1）学生在模仿的基础上进行练习。

（2）某企业有四种现金持有方案，有关成本资料如表12－7所示。

表12－7 持有方案 单位：元

项目	甲	乙	丙	丁
现金持有量	15 000	25 000	35 000	45 000
机会成本	20%	20%	20%	20%
短缺成本	10 000	7 000	3 000	2 000

【要求】

①根据表12－7，采用成本分析模式编制该企业的最佳现金持有量测算表，分析哪种方案最优。

②教师检查练习情况，对不足之处进行纠正。

③对任务完成情况，各组内部可进行评定交流。

④结束练习时检测目标是否达到。是否已经学会了预测企业的最佳现金持有量。如未达到，找出原因，并继续练习，直到达到目标完成任务为止。（教师评定每组成绩并颁发笑脸或星星）

⑤教师对各组完成任务情况总结评比，评比结果展示在各组信息卡上。

7）课后教研交流

（1）布置任务。

①小组活动：

A. 将教师分成四个教研室，每组选一位教研室主任，开展教研活动。

B. 活动内容：以营运资金管理为知识点，使用四阶段教学法，设计一个45分钟的公开课，准备参加单元检验公开课展示会。

C. 要求：内容完整；课程设计科学；教案内容翔实；课件制作精美；符合教学规律。

②个人完成：

A. 学习四阶段教学法；

B. 设计公开课；

C. 参加小组交流活动。

（2）小组思考：

①使用四阶段教学法应该注意的问题有哪些？

②四阶段教学法在本门课程中还可以应用到哪些知识点？

③使用四阶段教学法，教师应具备哪些素质？

（3）单元检验公开展示课的综合评价。

①全体教师参加听课、评课。

②培训教师做综合评价。四阶段法教学效果评价的主要内容有：课前准备工作是否充分；教师示范是否熟练准确；学生模仿练习效果如何，是否完成教学目标等。教学效果评价见表12.2.1 。

12.3 在会计专业教学中应用四阶段教学法应注意的事项

12.3.1 在记账凭证填制教学中应用四阶段教学法应注意的事项

1）四阶段教学法应用的条件和场合

运用四阶段教学法进行本项内容的教学，所需要的条件主要有：合格的指导教师（该教师要有良好的组织能力、良好的逻辑思维能力、良好的反应能力、丰富的实践知识和熟练的操作技能）；要有思维活跃，善于表现，动手能力比较强的学生，学生能力提高的过程不是一朝一夕，在于教师平日的指导。例如，填制记账凭证的教学内容，如果采用传统教学模式，教师“一言堂”直接讲解凭证如何填制，没有多媒体演示具体操作过程，不给学生动手实践的机会，教师费力不见成效，学生听得“云里雾里”，直想睡觉。选用四阶段教学法，通过教师演示并配以详细讲解，学生模仿实践，既调动了学生的学习积极性，又便于学生获得知识和技能。另外，要有合理的教学场所——多媒体机房，以及适合的会计电算化软件等。

四阶段教学法在本课程中有以下内容可以使用：（1）新建账套；（2）系统初始设置；（3）应收账款的核算；（4）存货的核算；（5）固定资产的核算；（6）工资的核算等。

2）四阶段教学法运用的几个关键点

（1）重视使用现代教育技术。教学媒体是教学内容的载体，是教学内容的表现形式，是师生之间传递信息的工具。随着科学技术的发展，教学媒体也在不断更新，充分利用现代化的教学工具，如幻灯、实物投影、多媒体课件等，可大大提高课堂的教学效率和效果。如在教师演示阶段，利用多媒体广播教学，将教师的演示过程清晰、动态地展示在学生面前，能够加深学生对操作的直观性、形象性认识。在学生模仿阶段，对于学生操作过程中出现的共性问题，利用多媒体及时反馈，能够起到事倍功半的效果。

（2）把握示范操作要领。教师讲解和示范操作时要注意讲、做一致，操作姿势、操作方法正确标准。示范操作应做到操作步骤清晰可辨、讲清操作过程的注意事项。教师不规范的示范操作可能对学生产生负面的影响，影响学生对知识和技能的理解与掌握。由于我国现行的职业教育体制限制，班级学生人数较多，教师在示范操作教学时难以保证每个学生都能清晰完整地看到教师的示范，从而影响了教学质量。在电算化教学中，由于机房一般都安装了多媒体教学网络，教师可以通过广播教学，学生坐在自己的电脑前就能够清晰地观察到教师的示范动作和操作过程，从而提高了教学的质量。

（3）注意学生的操作规范。学生养成良好的操作规范可终生受益。教师在示范操作时会对操作规范等注意事项进行强调，但是，在学生实际动手模仿中，有些学生重视不够，有的学生不熟练或紧张，容易出现操作不当甚至违规的现象，如填制凭证过程中出现金额错误，造成凭证借贷金额不平，无法保存凭证；审核凭证时，由于未及时更换操作员，导致凭证未通过审核等。所以，教师在学生模仿操作过程中，一定要认真仔细地检查指导，发现不正确的操作要及时指出，并加以纠正。

(4) 应用四阶段教学法需要的教学环境应该是安全、宽敞明亮的，教学气氛应该是愉快的，不要给学生带来过大的压力或让学生产生挫败感，要注意学生的性格特点，教师要努力创造条件引导学生完成任务，但不可过多干涉，否则学生无法真正体验到成功的快乐。教师要保护学生的好奇心，提高学生发现问题和提出问题的勇气，鼓励学生自主探究完成任务。例如，在填制记账凭证过程中，当学生发现问题时，教师要积极引导学生动手尝试，寻求解决问题的方法，教师不能直接把答案抛给学生，或者直接否定学生的观点。

(5) 应用四阶段教学法需要的教学媒体应该是先进的。如电脑、展示屏幕、多媒体教学网络等，否则会影响教学效果。另外，完成该项任务应该在会计电算化实验室进行，有必备的办公设备，让学生有身临其境的感觉。

(6) 应用四阶段教学法一定要注意教学组织工作。课前的准备一定要充分，如操作案例、多媒体实验室等。在学生模仿环节，教师要有所控制，注意引导。比如，学生在填制记账凭证时，要求学生说出选择凭证的理由。在演示过程中，教师要设置一些障碍，培养学生严谨的思考习惯，要注意引导学生挖掘知识的深度和广度，例如，在设置凭证类型时，提出海达公司对凭证类型的设置有什么要求？我们应该如何设置？如果不这样设置，对公司业务有何影响。

(7) 交流评价与归纳是总结、反思与巩固的阶段。在学生归纳练习完成后，要组织交流，相互介绍操作的成果或体会。交流的目的一方面是使学生通过展示自己的作品，有一种成就感，另一方面是总结完成的过程方法，使学生意识到理论和实践间的内在联系。

12.3.2 在现金管理教学中应用四阶段教学法应注意的事项

1）四阶段教学法应用的条件和场合

四阶段教学法把学与练紧密结合起来，倡导“在学中练，在练中学”，符合学生的认知规律，很容易调动学生的积极性，且趁热打铁，能及时巩固教学效果，所以被教师广泛采用。四阶段教学法应用范围较广，无论是理论性强的还是操作性强的课程都可用。对于理论性强的课程，可在上课过程的某个小环节用，以增强学生对于理论知识的理解和掌握；对于操作性强的课程，可贯穿整节课。在本课中要始终抓住最佳现金持有量这个重点，让学生理解现金持有量的模型。四阶段教学法，让学生学了以后马上练习，能收到立竿见影的效果，在实际教学中受到了学生的欢迎。四阶段教学法在财务成本管理的各个章节都能使用，但最好是在理论性比较强、学生比较难以理解的章节使用。比如，利润分配、财务分析、长期投资决策这三章。

2）运用四阶段教学法的几个关键点

(1) 准备要充分。准备包括知识的准备和教具的准备，教师对现金管理的知识要熟练全面，保证在教师示范阶段的示范效果；为了使学生能拓宽对现金管理业务的理解，教师应提前准备好现金管理条例挂图和银行账户管理办法挂图，还有银行汇票、本票、支票、信用卡等结算工具的样票，以加深学生对现金的理解。

(2) 教师示范阶段。首先，教师要示范熟练，教师操作的熟练、准确程度不仅是保证了学生在稍后模仿的正确性，而且从教师本身树立形象，建立威信这一角度来说，这也是很有帮助的。其次，教师示范的次数可根据课题的难易程度决定，教师示范的速度不能快于学生的接受速度。在本节课中，学生最难于理解的是最佳现金持有量的存货模型公式。学生常常死记硬背，但又记不住公式，导致不会解决问题。所以，教师在上课时，一定要将公式巧妙地导入讲给学生听。让学生自己去创造公式，会让学生感到学习是愉快的，有成就感的；而不是枯燥的，无聊的。

(3) 模仿要及时。学生模仿阶段在时间上、空间上不要与前一阶段（即教师示范阶段）有分层和隔断，最好能马上跟上。比如，教师示范完成本分析模式，可马上让学生模仿练习如何使用成本分析模式来预测企业的最佳现金持有量；之后，教师再示范因素分析法，并马上让学生模仿练习该模式的应用，而不必等到教师全部示范完两种模式后再让学生模仿。这样会提高学生的学习效果。教师不能“大撒把”，什么都不管，而要严密巡视，发现学生操作错误及时纠正。本节课中，教师一定要让学生大量练习最佳货币资金持有量的确定。

(4) 练习总结阶段。在该阶段，可先让学生试着总结，并及时给予鼓励和肯定，然后再做补充。这样更容易调动学生的积极性。本节课中，最好让学生自己总结最佳货币资金持有量的制定过程和学习方法的改进情况。

最后，注意要突出学生的主体地位。在应用四阶段教学法的过程中，学生是学习行为的主体，教师是学习行动的组织者、引导者和咨询者。教师在示范完以后，就应该退到幕后，担任学生的学习伙伴。如第一阶段即准备过程中，不仅包括教师的准备，还包括学生的准备。让学生分组和设计各组的信息卡，展示各组的情况等，都要由学生独立完成。该工作最好放在课外时间，只把展示各组情况放在课上，以节约课堂时间。

13. 引导文教学法

13.1 引导文教学法概述

引导文教学法是借助一种专门的教学文件——引导文，引导学生独立学习和工作的教学方法。教学文件由一系列难度不等的引导问题组成，学生通过阅读引导文件，可以明确学习目标，清楚地了解应该完成什么工作、学会什么知识、掌握什么技能。它属于行动引导教学模式中的项目教学法，是对项目教学法的完善与发展。

引导文教学法是德国职业教育培训部门普遍采用的一种方法。在引导文的引导下，学生必须积极主动地查阅资料，获取有意义信息，解答引导问题，制订工作计划、实施工作计划、评估工作计划。引导文教学法具有以下特点：

第一，在引导文教学法中，培养学生独立工作能力是一切教学活动的基本出发点；

第二，教师的行为局限在准备和收尾阶段，而不是教学过程中；

第三，在所有的阶段中，学生的行为都是独立（或尽量独立）的；

第四，引导文教学法是一种在理论上近于理想化的、全面系统的能力培训的方法；

第五，在整个教学过程中，学生的行为是主动的。

引导文教学法在会计职业教育中的应用结果表明，这种以自学为主的教学方式有以下突出优点：

(1) 能极大地激发学生的学习欲望，充分调动学生学习积极性，促进学生独立学习能力发展，取得更好的学习效果。

(2) 通过提出问题，解决问题，可以帮助学生建立起知识与技能之间的内在联系，实现真正意义上的理论与实践的统一。

(3) 通过自学后的测验与谈话，教师可以了解学生理解的程度，并能进行系统性的补充。

(4) 能力较强的学生主要通过自学来学习，教师可以抽出更多的时间帮助能力较差的学生，做到真正意义上的面向全体学生。

(5) 通过与他人进行专业信息交流和共同制订工作计划，培养了学生的合作能力和其他社会能力。

(6) 培养了学生，获取书面信息的能力，独立制订计划的能力，自行组织和控制工作过程以及检验工作成果的能力，增强了学生工作的毅力和责任心教给了学生终身受益的学习方法和研究方法。

引导文教学法的实施过程通常包括以下步骤：

第一，获取信息。学生独立获取制订计划和执行任务所需要的信息，解决“应该做什么”的问题。

第二，计划。学生通过借助一份引导材料独立制订自己的工作计划，解决“应该怎样做”的问题。

第三，决策。学生在与教师的专业对话中确定最终实施方案，在这一阶段教师将会检查学生是否已掌握必要的知识。

第四，执行。学生独立完成工作任务或者根据自己制订的工作计划同其他人以分工合作的形式完成工作任务。

第五，检查。学生检查和评估自己的工作成果，纠正错误，回答“是否圆满完成任务”的问题。

第六，评价。学生与教师一起对整个工作过程和结果进行评价，回答“下一次在哪些方面应该做得更好”的问题，使教学工作回到新的起点。

13.2 引导文教学法应用案例

13.2.1 引导文教学法在“记账凭证的填制和审核”教学中的应用

1) 教学对象分析

本节教学对象是中职会计专业一年级学生，他们已经学习了设置会计科目和账户、复式记账、原始凭证的填制和审核，掌握了会计学的基本概念和复式记账的基本理论。由于《基础会计》是会计专业学生学习的第一门专业基础课，学生普遍存在着素质较低，接受新知识能力较差，对纯理论性的专业内容缺乏认知的情况。因此，在本节课的教学中，充分考虑学生的特点，采用引导文教学法，在具体的课堂教学活动中，引导学生多动手、动脑、动口，调动各种感官，参加学习活动，提高学习效率和效果。

2）教学目标分析

通过实施本节教学，应实现以下几方面目标：

（1）知识目标。

①了解记账凭证的概念、作用和种类；

②明确记账凭证的填制要求和注意事项；

③把握记账凭证审核的要点。

（2）能力目标。

①通过练习，培养学生熟练正确地填制和审核记账凭证的技能；

②通过引导文教学法的运用，培养学生自主学习和比较归纳的能力；

③通过交叉审核，初步建立内部控制的思想。

（3）素质目标。培养学生热爱会计专业，树立一丝不苟、严谨务实的职业意识和细心负责的态度，强调书写工整。

3）教学内容分析

填制记账凭证是学生在基础会计学习中必须掌握的一项基本技能，是实现会计教学中常用的会计分录与会计实务相结合的一个重要环节。该节内容操作性强，在前面学生已经学习了原始凭证填制和审核的基础上，按照会计核算的程序，本节的学习就显得顺理成章。同时，它也为下一章学习会计账簿的登记和将来的实际工作打下了一定的基础。因此，该节内容无论在学科中，还是从整个专业教学计划的全过程来看，都起到了承上启下的作用。

为了达到上述教学目标，本节课的教学内容主要是运用前面所学习的借贷复式记账法，培养学生的实际操作能力。应该掌握的内容有：记账凭证的概念、记账凭证的分类、记账凭证的要素、记账凭证的填制、记账凭证的审核，在此基础上理解和应用《会计法》、《会计基础工作规范》等相关法律、法规、规章制度。其中，完成记账凭证填制是本节的主要任务。在本节使用引导文教学法可以充分调动学生自我学习的积极性，学生在对引导问题进行逐一解答的过程中，经过充分收集资料，为完成任务制订可行的计划，然后在计划实施过程中通过具体的动手操作理解相关制度规定，掌握会计技能。

4）引导文教学法应用的计算机教学媒体、工具、设备、文件和手册

本节教学应用的计算机媒体主要有带投影仪的全套多媒体设备（包括电脑、投影仪、音响等），主要用于和学生一起回顾与本任务相关的知识以及展示相关原始凭证及教师的总结评价。同时，也可以让学生利用多媒体展示他们自己的工作成果。另外要向学生提供有代表性业务的相关原始凭证、空白记账凭证（包括收款凭证、付款凭证和转账凭证或通用记账凭证）若干，剪刀、胶水、记账用笔等，相关引导问题的文件，为了便于学生对完成任务结果作出合理评价，还应提供评价标准。

完成记账凭证的填制和审核任务，引导文件主要包括以下三项内容：

（1）学习目标。

①了解什么是记账凭证；

②认识记账凭证的作用；

③分清记账凭证的类别；

④观察记账凭证的基本要素；

⑤完成记账凭证的填制、审核任务，从而掌握会计的一项基本技能；
⑥树立一丝不苟、严谨务实的职业意识和细心负责的态度；
⑦通过自助式的学习方式，培养学生独立学习能力。
（2）引导问题。
①什么是记账凭证？
②记账凭证有什么作用？
③记账凭证分哪几类？
④记账凭证包括哪些基本要素？
⑤记账凭证和原始凭证包括的基本要素有哪些差别？
⑥根据提供的原始凭证，你计划如何完成记账凭证的填制任务？
⑦你在填制记账凭证过程中出错了如何处理？
⑧如何对记账凭证进行审核？
⑨记账凭证的审核与原始凭证的审核要点有什么区别？
⑩审核中发现有填制错误的记账凭证应如何处理？
（3）信息来源。
①图书资料：教材相关内容、《会计法》、《会计基础工作规范》的相关规定；
②网络信息：财政部、中华会计函授学校、中华会计网校等相关会计培训网站；
③教师提供的相关资料。
为了便于学生进行评价，提供记账凭证填制与审核评价标准如表13-1所示。

表13-1　　　　记账凭证填制与审核评价标准

工作任务	技能要求	评价标准
填制记账凭证	根据已知原始凭证，能熟练运用借贷记账法正确、规范地填制记账凭证，严格遵守《会计法》和《会计基础工作规范》中的相关规定	1. 收、付款记账凭证选择正确
		2. 日期填写正确
		3. 编号正确
		4. 摘要填写真实准确、简明扼要
		5. 科目、方向正确
		6. 金额填写正确规范，合计栏金额前有人民币符号
		7. 空行已划线注销
		8. 已注明附件张数，附件粘贴整齐
		9. 已在制单人处签章
审核记账凭证	能把握记账凭证审核的要点，能审核出填制不合格的记账凭证	1. 是否附有原始凭证，二者内容是否一致
		2. 会计分录的正确性
		3. 所列示的各个项目是否填写齐全完整
		4. 对审核出的问题能进行妥善处理
		5. 已在审核人处签章

5）引导文教学法教学设计方案
结合通常教学规律，将本节教学设计如表13-2所示。

表 13－2　　　　　　　　　　　引导文教学法教学设计表

授课时间	______年____月____日　第____周　星期____　第____节
授课班级	会计专业　　一 年级　　______班级
教学内容	记账凭证的填制和审核
教学目的	建立在学生对记账凭证概念、种类、要素等了解认识的基础上，能够选用正确的记账凭证，准确规范地完成记账凭证的填制任务，并能对填制完成的记账凭证进行审核
教学方法	引导文教学法
教　　具	带有投影仪的多媒体设备，引导文件，记账凭证填制与审核评价标准，填制审核完成的原始凭证，空白记账凭证，剪刀、胶水、记账用笔等
教学重点难点	重点：完成记账凭证的填制、审核任务 难点：如何正确选择记账凭证来反映经济业务

教学过程（教学内容及环节）

一、复习旧课，导入新课

利用多媒体设备提供的课件资料，通过提问等方式和学生一起回顾原始凭证填制和审核的相关知识点，并对学生在前面填制原始凭证过程中存在的问题进行进一步强调。

将本节内容在本门课程和在会计技能学习中的地位和作用向学生做简要说明，然后要求学生以 2 人为一组，将引导文件发放给学生，向学生下达工作任务。

二、学生获取信息、制订计划、完成记账凭证填制工作任务

学生根据引导文件提供的信息来源渠道和方式，制订出本小组的可行性学习、工作计划，并按计划进行学习和开展工作，然后独立完成记账凭证填制任务。在这期间，教师负责为学生解答所提出的问题，对一些学习能力差的学生进行个别指导。

三、检查

在学生独立完成了记账凭证的填制任务后，要求组内两个成员交换审核。一方面完成记账凭证的审核任务，另一方面在交换审核过程中，让学生树立内部控制意识，还可同时对对方的编制工作任务完成情况给予评价。

四、评价

让学生对照“记账凭证编制与审核评价标准”表所列项目，对自身完成任务情况展开评价，看哪些方面做得较好，哪些方面做得还不到位。一方面帮助学生树立学习自信心，另一方面让学生通过亲身体验，从中得到经验和教训。

由教师对各小组完成任务情况进行综合评价，在评价过程中要特别注意将学生在完成任务过程中出现较多的问题进行强调，并对做得好的小组进行表扬，鼓励学生极积向上的学习热情。

五、由教师总结本节课的主要内容

在运用引导文教学法时，教师的归纳、总结和评价是十分重要的，教师应能对本节的重点、学生完成任务过程中应特别关注点进行画龙点睛式的提示，最终达到让每个同学都能掌握本节重点，理解本节难点，从而获取知识，提高能力。

六、让学生代表总结本堂课的收获

七、在评价手册上记录本课程的结果和教师授课评价手册

八、课后教研交流任务

（一）完成任务

1. 小组活动：

（1）将教师划分成小组，开展教研活动。

（2）活动内容：如何完成手工登记账簿的工作任务？使用引导文教学法设计一次公开课，准备参加公开课展示。

（3）以教研组为单位，对引导文教学法展开探讨，对教学效果进行评价。

2. 个人完成：

续表

教学过程（教学内容及环节）
（1）学习引导文教学法。 （2）设计公开课。 （3）参加小组交流活动。 （二）小组思考 1. 本节内容采用引导文教学法是否合理，效果如何？本节内容还可以采用哪些教学方法？ 2. 引导文教学法在本门课程中还可以应用到哪些知识点？ 3. 使用引导文教学法，教师应具备哪些素质？ （三）单元检验公开展示课的综合评价 1. 全体教师参加听课、评课。 2. 培训教师做综合评价，登记教学效果评价表。

6）引导文教学法教学评价

结合引导文教学法的特点，设计教学效果评价表如表 13－3 所示。

表 13－3　　引导文教学法教学效果评价表

总体印象：优□　良□　中□　差□　　评议分数：________

序号	评　价　项　目	分值	A	B	C	D	E
			1.0	0.8	0.6	0.4	0.2
1	教学内容完整，准确	10 分					
2	教学目标安排合理，教学任务明确	10 分					
3	教学设计科学合理，教学重点难点处理得当	10 分					
4	引导问题能突出技能重点与难点	10 分					
5	引导问题能为学生完成任务提供指引	10 分					
6	教师准备充分，对学生完成任务过程中遇到的问题能合理解决	10 分					
7	总结评价全面完整，能突出技能重点	10 分					
8	课堂气氛活跃，学生学习主动，热情高	10 分					
9	学生达到教学的知识目标和技能目标的比例高	10 分					
10	能有效地利用各种教学媒体	10 分					
对本节课的教学内容、方法、手段等的具体指导意见或建议： 签字： 年　月　日							

13.2.2　引导文教学法在利润分配教学中的应用

1）教学对象分析

本单元的教学对象是会计专业××年级学生，他们已经学过了基础会计、财务会计、税收等会计专业课程，对利润的构成和利润分配的账务处理已经非常熟悉。在本课程中，已经学完了绝大部分的内容，该课程已经接近尾声，基本上掌握了财务成本管理的主要内容。

2）教学目标分析

利润分配业务是对企业利润总额进行分配。利润分配包括两项主要内容：一是企业缴纳所得税；二是税后利润分配。利润分配涉及国家、企业与投资者等各方面利益关系，是企业正确处理财务关系并使财务管理得以顺利开展的关键。本单元的教学目标是通过学习利润分配业务，使学生了解利润分配政策，掌握利润分配程序和利润分配的具体内容。培养学生团结合作、主动学习、勇于创新和获取信息的能力。

3）教学内容分析

为了达到以上教学目标，需要学习的内容有：利润分配政策、利润分配原则、利润分配的具体内容和程序。其中，利润分配政策是指企业管理当局对利润分配有关事项所制定的方针与决策；利润分配原则包括：依法分配原则、妥善处理分配与积累关系原则、同股同权、同股同利原则和无利不分原则；利润分配内容是对企业的利润总额进行分配，企业应先缴所得税，再依法对税后利润按先后顺序进行分配。结合本单元的特点，使用引导文教学法让学生根据教师预先制定好的引导文，一步一步地主动学习、自动学习。通过学习，学生不仅掌握了利润分配的相关知识，而且还真正地知道此知识在实际工作中有什么作用。最终达到培养学生团结合作、主动学习、勇于创新和获取信息的能力。本次课选取的内容为单元八的任务二——实施利润分配业务。通过一个开篇案例，引入企业如何实施利润分配业务。

下面，将本节的引导文教学法的教学内容安排设计如表 13－4 所示。

表 13－4　　引导文教学法教学设计表

授课时间	____年____月____日　第____周　星期____　第____节（两学时 90 分钟）
授课班级	会计专业　二年级　________班级
教学内容	实施利润分配业务
教学目的	通过本次课学习，使学生掌握企业利润分配的顺序，并能用利润分配的相关知识，独立解决企业利润分配的实际问题。在学习过程中着重培养学生团结合作、主动学习、勇于创新和获取信息的能力
教学方法	引导文方法
教　具	公司法、税法、电子版的引导文、纸质的引导文（含工作计划表和任务评价表）、多媒体设备等
教学重点难点	资本结构调整后的投资规模、股权资本额、需追加增股权资本额和税后利润转增资本的计算
教学过程（教学内容及环节）	

第一步，教师给出资料：（3 分钟）

设置情景案例，使学生身临其境，并激发学生的学习兴趣。

第二步，发给学生课前设计好的引导文，引导学生完成本次课的学习任务。引导文内容如下：

（一）任务描述（行为主体为教师，2 分钟）

明确学习目的：通过学习，掌握企业利润分配的内容和利润分配的先后顺序。培养团结合作、主动学习、勇于创新和获取信息的能力。

（二）引导问题（由教师课前设计，5 分钟）

先由教师通过多媒体展示电子版，让学生想象出完成工作任务的全过程，并设想出工作的最终成果；再发给每个工作小组纸质版的引导文，使学生加深印象且方便操作。

（三）制定计划（根据教师设计好的工作计划表，由各学生小组来填制。限时 10 分钟）

续表

教学过程（教学内容及环节）
教师课前要设计好计划表，使完成任务由抽象变形象、具体、可操作。 （四）做出决定（各组学生完成，限时 10 分钟） 各小组内部充分讨论所制订的工作计划及引导问题的答案，必要时教师要给予适当的引导并解答学生所提出的问题。 （五）获取信息，完成任务（工作小组完成，限时 30 分钟） 在做出决定后，小组利用所获取的信息资料，按计划实施，完成任务。 （六）任务检查和评定（由学生和教师共同完成，限时 30 分钟） 学习任务完成后，各小组把学习结果进行系统总结。最后教师再把各小组的学习结果进行归纳、总结和评价。由学生和老师共同完成任务评价表。最终达到每个学生都能掌握本节重点，理解本节难点；从而获取知识，提高能力。

4）引导文教学法应用的计算机教学媒体、工具、设备、文件和手册

本次课用到的计算机媒体主要有带有投影仪全套多媒体设备（包括电脑、投影仪、音响等），用来导入情景案例、演示电子版的引导文、展示相关知识和有关问题的答案。本次课用到的工具手册有公司法和公司章程中关于利润分配的规定、税法中关于弥补亏损的规定、新会计准则中对盈余公积管理的规定、华达公司董事会的决议、纸质的引导文、电子版的引导文（含工作计划表、任务评价表）等。电子版的引导文在引导问题时展示，可以让学生想象出完成工作任务的全过程，并设想出工作的最终成果；随后再发给每个工作小组纸质版的引导文，使学生加深印象且方便操作。

案例：华达公司经过多年的苦心经营，取得了骄人的业绩。2009 年度公司实现税前利 4 000万元。公司董事会决定：2010 年投资 8 000 万元扩大经营规模，公司产权比率 4:1，即资产负债率 80%。由于公司当前负债比率过高，财务风险过大，公司拟通过增加资本的方式将资产负债率降至 60%，即产权比率 3:2。为此，公司决策层会同财务部门议定了三个资本结构调整的途径：一是偿还到期债务 600 万元；二是有望通过可转换债券转换成资本 400 万元；三是依靠税后利润解决差额部分。同时公司采取剩余股利政策进行分配现金股利。公司执行的所得税率为 25%，法定盈余公积金的提取为 10%。法定盈余公积金拟予转增资本。

要求：

（1）计算应缴纳的企业所得税；

（2）计算税后利润、提取法定盈余公积金、可供分配利润；

（3）计算资本结构调整后的投资规模；

（4）计算资本结构调整后的股权资本额；

（5）计算资本结构调整后需追加增股权资本额；

（6）计算需以税后利润转增资本额；

（7）计算资本调整后剩余税后利润；

具体操作步骤如下：

（1）教师给出上述案例资料（可用多媒体课件，3 分钟）。

（2）教师给出课前设计好的引导文（先用多媒体演示电子版的引导文，之后再把纸质版的引导文发给每个工作小组）。引导文内容如下：

①任务描述（行为主体为教师，2 分钟）：按利润分配的顺序，对华达公司进行利润分配。通过解决以下问题，掌握企业利润分配的内容和利润分配的先后顺序。培养团结合作、主动学习、勇于创新和获取信息的能力。

②引导问题（由教师课前设计，5 分钟）：先由教师通过多媒体展示电子版，让学生想象出完成工作任务的全过程，并设想出工作的最终成果；再发给每个工作小组纸质版的引导文，使学生加深印象且方便操作。

按顺序解决下列问题：

第一步，计算应缴纳的企业所得税；

第二步，计算税后利润、提取法定盈余公积金、可供分配利润；

第三步，计算资本结构调整后的投资规模；

第四步，计算资本结构调整后的股权资本额；

第五步，计算资本结构调整后需追加增股权资本额；

第六步，计算需以税后利润转增资本额；

第七步，计算资本调整后剩余税后利润；

③制定计划（根据教师设计好的工作计划表，由各工作小组的学生小组来填制。限时 10 分钟）：教师课前要设计好计划表（见表 13－5），使完成任务由抽象变形象、具体、可操作。

表 13－5　　工作计划表

组别：　　年　月　日

需要完成的任务	需要准备的资料	组员分工	所需时间
1. 计算所得税			
2. 计算税后利润、提取法定盈余公积金、可供分配利润			
3. 计算资本结构调整后的投资规模			
4. 计算资本结构调整后的股权资本额			
5. 计算资本结构调整后需追加增股权资本额			
6. 计算需以税后利润转增资本额			
7. 计算资本调整后剩余税后利润			

备注：所需要的资料可通过查阅《财务成本管理》教材获取，也可上网获取。

④作出决定（工作小组完成，限时 10 分钟）：各小组内部充分讨论所制定的工作计划及引导问题的答案，必要时教师也可参与讨论，给予适当的引导，并解答学生所提出的问题。

⑤获取信息，完成任务（工作小组完成，限时 30 分钟）：在作出决定后，小组利用所获取的信息资料，按计划实施，完成任务。

⑥任务检查和评定（由学生和教师共同完成，限时 30 分钟）：学习任务完成后，各小组把学习结果进行系统总结。最后教师再把各小组的学习结果进行归纳、总结和评价。最终达到每个同学都能掌握本节重点，理解本节难点；从而获取知识，提高能力。任务评价表见表 13－3。

关于弥补亏损的规定

（作为本次课知识的补充和拓展）

根据我国《税法》有关规定，企业每一纳税年度的利润总额都可以弥补前五个纳税年的亏损额。当一个纳税年度的利润全部弥补以前年度亏损时，对弥补以前年度亏损的利润不征收企业所得税；当一个纳税年度的利润部分弥补以前年度亏损时，弥补部分收入不作为应纳税所得额，而其他部分在减除不征税收入、免税收入以及各项扣除后作为应纳税所得额计征企业所得税。

根据《企业所得税暂行条例实施细则》第二十八条规定：条例（《企业所得税法实施条例》）第十一条规定的弥补亏损期限，是指纳税人某一纳税年度发生亏损，准予用以后年度的应纳税所得弥补，1 年弥补不足的，可以逐年连续弥补，弥补期最长不得超过 5 年，5 年内不论是盈利或亏损，都作为实际弥补年限计算。当纳税年度内企业取得的收入可以弥补前五年的亏损总额，无论前五年是否全部发生亏损，本年度的收入只能弥补此前五年内发生的亏损额。例如，某企业在 2000 年取得了收入 200 万元，但 1994 年发生了亏损 20 万元，1995 年亏损 10 万元，1996 年盈利 1 万元，1997、1998、1999 年共亏损 45 万元，则 2000 年的收入可弥补 1995、1996、1997、1998、1999 这五年发生的且没有被其他年度弥补的亏损额，即使 1996 年盈利弥补年限不得顺延。

无论在纳税年度亏损与否，纳税人都应填制《弥补亏损明细表》反映以前年度亏损在本年度弥补情况，并按照企业所得税法的规定将明细表与主表及相关资料一并报送主管税务机关。

课后教研交流

1）布置任务

（1）小组活动：

①将教师分成四个教研室，每组选一位教研室主任，开展教研活动。

②活动内容：以利润分配政策为知识点，使用引导文教学法，设计一个 45 分钟的公开课，准备参加单元检验公开课展示会。

③要求：内容完整；课程设计科学；教案内容翔实；课件制作精美；符合教学规律。

（2）个人完成：

①学习引导文教学法；

②设计公开课；

③参加小组交流活动。

2）小组思考

（1）使用引导文教学法应该注意的问题有哪些？

（2）引导文教学法在本门课程中还可以应用到哪些知识点？

（3）使用引导文教学法，教师应具备哪些素质？

3）单元检验公开展示课的综合评价

（1）全体教师参加听课、评课。

（2）培训教师做综合评价，登记教学效果评价表。引导文头教学效果评价表见表 13－3。

13.2.3 引导文教学法在审计业务约定书教学中的应用

1）教学对象

学生初学鉴证业务，进入会计报表审计业务之初，头脑中并没有相关概念与知识的基础，接触到计划阶段的具体工作，如《审计业务约定书签定》工作时，可能会发生条理不清，工作目标不明确等问题。此时应用引导文教学法可以通过具体的引导文设计帮助学生将理论知识进行脉络的梳理，使理论“实训化”，使学生通过阅读引导文，明确此部分的学习目标，清楚地了解应该完成什么工作、学会什么知识、掌握什么技能。

2）教学目标

本节教学中通过收集和记录“了解被审计单位及其环境（不包括内部控制）”工作底稿所列信息来完成对被审计单位及其环境的了解，在教师引导和学生自主学习过程中，掌握与被审计单位签订审计业务约定书的注意事项与具体方法。

审计业务约定书具有经济合同的性质，一经双方签字认可，即成为法律上第一次的契约，对各方均具有法定约束力。因此在签订审计业务约定书之前，注册会计师应在全面了解被审计单位及其环境的基础上与被审计单位就审计业务约定的相关条款进行充分沟通，明确相关事项。实际工作中，还要以《中国注册会计师审计准则第 1211 号——了解被审计单位及其环境并评估重大错报风险》、《中国注册会计师审计准则第 1111 号——审计业务约定书》为工作指南，以指导实际工作，解决其中的相关问题。

3）教学内容

本教学内容是会计报表审计业务的初始章节，为达到教学目标，学生应掌握了解被审计单位的具体内容的方法，即“怎样了解”；明确签订审计业务约定书前应明确的事项，及审计业务约定书的具体内容。利用引导文给出审计业务工作流程，同时部分审计业务工作底稿如“了解被审计单位及其环境（不包括内部控制）”工作底稿也可以相当于给出的引导文，学生通过审计业务工作底稿的填制，熟悉此部分工作的业务流程，不仅学习了知识，而且还切实地知道此知识在实际工作中有什么作用，怎样应用。

具体教学内容概述如下：

（1）了解被审计单位及其环境的具体内容（不包括内部控制）：

①行业状况、法律环境与监管环境以及其他外部因素信息。

②被审计单位性质方面的信息。

③被审计单位对会计政策的选择和运用信息。

④被审计单位的目标、战略以及相关经营风险信息。

⑤被审计单位财务业绩的衡量和评价信息。

了解被审计单位及其环境主要通过收集和记录“了解被审计单位及其环境（不包括内部控制）”工作底稿所列信息来完成，图表略。

（2）签订审计业务约定书：

①签订审计业务约定书前应明确的事项。审计业务的性质和范围；评价专业胜任能力；确定审计收费标准；确定被审计单位应协助的工作等。

②审计业务约定书内容。财务报表审计的目标；管理层对财务报表的责任；管理层编制财务报表采用的会计准则和相关会计制度；审计范围，包括指明在执行财务报表审计业务时

遵守的中国注册会计师审计准则（以下简称审计准则）；执行审计工作的安排，包括出具审计报告的时间要求；审计报告格式和对审计结果的其他沟通形式；由于测试的性质和审计的其他固有限制，以及内部控制的固有局限性，不可避免地存在着某些重大错报可能仍然未被发现的风险；管理层为注册会计师提供必要的工作条件和协助；注册会计师不受限制地接触任何与审计有关的记录、文件和所需要的其他信息；管理层对其作出的与审计有关的声明予以书面确认；注册会计师对执业过程中获知的信息保密；审计收费，包括收费的计算基础和收费安排；违约责任；解决争议的方法；签约双方法定代表人或其授权代表的签字盖章，以及签约双方加盖的公章。

4）教学媒体

使用 Pow Pointip 课件演示教学案例及答案。

5）工具

教师课前设计的引导文、相关审计工作底稿。

6）设备

本教学法应用的计算机教学媒体主要有带投影仪的全套多媒体设备，用于指导性的案例操作演示，并对教学具体内容进行动画等方式的演示。

7）文件手册

《中国注册会计师审计准则第 1211 号——了解被审计单位及其环境并评估重大错报风险》、《中国注册会计师审计准则第 1111 号——审计业务约定书》。

8）实施过程和步骤

本节课设计见表 13 -6。

表 13 -6　　引导文教学法教学设计表

授课时间	________年____月____日　第____周　星期____　第____节
授课班级	________专业　____年级　____班级
教学内容	审计业务约定书的签订
教学目的	本节教学中通过收集和记录“了解被审计单位及其环境（不包括内部控制）”工作底稿所列信息来完成对被审计单位及其环境的了解，在教师引导和学生自主学习过程中，掌握与被审计单位签订审计业务约定书的注意事项与具体方法。本节难点内容不在于最终环节的审计业务约定书的签订，而在于这之前的全部基础的审计工作，在这期间可以培养学生全面考虑问题、分析问题及独立解决问题的能力，通过引导文学习培养审计人员良好的职业判断及逻辑思维能力
教学方法	引导文教学法
教　具	• 电脑、投影仪 • 《审计准则》 • 《中国注册会计师审计准则第 1211 号——了解被审计单位及其环境并评估重大错报风险》、《中国注册会计师审计准则第 1111 号——审计业务约定书》 • 审计工作底稿 • 了解被审计单位及其环境（不包括内部控制） • 审计业务约定书（可以用印制好的约定书格式）
教学重点	• 了解被审计单位及其环境 • 签订审计业务约定书前应明确的事项 • 审计业务约定书的内容

续表

教学难点	• 综合考评分析被审计单位及其环境 • 签订审计业务约定书前应明确的事项
教学过程（教学内容及环节）	

一、课前教学准备：

1. 教师精心设计引导文问题。

2. 教师精选被审计单位案例。

3. 把班里的同学分为几个学习小组，每组 10 人，各小组根据“引导文”制订出本小组的可行性学习、工作计划，并按计划进行学习和开展工作。

二、课堂教学：

给出被审计单位基本资料（略）。

1. 获取信息（回答引导问题）。例如：

- 被审计单位的主要产品是什么？
- 所处什么行业？
- 行业的总体发展趋势是什么？
- 行业处于哪一总体发展阶段（例如：起步、快速成长、成熟或衰退阶段）？
- 市场需求、市场容量和价格竞争如何？
- 矿务局规定每年不超过 150 万吨原煤，供需求？
- 行业上下游关系如何？
- 谁是被审计单位最重要的竞争者，它们所占的市场份额是多少？
- 行业是否受经济周期波动影响，以及采取了什么行动使波动的影响最小化？
- 行业生产经营和销售是否受季节影响？
- 本行业的核心技术是什么？
- 受技术发展影响的程度如何？行业是否开发了新的技术？
- 能源消耗在成本中所占比重，能源价格的变化对成本的影响？

2. 制订计划（常为书面工作计划）。如：

- 了解被审计单位及其环境（不包括内部控制）工作由哪几个组员完成，每个组员的分工各是什么？
- 签订审计业务约定书前应明确的事项从哪几方面入手？怎样把握等。

3. 作出决定（与教师讨论所制定的工作计划及引导问题的答案）：

（1）根据获取到的信息，填制审计工作底稿“了解被审计单位及其环境（不包括内部控制）”。

（2）签订审计业务约定书前应明确的事项：

- 本审计业务的性质和范围；
- 评价专业胜任能力；
- 确定本次审计收费标准；
- 确定被审计单位应协助的工作。

4. 实施计划（完成工作任务）。在了解被审计单位及其环境之后，明确了签订审计业务约定书前应明确的事项后按给定范文进行审计业务约定书的编写。

5. 控制（回答“是否圆满满足要求”的问题）。本次签订的审计业务约定书是否满足要求，有无遗漏？

6. 评定（回答“下一次在哪些方面应该做得更好”的问题）。主要从实际工作流程考虑，从签订的审计业务约定书之前的基础审计工作出发找差距，找问题，使本节教学效果得以最大程度的提升。

三、拓展练习：

给出相关单位的具体的审计业务约定书，让学生判断该审计业务约定书有无差错与遗漏，对学生本节课的学习效果给予检验。

本练习说明审计业务约定书的具体内容可能因被审计单位的不同而存在差异，但主要包括的内容与应注意的事项不能缺少。

续表

教学过程（教学内容及环节）

以下列案例说明编制审计业务约定书时应该注意的问题：

某股份有限公司委托××会计师事务所对其会计报表进行审计，双方签订了如下的审计业务约定书。

要求：（1）指出下述审计业务约定书中存在的问题；（2）重新起草审计业务约定书。

审计业务约定书

甲方：某股份有限公司

乙方：××会计师事务所

甲方委托乙方进行2008年会计报表审计，经双方协商，达成以下约定：

1. 审计范围及委托目的

乙方接受甲方委托，对甲方12月31日的资产负债表以及该年度的利润表和现金流量表进行审计。乙方将根据中国注册会计师独立审计准则，对甲方内部控制制度进行研究和评价，对会计记录进行必要的抽查，并在乙方认为需要时实施其他必要的审计程序，在此基础上，对上述会计报表的合法性、公允性及会计处理方法的一贯性发表审计意见。

2. 甲方的责任与义务

（1）为乙方审计工作及时提供所需的全部资料和其他有关资料。

（2）为乙方的审计人员提供必要的条件及合作，具体事项将在乙方所派人员于审计工作开始之前提供的清单中列明。

（3）按本约定书的规定，向乙方及时足额地支付审计费用。

3. 按照独立审计准则的要求进行审计，出具审计报告，保证审计报告的真实性、合法性。

4. 审计收费

按《×××收费规定》，乙方应收本项业务具体费用，以所花费的工作时间确定，预计收取人民币×××万元，甲方应在本约定书签订后预付上述费用的××%，其余部分在乙方提交审计报告时一并付清。如在审计过程中遇到重大问题，致使乙方实际花费审计工作时间有较大幅度的增加，甲方应在了解实际情况后，酌情增加审计费用。

5. 约定书的有效期间

本约定书一式两份，甲乙双方各执一份。

本约定书自2009年1月10日起生效，并在全部约定事项完成之前有效。

6. 约定事项的变更

由于出现不可预见的情况，影响审计工作的如期完成，或提前出具审计报告，甲乙双方可要求变更约定事项，但应及时通知对方，由双方协商解决。

7. 甲乙双方对其他事项的约定

甲方：某股份有限公司　　　　乙方：××会计师事务所

代表：（签章）　　　　代表：（签章）

课后小结：突出重点，指导学生，本节课学习的内容是《审计业务约定书的签定》的一个工作流程，其最终的难点内容不是约定书的签定，约定书的格式是规定好的，是程式化的，而这之前的工作程序，其具体的环节容易发生差错或遗漏，是不容忽视的，要对学生的学习给出指导性的总结。

反思过程（教研交流与教学反思）

在本节课采用“引导文教学法”能极大地激发学生的学习欲望，充分调动学生学习积极性，促使学生独立学习能力发展；通过学生独立解决问题，可以帮助学生建立起知识与技能问题的内在的联系，实现真正意义上的理论与实践的统一，可以帮助其建立良好的审计人员的职业判断和逻辑思维能力。但是由于该种方法是一种学生自由性较强的教学方法，如果教师把握不好将严重影响教学效果。因此，教师要认真做课前准备工作，严密组织教学程序，实行教学分组管理，指派专人负责，实施组长负责制，以保证各小组学习任务的顺利完成。学生在学习过程中会提出各种问题和疑问，老师要耐心指导、及时纠正，争取在课内及时解决发现的新问题。

本节引导文教学法的实施过程和步骤主要有：

课前准备、课堂教学、拓展练习三个阶段，其中课堂教学阶段详细分为：获取信息、制订计划、作出决定、实施计划、控制、评定六个环节，具体如下：

（1）课前准备阶段：引导文教学法的关键环节，主要是从以下三方面进行具体的教学准备：

①教师精心设计引导文问题。

②教师精选被审计单位案例。

③把班里的同学分为几个学习小组，每组 8～10 人，各小组根据“引导文”制订出本小组的可行性学习、工作计划，并按计划进行学习和开展工作。

引导文的每一个问题教师都需要经过仔细地推敲，但在本节课中，相关的审计工作底稿如：“了解被审计单位及其环境（不包括内部控制）”工作底稿也可以作为引导文，引导学生完成审计工作底稿的各个项目问题的回答和填写即完成了本项审计工作的学习任务。

此外，鉴证业务的每项涉及到具体工作流程的课节，均需要用到审计案例，教师在选择审计案例时需注意，要选择业务简单便于初学审计的学生掌握的案例。

（2）课堂教学阶段：给出被审计单位基本资料（略）。

①获取信息（回答引导问题）：具体问题见教学设计。

②制订计划（常为书面工作计划），如：

了解被审计单位及其环境（不包括内部控制）工作由哪几个组员完成，每个组员的分工各是什么？

签订审计业务约定书前应明确的事项从哪几方面入手？怎样把握等。

③作出决定（与教师讨论所制订的工作计划及引导问题的答案）：根据获取到的信息，填制审计工作底稿“了解被审计单位及其环境（不包括内部控制）”；签订审计业务约定书前应明确的事项，包括本审计业务的性质和范围、评价专业胜任能力和确定本次审计收费标准。

④实施计划（完成工作任务）：在了解被审计单位及其环境之，明确了签订审计业务约定书前应明确的事项后，按给定范文进行审计业务约定书的编写。

⑤控制（回答“是否圆满满足要求”的问题）：本次签订的审计业务约定书是否满足要求，有无遗漏？

⑥评定（回答“下一次在哪些方面应该做得更好”的问题）：主要从实际工作流程考虑，从签订的审计业务约定书之前的基础审计工作出发找差距找问题，使本节教学效果得以最大程度的提升。如：

通过这节课的学习，你认为作为注册会计师在了解被审计单位的具体环境时重点应了解的内容有哪些？

通过本节课学习，你认为在注册会计师实施现场审计前，被审计单位应至少将哪些会计资料及相关文件备齐？

（3）拓展练习阶段：给出相关单位具体的审计业务约定书，让学生判断该审计业务约定书有无差错与遗漏，对学生本节课的学习效果给予检验。

9）教学效果评价

通过本节课的学习学生能掌握会计报表审计工作之初的相关工作流程，直至与被审计单位签定业务约定书。在本节课中能力较强的学生主要通过回答引导文中的问题自主学习，教师在课堂上所起的作用完全是引导作用，相对来说，教师会有更多的时间去帮助学习能力较差的学生，对他们进行指导，帮助他们解决、分析问题，通过小组合作共同制订工作计划，并进行审计意见的相互交流，培养学生的合作能力、获取书面信息的能力、独立制定计划的能力以及检验工作成果的能力。

“引导文教学法”中教师的工作任务是很大的，不仅在于引导文的编写，从审查学生的学习计划、评估小组学习成果、总结审计经验教训、引导学生做进一步深入研究等方面始终起引领作用。因此教师要在课前作好充分的准备，这样才能掌控整个课堂。引导文头教学效果评价表见表9－3。

13.3 在会计专业教学中应用引导文教学法应注意的事项

13.3.1 引导文教学法的应用分析

1）引导文教学法应用的条件和场合

“引导文教学法”是一种以学生为主体、教师为主导，以学生自学为主的教学方法，在学习中不给学生设定步骤，让学生通过寻找问题答案而自主学习。

引导文要规定学习的原则，描述学生的任务，给出许多支持性问题，让学生通过寻找这些问题，来产生解决方法。另外，教师给出评价标准，让学生能对自己的工作结果加以评价，从评价中提高技能。因此并不是所有的教学内容都适宜采用这种教学方法的，只有产生最终产品或可检验工作成果的教学过程，才能采用这种教学模式。这种方法特别强调学生自主行动，要求学生独立工作，所以要求学生具备一定针对具体问题的专业知识，从而能够借助教材里的信息文本处理任务。上述案例就要求学生已掌握了设置会计科目和账户、复式记账的基本理论、原始凭证填制和审核等基础知识之后，通过引导文件来完成本项任务的，试想要让学生通过引导文件完成复式记账的基本理论学习将是难以实现的。

2）运用引导文教学法的几个关键点

在会计教学中运用引导文教学法，首先要注意分析多方面因素，包括教学目标、教学内容、教学媒体、教学环境以及学生情况等，判断什么时候适宜使用引导文教学法。在内容选定的基础上，要正确运用这种教学方法，还应注意以下几个问题：

（1）准备工作必须做充分。“引导文教学法”在实施过程中需要的材料很多，而且学生在学习过程中也会不断发现、不断提出新问题，这就要求教师要认真研究教材，尽可能多地搜集相关性的材料，并尽可能全面地考虑学生学习中可能出现的问题，做到充分准备、整体把握。

（2）时间安排要合理。与传统的传授式教学相比，引导文法花费的时间较多，课堂教学时间有限，教师可考虑把引导文先分发给学生，让学生在课下完成获取信息的适当任务。比如本案例中，教师就可以考虑在学生完成了原始凭证填制和审核任务后，把本节的任务和引导文件发给学生。

（3）“引导问题”要全面、准确、适宜。“引导问题”是“引导文”的主要部分，也是学生制订和实施学习计划的重要依据。因此，在设计“引导问题”时，教师要充分挖掘教材内涵，充分了解学生的个性特点，用准确的语言，提出适宜学生学习的能涵盖教材所有知识点的“引导问题”，充分体现“引导问题”的引导作用。很多引导文针对一个主题包含了大量任务，导致完成部分任务的时间被拖长数周，其实这样歪曲了引导文的概念，因为引导文本应非常有助于解决问题，可以在几小时内协助找到答案。

(4) 教学过程中，教师要认真组织、耐心辅导。“引导文教学法”是一种学生自由性较强的教学方法，组织不好将严重影响教学效果。因此，教师一方面不要过于干涉，另一方面要认真组织教学，可实行分组管理，组长负责制，保证各小组学习任务的顺利完成。学生在学习过程中会提出各种问题和疑问，老师要耐心指导、及时纠正，争取在课内及时解决发现的新问题。

(5) 教师要进行全面总结，重点讲评。各小组把本组的学习总结写好之后，教师要认真批阅，并结合辅导中发现的问题，对本节内容做系统全面的归纳总结；并对学生反映较多的问题、易错易混的部分做重点讲评，保证学生系统全面、重点突出地掌握知识。

正确运用“引导文教学法”可以提高学生的自学能力，提高学生发现、分析、解决问题的能力和科技创新能力，培养学生的创造性思维能力和创新品质，开发学生自身潜能以及迎接各种挑战的能力，避免了传统教学方法理论与实践脱节、难以激发学生学习兴趣的弊端，是一种值得推广运用的教学方法。

13.3.2 引导文教学法在利润分配教学中的应用分析

1) 引导文教学法应用的条件和场合

在使用引导文法讲授利润分配时，教师应该是已经深刻领会引导文教学法的内涵；教师对下列内容非常熟悉：公司法和公司章程中关于利润分配的规定、税法中关于弥补亏损的规定、新会计准则中对盈余公积管理的规定、华达公司的现金流量状况和公司董事会决议等内容。教师在课前已经拟定出高效且便于操作的关于利润分配过程的纸质引导文和电子版引导文（含工作计划表、任务评价表），该引导文能引导学生一步一步自己动手完成公司的利润分配工作；学生已经学过财务会计，对于企业利润形成和分配的会计核算较为熟悉，这样，学生在搜集材料和获取信息阶段的目的较为明确，并且难度会降低，为本次课奠定扎实的理论基础。具有最终产品或可检验工作成果的教学过程，比较适合采用这种教学模式，因此项目工作最适合采用引导文法，例如财务成本管理中的预算业务。

2) 运用引导文教学法应注意的几个问题

在使用引导文教学法讲授利润分配时，应注意以下问题：

(1) 课前要求学生分好工作小组，实行分组管理，组长负责制。分组时要兼顾到学生的合理搭配，一般把学习能力不同的学生安排在一组，以便相互交流，相互促进，共同提高。这样，更利于调动学生的积极性，学生也更容易完成任务。

(2) 设计好利润分配的引导文。引导文是引导文教学法成败的关键，因此，授课教师要根据利润分配的授课内容，结合会计专业学生已经学过财务会计中利润核算的特点，设置恰当的引导文。在引导文中，引导问题的设置要涵盖教材所有知识点，难易适中，符合学生的特点。本次课设计的引导问题共分七个步骤，在本次课利润分配的引导问题中，“第一步，计算应缴纳的企业所得税；第二步，计算税后利润、提取法定盈余公积金、可供分配利润；第七步，计算资本调整后剩余税后利润”对于会计专业的学生来说很简单；重点和难点是在“第三步，计算资本结构调整后的投资规模；第四步，计算资本结构调整后的股权资本额；第五步，计算资本结构调整后需追加增股权资本额；第六步，计算需以税后利润转增资本额”，这四步是财务成本管理中的新知识，教师要作为重点来辅导，在“作出决定”环节，教师可给予适当的引导。如第三步中，计算资本结构调整后的投资规模要由调整后的资产负债率60%倒挤出来等。本案例还涉及到资产负债率和产权比率，这就要求学生对财务指标的内容作进一步的了解。如果没有学过，就需要教师对此进行适当补充。再有，引导文中的“工作计划表”和“成绩评价表”要便于操作，并且把利润分配的主要知识点涵盖进去，使计划和评价不再是空洞的形式。

（3）把握好时间、组织好课堂纪律。利用引导文教学法学习利润分配的过程，是学生按照引导文主动、独立地学习过程。在学习过程中，学生遇到较难的问题如“计算资本结构调整后的投资规模、产权比率的利用”时，容易引发激烈的讨论，教师要控制好时间和组织好课堂纪律。

（4）全面总结，重点讲评。各工作小组完成任务且小组自评和互评后，教师要对各组完成任务的情况认真批阅、全面总结、重点讲评。并结合辅导中发现的问题，对本节内容做系统全面的归纳总结。对重点难点内容如：利润分配的顺序、资本结构调整后的投资规模、资本结构调整后的股权资本额、资本结构调整后需追加增股权资本额和税后利润转增资本额，要详细讲评，保证学生系统全面、重点突出地掌握知识。

13.3.3 引导文教学法审计业务教学中的应用分析

1）应用条件

引导文作为一种新式的教学方法，与传统的传授式教学相比，花费的时间较多；由于每个工作岗位的具体要求随着形势的发展而不断有新的变化，因此开发符合实际情况的引导文常常有一定的难度。且在应用中须注意只有能产生最终产品或可检验工作成果的教学过程，才能采用这种教学模式。作为会计报表审计业务的初始章节，此部分知识中能形成最终的产品，即编制好的工作底稿和审计业务约定书，因此该部分可以用引导文教学法，同时，鉴证业务其他的部分，能验证最终产品或可检验工作成果的都可以应用此方法。

2）应注意的几个关键点

（1）目标。本节课采用引导文教学法，其目的是使学生根据教师课前设计的引导文问题进行自主分析问题、回答问题、梳理思路，在初学鉴证业务时，便养成一个良好的思维方式。此外将复杂而程序化的审计知识化整为零，变成一个个吸引学生的小问题，学生感觉不到学习的压力和繁重的学习任务，使整节课在一个轻松愉快的氛围中得以顺利进行。

（2）内容。结合最新会计准则与审计准则精选的教学案例——被审计单位的具体资料。

（3）媒体。电脑、投影仪及PPT教学课件。

（4）环境。多媒体教室或财会模拟实验室。

（5）组织：

①引导文的设计：所有的问题均要坚持由浅入深的原则，将大块理论知识拆成零而不散的小问题，便于学生理解、分析并消化掌握。

②引导文及实训资料的设计：教师在进行引导文及实训资料（即被审计单位的信息资料）的设计时，要条理清晰且简单易懂。因为本节内容为鉴证业务中学生初步接触实训，因此，提高学生学习兴趣，传授学习方法与培养能力才是本节的关键所在，深而繁杂的业务应尽量避免采用引导文教学法。当然，在进行引导文及实训资料设计时也可以遵循从易到难，从一般情形到特殊个案，逐步深入呈阶梯式排列地将问题呈现给学生进行训练。

14. 调查教学法

14.1 调查教学法概述

调查法是由教师和学生共同计划，由学生独立实施的一种“贴近现实”的活动，它包括搜集信息、积累经验、获取知识和训练能力。这是一种由教师和学生共同参与的教学方法，这种教学方法的中心是学生独立搜集和整理不同来源的信息，要求学生在实践现场对事实情况、经验和行为方式进行有计划地研究。调查法有助于培养学生走近现实，在独立组织的学习过程中提高理解现实的能力。调查范围、目标、主题等调查主要方面，以及调查执行步骤都是由学生自己设计、实施、检查和反馈，教师提供咨询和支持。

调查法的步骤一般分为确定调查内容，制订调查计划，搜集资料、整理资料，总结、撰写调查报告四个步骤。

14.1.1 确立调查内容、制订调查计划

1）确定内容

在调查前，首先必须明确调查方向，确定调查内容。只有明确所要解决的问题，才能减少调查的盲目性，增强调查的自觉性。所谓明确问题就是要把调查的东西由模糊变为清晰，并具可操作性（能够进行调查）的过程。明确问题常用的方法是逐步界定范围，研究者从一个模糊的意向范围入手，不断地加以限定，直至认为范围已经明确为止。

调查范围的界定也就是调查内容的界定，即应弄明白所研究问题的内涵与外延是什么。确立内容时，要注意以下五点：

（1）必要性。既要考虑现实的必要性，又要考虑未来的必要性；既要考虑微观的必要性，又要考虑宏观的必要性。简言之，要选有调查研究价值的内容。

（2）可能性。即所选内容，从人员、时间、经费和环境等方面考虑，有没有调查研究的可能。

（3）重视参阅有关资料，找到突破难点的方法等。

2）拟订计划

拟订调查计划，是调查研究工作能否顺利进行的重要保证，一个好的调查计划往往是成功的良好开端。编写调查计划，就调查目的、调查提纲的构成及使用方法、调查的地点及时限、日程安排、组成员分工、调查报告完成日期等问题进行书面说明，使之成为指导调查人员实施调查的指导文件。调查计划一般包含以下内容：

（1）调查目的。写明调查内容以及此次调查的主要目的和意义。

（2）调查对象、范围、手段和方法。说明确定用哪一种手段和方法进行调查或综合运用哪几种方法和手段进行调查，调查的方法依所要搜集的资料的种类而定。

（3）调查步骤和时间安排。说明调查将分几步进行，每一步的具体内容和时间安排以

及完成的时间。

（4）调查的组织领导及人员分工，调查材料的汇总方式。

由于人们的认识是有限的，情况也常处在动态之中，初步制订的调查计划是否适合不断变化的客观情况，只有在调查活动的实践中加以检验。在制订计划的过程中，为了使计划制订得更加切合实际，可以先进行探索性调查。

14.1.2 搜集材料

搜集材料，即在调查过程中采用问卷、访问、测验、开调查会等手段全面搜集资料。为了保证所获材料的可信度，在搜集调查材料时应注意以下几点：

（1）尽可能保持材料的客观性。在调查过程中，调查者不能带主观偏见和倾向性，应实事求是地搜取材料，不能带着观点去找材料，也不能任意取舍材料，否则就失去材料的客观性、其实性。

（2）调查人员采用座谈会或谈话等手段搜集资料时，必须采用统一的标准、统一的表格做调查记录，否则会影响材料的信度和效度。

（3）在搜集材料时还要注意不能把事实和意见混在一起，“意见”往往带有主观色彩。对被调查者提供的材料，需进行核实，以保证材料的可靠性。

（4）尽可能地采用多种手段或途径，从不同角度和侧面，不同层次和环境较广泛地搜集材料。

14.1.3 整理材料

在调查中，那些直接采集到的材料称为原始材料，必须对之进行整理分析，使之达到系统化和条理化，以便使调查者弄清材料之间的相互关系。这就要作一系列整理分析资料的工作。整理的目的是为了便于分析，而分析的基础在于整理，所以整理分析材料的工作必须认真对待，马虎不得。材料整理的步骤主要有检查、汇总、摘要和分析四步。

1）检查

在对材料进行统计分析之前，必须对材料的完整性、一致性、可靠性进行认真仔细的检查。

（1）完整性。即检查资料是否齐全。如发现有缺访或调查项目有遗漏的则应进行重访、补充。

（2）一致性。即检查材料记录方式、标准、填答和方法等是否一致。

（3）可靠性。即检查材料的来源是否可靠，对材料的真伪和准确程度进行鉴别，如发现材料有矛盾或有可疑之处，则需要重新调查。

2）汇总

把搜集到的分散、片断、零乱的原始材料归类、综合或分组，进行汇总统计。不同性质的调查材料，要求不同的汇总加工方法。经过汇总处理，使大量分散的、错综复杂的材料成为条理清楚、简洁可辨、宜于比较分析和研究的材料。

3）摘要

就是在调查材料的整理过程中，有系统地摘要记录那些内容丰富、生动具体的原始材料，使资料分析不局限于几个抽象的数据。

4）分析

对调查材料的分析研究，应该从定性研究和定量研究入手，并尽量使两者结合起来。即从数量方面进行计算、观察和分析，掌握数量特征和数量变化；又进行理论分析，以求更精确、更深刻、更具体地掌握特征及其变化的规律。

14.1.4 总结、撰写调查报告

调查报告的撰写，是调查研究过程中最后的也是最重要的一步。单纯地进行调查研究，其本身并没有什么意义，只有认真叙述结果，进行交流，才能真正发挥调查研究的作用。调查报告的内容应包括以下几个方面：

（1）研究内容价值说明；

（2）调查的工具、方法、对象及过程的简要说明；

（3）调查结果说明；

（4）对调查过程及结果进行分析、讨论；

（5）研究结论及提出有关对策。

在以上五个方面的内容中，第（3）是重点，它综合反映了整个调查数据、材料所反映的事实，其内容首先要求客观真实，其次应对明确的调研问题都要覆盖。调查报告的形式有描述性报告、解释性报告和建议性报告三种。调查报告要把理论和实践结合起来，只有这样才能具有一定的深度和价值。

14.2 调查教学法应用案例

采用调查教学法，搜集资料的手段多、速度快，涉及人数和问题的范围广。它可以通过访问、座谈、问卷、测验和搜集书面材料等多种手段向熟悉研究对象的第三者或当事人了解情况。调查法是在自然状态中进行的，它主要通过调查现状、搜集资料、进行研究，而不是像实验法那样通过控制实验因素的方法进行研究，所以调查法比较简便易行。

下面就调查法在财务报表分析教学中的应用作一介绍。

1）教学对象分析

本次课的教学对象是中等职业学校会计专业××级××班学生，已经掌握了与会计相关的基本理论和基本技能，在认知能力方面有其特点。一般来说他们的抽象思维能力相对较弱而形象思维能力相对较强，空间视觉、身体动觉等方面的能力较强，这些学生具有与中职教学相匹配的观察力和动手能力，会在实际实操的过程中完成教学任务。学生喜欢用触摸觉方式学习，在动手实践时，他们会兴趣盎然、乐此不疲，“活儿”做得像模像样，通过实践他们会为自己智力个性的开发而兴奋不已，进而促使学习信心和学习兴趣倍增。该班学生也有其缺点，好多学生具有学习动机水平低、学习兴趣缺乏、意志薄弱、胸无大志、缺乏责任感、懒惰、怕苦、畏难、自信心不足、不能正确认识自我、缺乏独立思考、自卑或妄自尊大、情绪波动大、难以自控等不良倾向。因此在该班如何组织好教学、如何提高学生学习兴趣显得尤为重要。

2）教学目标分析

本次课的教学目标是通过对本单元的教学，使学生熟悉财务报表分析的工作流程，掌握资产负债表分析、利润表分析、现金流量表分析的基本要求和方法，能够使学生熟练正确地计算偿债能力、增长能力和营运能力各项指标。

调查教学法能把理论知识与实践技能紧密结合，财务报表分析是学生今后从事会计工作的一种必备的技能。通过调查充分调动学生的主动性、积极性、参与性，发展学生的开拓、创新思维，培养学生观察、分析、归纳、总结的能力，提高学生的实际动手能力，让学生学会待人

接物的方法，培养学生的团队合作精神和严肃、认真、细致的工作态度，培养学生良好的职业道德，加强学生工作责任风险意识，树立良好的职业形象，为以后从事会计工作打下坚实的基础。

3）教学内容分析

本次课的教学内容是财务报表分析，包括财务报表分析的工作流程、资产负债表分析、利润表分析、现金流量表分析四部分，其中偿债能力、增长能力、营运能力各项指标的计算是重点。指标的分析是难点。本部分内容知识点、计算公式都较多，学生学起来易产生厌烦情绪，采用调查法让学生深入企业，获得自主活动的时间和空间，动手实践，团结协作，从而获得成功的心理体验，产生求知欲望，激发学习兴趣，使枯燥的财务报表分析变得易于被学生接受和理解。在整个调查过程中教师要注意调动学生的积极性，让每个学生都要参与进来，并让学生始终处于积极兴奋的状态，乐于观察、思考、分析、探究。

4）调查教学法应用的计算机教学媒体、工具、设备、文件和手册

采用调查教学法进行财务报表分析教学时，要备好多媒体、数码相机、计算器等；备好多媒体教学课件；在电脑中要预装有金蝶 K/3 财务管理软件；事先要准备好所用的调查工具，如列好访谈提纲，设计好调查表、问卷、观察卡片等；要备好所调查的海达公司的资产负债表、利润表、现金流量表等财务报表及其相关资料；为了方便学生查阅，还应当准备相关的文件，如：《会计基础工作规范》、《企业会计准则》、《海达公司财务管理制度》等；为了便于对学生调查任务完成情况作出合理评价，还应提供相关评价标准、相关评价表和相关手册等。

5）教学方案设计

在教学过程中，教师应该结合具体教学内容来进行教学方法选择，充分利用教学资源，结合学生的特点对知识点、技能点等来进行教案设计，下面将选取《会计核算实务》单元十一中的财务报表分析的内容，运用调查法设计教案，列示该部分的教学目标、方法、重点、难点、过程等，以学生为中心，教师指导、组织教学，让学生深入企业，采用调查法完成教学任务。专业调查法教学方案设计表如表 14－1。

表 14－1

<table>
<tr><td>教学对象</td><td>×××专业××班级</td><td>授课日期</td><td>××年×月</td></tr>
<tr><td>教学内容</td><td>财务报表</td><td>计划学时</td><td>6 学时</td></tr>
<tr><td rowspan="3">教学目的</td><td colspan="3">通过本单元学习，使学生能够：熟悉财务报表分析的工作流程，掌握资产负债表分析、利润表分析、现金流量表分析的基本要求和方法，能够使学生熟练正确地计算偿债能力、增长能力、营运能力指标并会分析。</td></tr>
<tr><td>知识目标</td><td>技能目标</td><td>素质目标</td></tr>
<tr><td>1. 了解财务报表分析的主体、目的、作用；
2. 理解财务报表分析程序、方法、流程；
3. 掌握偿债能力指标的计算；
4. 掌握增长能力指标的计算；
5. 掌握营运能力指标的计算；
6. 会运用相关指标进行分析。</td><td>1. 正确分析资产负债表；
2. 正确分析利润表；
3. 正确分析现金流量表。</td><td>1. 培养学生积极向上的工作态度和严谨细致的工作作风；
2. 学会待人接物的方法，树立良好的职业形象；
3. 强化学生的责任风险意识。</td></tr>
</table>

续表

<table>
<tr><td>教学的重点与难点</td><td colspan="4">重点：指标的计算
难点：指标的分析</td></tr>
<tr><td>教学方法</td><td colspan="4">专业调查法</td></tr>
<tr><td>教学资源</td><td colspan="4">电脑、数码相机、计算器、访谈提纲、调查表、问卷、观察卡片</td></tr>
<tr><td>对培养方案、大纲修改意见</td><td>对授课计划修改意见</td><td>对本教案修改意见</td><td>需增加资源</td><td>其他</td></tr>
<tr><td></td><td></td><td></td><td>需要海达公司资产负债表、利润表、现金流量表和报表分析资料。</td><td></td></tr>
<tr><td>教研室主任：</td><td colspan="2">系主任：</td><td colspan="2">教务处：</td></tr>
</table>

<table>
<tr><th colspan="4">调查法教学活动流程</th></tr>
<tr><th>教学步骤与内容</th><th>教学目标</th><th>教学方法</th><th>时间</th></tr>
<tr><td>一、准备
由教师和学生共同完成。将学生分为5～6人的工作小组。分组时，还应考虑学生个性、成绩、能力等一些情况。
1. 教师确定调查项目和地点。
项目：财务报表分析；
地点：海达有限责任公司。
2. 由学生讨论确定调查内容。
（1）收集建议——头脑风暴法。以小组为单位使用头脑风暴法提出建议：鼓励全体学生积极参与讨论，关注没发言的学生和小组记录。
（2）建议归类。
①各小组分别向全班展示小组建议；
②讨论修改，确定调查内容。</td><td>分组并确定调查内容、地点。</td><td>头脑风暴法</td><td>45分钟</td></tr>
<tr><td>二、计划
主要由学生小组来组织完成。以小组为单位，独立制订完整的调查计划，并根据调查计划进行内部的具体分工。教师在学生需要时提供必要的知识和技术辅导，同时负责取得相关部门的批准。
1. 制订调查计划。学生小组在工作时，教师对问卷设计、访谈技巧、记录技巧、记录表格的设计以及调查中的注意事项等方面进行辅导。例如：访谈辅导－角色扮演可以由学生扮演被访者和访问者，教师也可以扮演被访者。
2. 展示调查计划。要求各小组用思维导图自主完成制作调查计划，并在全班进行展示，讨论和修改。教师参与讨论修改过程。
3. 分工。由学生小组进行内部分工。要求每项工作都有人具体负责，并拟定相互配合的方式。如：搜集资料、联络沟通、收发防护服、访谈人（要求自主完成邀请和沟通）、记录员、拍照录音等等。</td><td>确定调查计划并分工。</td><td>• 角色扮演法
• 思维导图法</td><td>45分钟</td></tr>
</table>

续表

教学步骤与内容	教学目标	教学方法	时间
三、实施 要求严格按调查计划实施。 1. 听取企业方面的介绍。 2. 与设计人员座谈、访谈。 3. 观察，会计人员介绍。 ①账、证、表和分析资料； ②报表分析流程； ③规章； ④会计人员协同工作情况。 4. 访谈财务经理、财务主管。 注意：在征得企业同意后，搜集资料、拍照等	1. 了解财务报表分析的主体； 2. 了解财务报表分析程序、方法、流程； 3. 了解偿债能力指标的计算； 4. 了解增长能力指标的计算； 5. 了解营运能力指标的计算。	观察、访问、座谈、问卷等	90 分钟
四、总结 1. 各小组对搜集的材料进行讨论、整合。 （1）资料整理； （2）数据处理； （3）座谈与访谈文字记录资料整理。 2. 对整合的结论进行梳理，形成调查报告。 3. 制作汇报 PPT。 4. 各小组展示汇报和讨论。 学生相互分享调查体验和收获，并依据调查目标是否达成展开讨论。 5. 各小组修改、提交报告。	形成调查报告。	讨论、演示	45 分钟
五、反馈 1. 将学生调查结果和建议反馈企业； 2. 听取企业对本次调查的建议。	培养认真、严谨的工作态度。	案例分析	45 分钟

6）调查法教学效果评价

调查法教学效果评价的主要内容有：调查内容的选择是否适合调查法；准备是否充分；计划是否周密；调查方法是否得当；形式是否生动、活泼；学生的参与是否积极；教学档案的建立是否完整、科学；调查报告是否符合要求等等。具体内容见表 14－2。

表 14－2　　调查法教学效果评价表

总体印象：优□　良□　中□　差□　评议分数：________

	评价项目	分值	A	B	C	D	E
			10	8	6	4	2
1	调查内容符合教学目标和教学内容	10 分					
2	教学目标和教学内容的安排要合理	10 分					
3	准备是否充分	10 分					
4	计划是否周密	10 分					
5	调查方法是否得当	10 分					

续表

	评价项目	分值	A	B	C	D	E
			10	8	6	4	2
6	形式是否生动、活泼，学生的参与是否积极	10分					
7	调查报告是否符合要求	10分					
8	能给予学生思考、联想、创新的启迪	10分					
9	学生达到教学的知识目标和技能目标的比例高	10分					
10	能有效地利用各种教学资源	10分					
对本次课的教学内容、方法、手段等的具体指导意见或建议： 签字： 年 月 日							

14.3 在会计专业教学中应用调查教学法应注意的事项

14.3.1 调查法应用的条件和场合

运用调查法进行教学，要求教师要有良好的组织能力、良好的逻辑思维能力、良好的反映能力、充分的前沿会计专业知识和丰富的会计实践经验。教师组织实践教学的能力是调查法教学效果的关键。教师既是自身实践教学活动的参加者，又是学生实践教学的主要组织者和指导者，身兼两职，足可显其在实践教学中的重要地位和作用。

运用调查法进行教学，要求学生：为人正直、谦虚、诚恳，待人热情，能关心、理解、尊重人，仪态端庄大方；具有较强的语言表达能力，具备一定的分析和解决问题的能力，组织座谈会和访谈的引导能力，记录能力和交往应对能力；熟悉问卷、量表及有关资料，以认真负责的态度实施调查研究计划。

运用调查法进行教学一定要做好准备工作。根据教学内容准备好教学媒体、工具、设备、文件和手册，特别是学生的知识准备，如财务报表分析采用调查法教学时，一定要让学生掌握资产负债表、利润表、现金流量表等财务报表及其相关知识，事先预习财务报表分析的相关内容，不打无准备之仗。调查法主要应用在便于展开观察、座谈、访问、问卷的教学内容。

14.3.2 调查法运用应注意的几个关键点

调查教学法作为一种实践性较强的教学方法，它是通过访问、座谈、测验或发放问卷等方式获得调查指标，以达到分析、研究的目的。这种方法要求学生在教师指导下，有目的地设置调查研究专题，让学生在调查研究中主动地获取知识、应用知识、解决问题。在调查活动中学生学会选择、判断、解释和应用，从而激发学生的探索和求知的积极欲望。这种学习方式能使学生接近实际，让实际中活生生的事实去激发学生分析研究的兴趣，促使他们主动地、积极地获取知识，提高实践能力。恰当地利用调查法可大大地提高学习效率，在其实施过程中需要注意以下几个方面：

（1）运用丰富的形式开展调查。问卷调查法是书面提问的一种调查方式，也是调查活动最常用的一种方式。其优点是设计者先将有关问题列出来，便于操作，但运用到教学中，又会束缚学生的思维，不利于发散性思维能力的开发。所以采用丰富的调查形式，如就某一专题召开座谈会、进行现场访问、个别访谈等，更有利于提高学生的学习兴趣，培养学生的综合素质。

(2) 要调动学生的学习积极性。在调查的实施过程中，学生大多能主动积极参与，认真完成调查任务。但也有部分学生只停留于答卷，不会通过调查发现问题，更不会综合分析调查结果。教师要发挥监督指导作用，并把调查列入考核成绩，有效防止部分学生不踏实、浮躁的作风。

(3) 要注重考查学生的综合能力。未来的社会竞争将更加激烈，只有具备很强的适应能力、分析问题能力、解决问题能力的高素质人才，才有竞争优势。调查教学法在锻炼学生的实践能力方面无疑是一种好方法。

(4) 在时间安排上应充分合理。为更好地运用调查教学法，在课程的整体设计上应注重调查时间的相对宽松，注意充分发挥学生课余时间的作用。如在资料的查阅上，可以提前给学生布置，让学生对问题进行较深入的了解，更利于提高学生分析问题和解决问题的能力。

总之，调查法要让学生在活动中获得亲身参与研究探索的体验，提高发现问题和解决问题的能力；要让学生学会分享与合作，培养科学的态度和良好的职业道德素养。要让学生在丰富的感性认识下，主动构建起会计知识网络。调查法既要培养兴趣又要培养基本技能，要变课堂的被动学习为主动学习，同时，又要能很好地达到教学目的，弥补教学中的实践不足问题。

15. 任务驱动教学法

15.1 任务驱动教学法概述

任务驱动教学法是一种建立在建构主义学习理论基础上的教学方法，它将以往以传授知识为主的传统教学理念，转变为以解决问题、完成任务为主的多维、互动式的教学方法。要求在教学过程中，以完成一个个具体的任务为线索，把教学内容巧妙地隐含在每个任务之中，使学生处于积极的学习状态，在强烈的问题动机的驱动下，通过对学习资源的积极主动应用，进行自主探索和互动协作的学习。在教学过程中，学生成为教学的中心，教师由统治地位逐步后退到扮演学习伙伴的角色，帮助学生完成任务。

任务驱动教学法要求在教学过程中，首先要呈现整体性的任务，任务的设计很重要，要体现真实性，要考虑任务的大小，难易程度，学生是否感兴趣等。学生在接受到任务后先要分析、分解任务，并在完成具体任务的过程中发现问题、提出问题，通过自己的思考和老师的引导解决问题。

任务驱动教学方法的实施具体过程通常包括：

1）结合学生特点，精心设计任务

任务的设计要在企业原型的基础上，按照教学目标，精心筛选、整理企业案例。实施任务之前要先带学生参观企业，参观后把企业的任务带回课堂，完成企业的实际工作。教师在设计任务环节要充分考虑学生的特点，尽可能模拟真实的情境，通过创设情境让学生了解学习任务的必要性和与学习任务相关的学习信息，激发学生的学习兴趣。兴趣是最好的老师，让学生在“想学”和“乐学”的基础上掌握有关会计的理论知识与技能知识，并获得与将来职业相关的综合职业能力。

2）引导学生，提出任务

设计好“任务”之后，教师要引导学生进入学习情境，由学生提出本节课具体任务。任务驱动教学法特别强调，知识不是通过教师传授得到的，而是学习者在一定的情境下，借助他人的帮助，利用必要的学习资料，通过自己的经历获得的。

3）分析任务

给出任务之后，教师不要急于讲解，任务分析是必要的过程，教师引导学生将任务进行分解，找出解决问题的关键点。并指出应用哪些知识完成任务，从而使学生明确学习目标，将所学理论知识应用于实践。

4）自主协作，完成任务

任务驱动法强调学生独立探索，由学生提出问题、分析问题，自己解决问题，培养学生的自学能力和相对独立的分析问题、解决问题的能力以及与他人合作的能力。因此，教师尽量不要直接告诉学生应当如何去解决面临的问题，可以向学生提供解决问题的有关线索或资源，由学生个人或者分组去独立完成任务。通过采用符合学生特点的、直观的、有效的、合作的方法来提高学习的效率。

5）交流评价

评价可以采用自评、组内互评、组间互评、教师点评等多种评价相结合的方法。该环节是任务驱动教学法必不可少的环节，应该在肯定学生成绩的同时，指出存在的问题和有待改进的方面，在激发学生积极性与增强信心的同时，也让学生懂得学无止境的道理，更大地激发他们的求知欲望，帮助学生建立目标导向激励系统，使学生通过渐进性和阶段性的方式逐步实现目标。

15.2　任务驱动教学法在“归集分配材料费用”教学中的应用

1）教学对象分析

本节课的教学对象是会计专业××级××班学生，他们已经学习了基础会计、财务会计等会计专业课程，并且掌握了成本费用归集分配的基础知识。该班为30人小班型，女生居多，班风较好，多数学生学习态度端正，有一定的学习积极性，能在教师的指导下，积极思考，较好地配合教师开展各项课堂活动。小部分学生学习兴趣不高，学习方法欠缺，表现在学习的主动性和探索性不够，学生不爱提问题，不愿意动手动脑。

2）教学目标分析

本单元的教学目标是使学生掌握成本核算岗位必备的理论知识、技能要求和综合素养。具体包括归集分配要素费用，归集分配辅助费用，归集分配制造费用，计算完工产品成本。本节课教学内容为海达公司2009年7月材料费用归集与分配的业务，在教学过程中要充分体现知识目标、技能目标和素质目标。本节课的知识目标是使学生理解企业如何选择材料费用分配方法，分析每种方法的利弊，技能目标是汇总材料费用并分配材料费用。素质目标是通过对企业如何选择材料费用分配方法的探讨，培养学生管理意识和为企业服务的意识，通过材料费用汇总和分配的过程培养学生细致严谨的工作作风，通过小组协作方式培养学生团队意识，竞争意识，提高学生与人沟通交流能力。

3）教学内容分析

海达公司是生产塑料制品的企业，本单元设计的主要任务是计算海达公司完工产品成本。为了计算完工产品成本，又对该任务进行分解，设计了几个子任务。学生已经完成了其中一项，任务一是确定成本核算对象，本节课的内容是任务二归集分配材料费用。具体教学内容包括：根据领料单编制发料凭证汇总表，编制材料费用分配表，编制记账凭证。

为了达到上述教学目标，本节课的教学内容应当是利用前面所讲的材料费用分配的方法，培养学生的实际应用能力。在本节课中使用任务驱动教学法可以充分调动学生的参与积极性，紧密围绕材料费用归集分配这一核心工作展开教学任务设计，并突出关键知识点与技能点，在整个教学活动过程中依据教学内容分解教师活动和学生活动，明确工作任务，让学生在轻松又严谨的课堂氛围中，通过自己实践，获取知识和技能。在完成任务过程中，需要小组成员之间的协助与交流，可以增进同学之间的感情，培养学生的团队意识，激发学生学习的积极性和学习热情。

4）任务驱动教学法应用的计算机教学媒体、工具、设备、文件和手册

任务驱动教学法应用的计算机媒体主要有电脑、投影仪、音响等，另外要有海达公司业务简介、生产流程简介的光碟，海达公司成本费用管理制度，海达公司 2009 年 7 月成本费用原始凭证、记账凭证、教学评价表。

5）教学设计

任务驱动探究式教学法就是将任务驱动的教学方式与探究性学习的学习方法结合起来，通过整合教学内容，使学生在阶段任务的驱动下分组探究，自主学习，自行完成学习任务的教学法。根据这个通常的做法，本节课的任务驱动教学法教学设计表如表 15－1 所示。

表 15－1　　任务驱动教学法教学设计表

授课时间	______年____月____日　第____周　星期____　第____节
授课班级	______专业　____年级　____班级
教学内容	归集分配材料费用
教学目的	本节课的知识目标是使学生理解企业如何选择材料费用分配方法，分析每种方法的利弊，技能目标是掌握企业材料费用归集分配的过程。素质目标是通过企业如何选择材料费用分配方法的探讨，培养学生管理意识和为企业服务的意识，通过材料费用归集和分配的过程培养学生细致严谨的工作作风，通过小组协作方式培养学生团队意识，竞争意识，提高学生与人沟通交流能力
教学方法	任务驱动教学法
教　具	企业原型、电脑、投影仪、音响、场景布置用品、海达公司业务简介、生产流程简介的光碟、海达公司成本费用管理制度、原始凭证、记账凭证、多栏式明细账、教学评价表
教学重点难点	教学的重点是材料费用归集过程和分配过程。难点是企业如何选择材料费用分配方法

续表

教学过程（教学内容及环节）
一、设计任务 本单元主要任务是学生能正确计算企业完工产品成本和单位成本。为了完成该项任务，教师设计了一个小型制造企业海达公司的案例，但是教师没有把这个案例直接抛给学生，而是先带学生到海达公司参观，参观前告诉学生回来后要为海达公司计算产品成本。通过参观企业，让学生把真实的任务带回课堂，这种做法，既解决了企业无法接纳大批学生直接顶岗实习的问题，也解决了学生因为没有感性认识，对所学理论知识不感兴趣，无法与企业实际工作联系起来的难题。在不妨碍企业正常工作的情况下，教师带领学生参观企业厂房、生产工艺流程、财务部工作，由企业人员现场介绍生产过程，财务人员讲解财务核算过程。参观企业后，教师将精心设计的海达公司案例作为一个任务布置下来，学生从收集、汇总原始单据开始，编制记账凭证，到登记成本费用明细账、结账、编制完工产品成本计算单。在把握教学总体目标的基础上，把总目标细分成一个个小的目标，并把每一个学习模块的内容细化为一个个容易掌握的“任务”，通过这些小的“任务”来体现总的学习目标。这样做，有利于学生弄清楚数据之间的勾稽关系，哪些属于输入数据，哪些是输出数据，输入数据的生成途径和来源。本节课教师设计的子任务是海达公司材料费用的归集与分配。在实施该项任务之前，学生已经了解了海达公司概况，确定了成本核算对象。 **二、创设情境提出任务** 教师只是设计任务，但是每节课具体应完成哪项子任务，由学生在充分讨论的基础上提出。因为成本费用核算这部分知识计算比较复杂，很多学生难以理清数据的来龙去脉，把企业系统的成本核算割裂成一个个简单的知识点。采用任务驱动教学法，把计算企业产品成本作为一项总任务，为了完成该项任务，企业每一步应做什么工作，作为细化的子任务由学生在实践过程中自己提出，这样不仅有利于调动学生的学习热情，而且有利于学生掌握企业成本核算流程，在完成任务的过程中体会到成就感。例如，本节课教师先总结学生已经完成的工作，然后提出本节课我们应该做什么？学生讨论的结果可能有几种情形，比方说有的同学提出根据原始凭证编制记账凭证。教师在肯定这一思路的情况下让学生具体操作，学生会发现另一个问题，很多张领料单要编制很多张记账凭证，而且领料单上只有数量没有金额，不能直接根据原始凭证编制记账凭证。这时教师再进一步启发，学生会想到根据原始凭证编制原始凭证汇总表。 **三、分析任务** 1. 生产部应以生产作业计划为根据开具领料单，领料单一式三联。 2. 生产车间指定人员持领料单向仓储部领用所需原材料。 3. 仓管员审核单据手续是否齐全。符合者予以发放原材料，并当面清点原材料的数量并记账，除领料单一联退领料单位外，其余两联由仓库接收，其中一联自存，另一联送财务部。 4. 月末，由各用料单位专职人员根据各种领退料凭证进行汇总，财会部门成本核算员划价进行金额汇总，编制发料凭证汇总表。 5. 材料消耗汇总表确定本月领用材料金额合计，能直接入成本的就直接计入，由几种产品共同负担的，需要在这几种产品之间进行分配。编制材料费用分配表。 6. 根据材料消耗汇总、材料费用分配表编制记账凭证。 7. 月末，财会人员与仓管员清点库存，盘点实物，做到账实相符。若发现不符，财务部门应追查原因，及时处理。 8. 对海达公司选择的材料费用分配方法进行评价，并提出改进意见。 **四、自主协作，完成任务** 将学生分成四组，每组选一名组长负责具体工作。任务驱动法强调学生独立探索、亲自完成任务的全过程，以培养学生用探索式学习方法去获取知识与技能的能力以及与他人合作的能力。因此，教师尽量不要直接告诉学生应当如何去解决面临的问题。例如，在编制发料凭证汇总表环节，学生根据领料单汇总发出材料数量的合计，但是不会确定发出材料的金额，这时，教师不能直接告诉学生运用以前学过的存货发出计价的知识点，而是启发学生，向学生提供解决问题的有关线索或资源，由学生分组去独立完成任务。为了培养学生发散思维，解决企业实际问题的能力，教师设计的任务应具有一定的开放性，在按照海达公司已经选择的方法完成材料费用的归集分配后，教师应尊重学生的想法，对海达公司选择的材料费用分配方法进行评价，并提出改进意见。

续表

教学过程（教学内容及环节）
五、交流评价 （1）学生评价：在选择分配方法环节表扬论述理由充分、善于表达自己观点的同学；在费用归集和分配环节，表扬本小组完成最好的同学。 （2）让学生代表总结本堂课的收获。 （3）由教师总结本堂课的主要内容。 **六、在评价手册上记录本课程的结果和教师授课评价手册** **七、课后教研交流任务** 1. 完成任务 （1）小组活动： ①将教师按照专业方向分成四组，每组选一位组长，开展教研活动。 ②活动内容：选取某一知识点，使用任务驱动教学法，设计一个45分钟的公开课，准备参加单元检验公开课展示会。 ③要求：内容完整、课程设计科学、教案内容详实、课件制作精美、符合教学规律。 （2）个人完成： ①学习任务驱动教学法；②设计公开课；③参加小组交流活动。 （3）小组思考： ①使用任务驱动教学法应该注意的问题有哪些？ ②任务驱动教学法在本门课程中还可以应用到哪些知识点？ ③使用任务驱动教学法，教师应具备哪些素质？ 2. 单元检验公开展示课的综合评价 （1）全体教师参加听课、评课。 （2）培训教师做综合评价。（登记教学效果评价表）

6）任务驱动教学法教学效果评价

任务驱动法教学效果评价的主要内容有：任务内容设计和对知识的选择是否适合任务驱动教学法；教师引导和课前的准备是否充分；形式是否生动、活泼；学生是否充分展示个人观点，保质保量完成操作任务；学生的参与是否是积极状态；结论是否对企业有帮助；教学档案的建立是否完整、科学等等。任务驱动法教学效果评价如表15－2所示。

表15－2 **任务驱动法教学效果评价表**

总体印象：优□　良□　中□　差□　　　　评议分数：

	评价项目	分值	A	B	C	D	E
			10	8	6	4	2
1	任务内容符合教学目标和教学内容	10分					
2	教学目标和教学内容的安排要合理	10分					
3	能加深学生对所完成任务的价值观的了解	10分					
4	任务环节清晰，内容充实，信息量大	10分					
5	教学环境安全、宽敞明亮，没有噪音影响	10分					
6	教学气氛愉快，活跃，学生热情参与	10分					

续表

	评 价 项 目	分值	A	B	C	D	E
			10	8	6	4	2
7	任务内容能反映或联系专业发展的新思路，新概念，新成果	10分					
8	能给予学生思考、联想、创新的启迪	10分					
9	学生达到教学的知识目标和技能目标的比例高	10分					
10	能有效地利用各种教学媒体	10分					
对本节课的教学内容、方法、手段等的具体指导意见或建议： 签字： 年 月 日							

15.3 在会计专业教学中应用任务驱动教学法应注意的事项

1）任务驱动教学法应用的条件和场合

运用任务驱动教学法进行本项内容的教学，所需要的条件主要有：合格的指导教师（该教师要有良好的组织能力、良好的逻辑思维能力、良好的反映能力、丰富的实践知识）；要有思维活跃，善于表现，动手能力比较强的学生，学生能力提高的过程不是一朝一夕，在于教师平日的指导。例如材料费用归集与分配教学内容，如果采用传统教学模式，教师“一言堂”直接讲解费用归集过程和费用分配的计算过程，教师费力不见成效，学生听得“云里雾里”，直想睡觉。选用任务驱动教学法，通过在“做中学”，通过具体任务调动学生积极性，通过意义建构方式获得知识和技能。另外，要有合理的教学场所的布置，恰当的场景设计等等。任务驱动教学法在本课程中有以下内容可以使用：（1）归集分配辅助费用；（2）归集分配制造费用；（3）计算完工产品成本。

2）任务驱动教学法运用要注意的几个关键点

（1）任务驱动教学法就是让学生在一个个典型任务驱动下展开教学活动，引导学生由简到繁、由易到难、循序渐进地完成一系列任务，在完成任务的过程中，培养分析问题、解决问题的能力，建构真正属于自己的知识与技能。因此，任务设计的质量直接影响到教学效果。要求教师在课前要认真分析教材，任务设计要符合教学目标和教学内容，避免出现与教学内容和教学目标相脱离的现象。例如，本单元设计的总任务是计算海达公司完工产品成本。为了增加任务的真实感，激发学生学习热情，本单元设计任务以真实企业为原型，先带领学生参观企业，然后教师将以真实企业为原型，按照教学需要，将精心筛选设计的案例作为一个总任务布置给学生，任务中以企业生产产品耗用真实材料名称为基础，同时每一项具体任务紧密围绕教学内容的知识点。任务设计环节强调任务的真实性，但是又需要教师对真实业务进行精心筛选与设计。如果设计任务完全照搬企业实际情况，会导致任务过大，增加学生处理难度，同时个别企业有些处理方法不具有代表性，不宜完全照搬企业实际做法，如果设计任务脱离企业，只是书本练习题的翻版，学生对此不敢兴趣，这样设计的任务也是失败的。

（2）任务驱动教学法融合了探究教学法、问题教学法的特点，任务驱动教学法采取小组讨论、协作学习的方式，学生学习的过程就是一个探究的过程；任务驱动教学法通过把一个具体任务分解成若干个问题来驱动学生的学习。是“以任务为主线、教师为主导、学生为主体”的教学模式。每个学生在完成任务过程中，发现问题，先在小组内讨论协商，寻求帮助，小组解决不了的问题，由老师引导，大家一起解决。该种方法设计的任务应该具有开放性，要给学生一个创造的空间，激发学生的兴趣和探索欲望。例如，本节课的任务是归集分配材料费用，海达公司采用定额耗用法分配材料费用，教师引导学生展开讨论，是否同意这种方法，是否有更适合企业材料费用的分配方法，帮助企业出谋划策，选择合适的方法，提高费用分配的准确性。

（3）应用任务驱动教学法需要的教学环境应该是安全、宽松的，教学气氛应该是愉快的，不要给学生带来过大的压力或让学生产生挫败感，要注意学生的性格特点，教师要努力创造条件引导学生完成任务，但不可过多干涉，否则学生无法真正体验到成功的快乐。教师要保护学生的好奇心，提高学生发现问题和提出问题的勇气，鼓励学生自主探究完成任务。例如在引出根据领料单编制发料凭证汇总表这一任务时，学生很难直接想到，教师要努力营造轻松自由的气氛，让学生充分开展讨论、交流，对学生提出的具体任务要让学生动手尝试，不能教师直接把任务抛给学生，或者直接否定学生的观点。

（4）应用任务驱动教学法需要的教学媒体应该是先进的。如电脑、展示屏幕、良好的音响设备等。否则会影响教学效果。另外，完成该项任务应该在会计模拟实验室进行，有必备的办公设备，让学生有身临其境的感觉。

（5）应用任务驱动教学法一定要注意教学组织工作。课前的准备一定要充分，如操作需要的物品，原始凭证、记账凭证、明细账簿等。在学生讨论环节，教师要有所控制，注意引导。比如，学生在探讨企业是否可以选择其他方法分配材料费用时，要求学生说出选择其他方法的理由。在讨论过程中，教师要设置一些障碍，培养学生严谨的思考习惯，要注意引导学生挖掘知识的深度和广度，例如企业对不同的材料是否可以选择不同的分配方法，选择不同的分配方法各产品分配的费用是否相同，如果不同，是否说明总的费用也发生了改变。

（6）交流评价与归纳是总结、反思与巩固的阶段。在学生群体各自完成任务后，要组织交流，相互介绍中间的成果或者最后的作品。交流的目的一方面是使学生通过展示自己的作品，有一种成就感；另一方面是总结完成的过程方法，对任务进行理论性深化，使学生意识到理论和实践间的内在联系，明确该项任务与后续教学内容间的联系。

16. 实验教学法

16.1 实验教学法概述

实验教学法在会计专业教学中的运用主要是指情景模拟案例实验教学法。“情境模拟案例实验教学法”就是要求围绕有待探讨的某一管理问题，从实践、案例和相关资料中，搜集相应素材，编写成情境模拟实验教学指导书或称“剧本”，让学生扮演其中的角色，从中学习并运用知识进行操作，达到提高学生运用所学管理知识解决问题的能力。实验教学法可以从总体上充分调动学生的学习积极性，增强学生的独立思考和独立决策能力，使学生将所学的知识直接与实际相联系。在教学手段上充分利用了幻灯、录像、实物投影、VCD等高科技技术和现代化的教学手段，增加了实验教学的直观性、形象性和立体感等，其最大的优越性是加大了实验的信息容量，提高了实验的效率。

实验教学法的主要特征表现在：

(1) 理论与实践的高度结合。情境模拟实验教学法是建立在管理理论与实践高度结合基础上的一种教学方法，其结合的深度、广度、紧密程度超过其他教学方法，因而此法最能达到让学生学以致用和培养综合素质的目的。

(2) 情与境的有机结合。情境模拟实验教学法的目标是建立“情”与“境”相结合的教学模拟系统。它涉及到两方面的内容：一为“情”，即人的感情、理念、心态等属于情感性的因素的模拟，如在进行“预测业务”的模拟实验时，不仅要让参与者“身临其境”，还要造成一种让他们有身临其境的感觉，从而使其得到接近现实锻炼的目的；一为“境”，即对实际案例中的非人因素进行模拟，这些因素包括：内部环情（如人事环境、运营环境、设施等）、外部环境（市场状况和国家政策）与企业文化氛围等。

(3) 教与学的真正结合。实施情境模拟实验教学法，可以将教师与学生较完美地结合在一起，共同完成教与学的任务。

(4) 知识性与趣味性的圆满结合。情境模拟实验教学活动真实、生动、多姿多彩，具有极强的趣味性和吸引力，可以真正达到“寓教于乐”的目的。

本实验教学法的组织形式可以是一人单独完成任务也可以是小组合作的形式完成任务。但更多的是小组形式。强调学生集体参与，让每一个学生承担不同工作，扮演不同角色，以加深他们对不同销售预测方法的体会。

本实验教学法在财务成本管理中主要适用于筹资管理、长期投资管理、经营决策管理、成本预测和成本控制、预测业务、预算业务等等。

本实验教学法按照下面五个教学步骤进行：

第一步，确定实验任务。通常由教师提出一个或几个实验任务设想，然后同学一起讨论，最终确定实验的目标和任务。比如，在销售预测中，通常只有一个任务；又比如在目标利润实现的措施上，通常会有几个任务。

第二步，制订计划。由学生制订实验工作计划，确定工作步骤和程序，并最终得到教师认可。

第三步，按计划进行模拟实验操作。由学生确定各自在小组的分工以及小组成员合作的形式，之后按照已确立的工作步骤和程序工作。

第四步，检查评估。先由学生小组进行自我评估，之后再由教师对实验工作成绩进行检查评分。师生共同讨论、评判在实验工作中出现的问题、学生解决处理的方法以及学生的行为特征。通过对比教师与学生的评比结果，找出造成评价结果差异的原因。

第五步，归档或结果应用。作为实验的实践教学产品，应尽可能具有实际应用价值。因此，实验工作的结果应该归档或应用到公司的生产经营活动中去。

16.2 实验教学法应用案例

1）教学对象分析

本节课的教学对象是会计专业××级××班学生，已经学习“财务成本管理”课程两个多月了，学习了筹资管理、企业投资决策管理、营运资金管理、成本管理、预测业务管理等内容。本节课是该门课程第七单元的内容，是该单元的的实际操作应用部分。学生已经掌握了销售预测的含义、销售预测的方法和步骤。

2）教学目标分析

本单元的教学目标是通过对本单元的教学，使学生了解企业的预测业务，了解企业进行预测业务的动机，掌握预测业务的预测方法和步骤，能够使学生熟练运用各种预测方法预测不同的企业业务（如销售预测、利润预测和资金需要量预测），并能够为企业开展经营活动进行实际的销售预测、利润预测和资金需要量预测。本单元应该让学生掌握三种技能，即销售预测技能、利润预测技能和资金需要量预测技能。本节课主要培养学生的销售预测技能，让学生掌握销售预测的过程和方法。

销售预测是指根据以往的销售情况以及使用系统内部内置或用户自定义的销售预测模型获得的对未来销售情况的预测。销售预测可以直接生成同类型的销售计划，是企业编制销售预算的基础，销售预测准确与否直接影响到销售预算的编制，对企业的经营活动产生直接的影响，在企业的经营中举足轻重。因此，选取的案例一定是企业实际发生的案例。要注意理论和方法的恰当结合。同时，教会学生如何深入企业了解他们的销售预测过程，具备销售预测的实际操作能力，使他们在校期间就能够为企业进行销售预测，为以后的销售预算的学习和将来的工作打下坚实的基础。

3）教学内容分析

为了达到上述教学目标，本节课的教学内容是利用前面所讲的销售预测的方法，培养学生的实际应用能力。通过学习本教学内容学生应该掌握：（1）了解销售预测的步骤和方法；（2）掌握销售预测的方法。在本节课中使用实验教学法可以充分调动学生的参与积极性，充分展示自己，施展自己的才华。在模拟实验培训过程中，因为要自己动手操作，学生会有很大的积极性或兴趣全身心投入到情景实验过程中去，在实验中充分享受成功的喜悦，从而使教学达到了寓教于乐的效果。其次，由于模拟实验具有高度的可操作性，从测评的角度看，实验的内容多种多样，在教师的要求下，学生的实验操作也是多样化的。它是在模拟状态下进行的，学生在实验时可以尽可能地放开自己的顾虑去完成，不必考虑实验不当会带来工作绩效的下降或失败等实际工作中的问题。心理压力相对减轻。再次，在模拟实验过程中，需要交流与沟通，因此，可以增加实验者的感情交流，同时，培养学生如何展示自我，相互认知等社会交际能力。本节课的小组成员主要角色有：公司总经理、财务部经理、销售部经理、销售人员。这四个重要的角色在本节课的教学过程中起着重要的支撑作用。

本节课选取的案例任务是：华达公司根据液晶电视机销售市场情况调整本公司产业结构进行的40英寸液晶电视机的销售预测。

案例介绍：

2009年的工作即将结束，华达公司对公司液晶电视机销售情况的调查显示，公司目前产销的三种型号的液晶电视机 37 英寸、40 英寸和 52 英寸，其中 40 英寸液晶电视机受到市场的追捧，销售情况良好。为此，公司由总经理主持召开了高管会议，讨论研究调整产品结构，加大 40 英寸液晶电视机的产销量。要求销售部门搜集 2009 年 40 英寸液晶电视机的产销量的销售资料，并会同财务部门对 2010 年 1 月份 40 英寸液晶电视机的销量进行预测。

公司生产 40 英寸的液晶电视机，2009 年 1—12 月份销售量资料如表 16－1 所示：

表 16－1

月份	1	2	3	4	5	6	7	8	9	10	11	12
销量（万台）	10	12	13	11	14	16	17	15	12	16	18	19

此案例的主要教学目的是让学生通过情景实验、调研、观察、讨论、评价、分析等程序学会具体在预测业务中如何编制各种预测表。对在预测过程中出现的偏差要进行及时纠正，通过讨论和肯定，达成共识，使学生掌握销售预测的方法。

4）实验教学法应用的计算机教学媒体、工具、设备、文件和手册

本实验教学法应用的计算机教学媒体主要有带投影仪的全套多媒体设备，用于指导性的案例操作演示，并使用 PowerPoint 和 Flash 等多媒体工具，对案例的具体内容进行演示。为了方便学生的具体计算，还应当有计算器、算盘等工具。为了对学生的案例操作过程和结果进行检查、分析、总结和评价，应配备实验实训操作簿、华达公司的近年来的销售情况记录表、华达公司的产品订单以及教学活动的评价手册等文件。

具体做法是把问题情境和现实经验、现行问题联系起来探索行为。根据这个通常的做法，将本节课设计如表 16－2 所示。

表 16－2　　实验教学法教学设计表

授课时间	____年____月____日　第____周　星期____　第____节
授课班级	会计专业　____年级　____班级
教学内容	销售预测
教学目的	通过本任务的学习，了解销售预测的步骤和方法，掌握销售预测的操作技能与方法
教学方法	实验教学法
教　　具	电脑、投影仪、场景布置用品、PPT 挂图
教学重点难点	实验重点： 1. 使学生了解销售预测的全流程 2. 综合运用知识解决实际问题 3. 熟练所学的销售预测的步骤和方法的相关知识并能运用来解决实际销售预测的问题 实验难点： 1. 学生综合运用知识来解决实际问题的能力 2. 分工合作完成整个实验任务
教学过程（教学内容及环节）	
一、教师给学员布置准备任务 在这一次课的第一节要布置学员复习已经讲过的知识，然后，把本节课所需要完成的任务布置给学生并将全班同学进行分组。 （一）某公司销售预测	

续表

教学过程（教学内容及环节）
（老师提供相关的资料） （二）学生分组实战 将学生分成若干组，每组 4 名同学，每个组模拟一家某公司。 （三）角色扮演： 小组：某公司 小组成员：公司总经理、财务部经理、销售部经理、销售人员 小组组长：公司总经理（负责组织本组同学准备材料） **二、开始上课** （一）上次课所授内容回顾：如何进行销售预测 前面我们已经学习了销售预测的步骤和销售预测的方法，并感受了根据这些知识进行的一个具体实例。那么在实际工作哪些企业会用到这一知识点呢？企业有没有必要对销售进行预测呢？让学生讨论、回答…… 教师根据回答进行总结，展示销售预测对一个公司生产经营的重要性。 （二）授新课 引出今天的课程，展示一个企业的销售预测的全过程，将企业销售预测的步骤和方法的相关知识结合起来，设计实际工作中一家公司在生产经营过程中的销售预测的全过程。让学生从亲身的感受中说、做、学，优化教学过程，改进学习方式，并倡导学生主动参与学习，和同学交流合作，用不同的方式来学习知识。通过自己的讨论交流进行探索和实现问题的解决，形成一定的知识解决模型，最终解决实际问题。 示范实验案例：以某公司为例，细致演示实验的整个流程。 （三）本课程的教学活动（项目实施） 1. 各部门交流：各公司在进行销售预测之前，要由总经理召开公司部门经理会议，根据教师事先示范的销售预测例子讨论如何根据公司的实际情况预测公司的商品销售量。 2. 各公司讨论：首先由各公司的销售部经理介绍本公司商品销售的实际情况，并根据销售人员提供的销售市场信息，建议本公司应该如何进行下一步的销售（即为商品销售预测打下基础），并与财务部经理一道讨论研究如何确定预测期的商品销售量，然后报告给公司总经理，经过总经理的同意，再由财务部门经理会同销售部门经理对商品销售量进行预测，并将销售预测的情况报告教师，然后由教师提出修改意见，再根据教师提出的修改意见进行最后的修改。 3. 最后各公司将本公司的销售预测结果报告给教师。 （四）项目验收（内部验收） 各公司总经理向全班汇报、展示、交流本公司的最终作品，在介绍过程中要求说明各公司是如何进行销售预测的思路以及在进行销售预测过程中遇到过什么问题，这些问题是如何解决的。同时，其他公司的同学也可提出问题，让某公司总经理解释销售预测所用的相关知识。 最后各公司之间进行互评，通过相互评价进一步修改各自的销售预测的具体操作，评选出最佳公司的销售预测，教师点评。 实验案例：由实验案例进而引导学生设想预料不到的情况如何调整销售预测？ **三、由教师总结本堂课的主要内容** **四、让学生代表总结本堂课的收获** **五、在评价手册上记录本课程的结果和教师授课评价手册** **六、课后教研交流任务** （一）完成任务 1. 小组活动： ①将教师分成若干个小组，每组选一位教研室主任。开展教研活动。 ②活动内容：以利润预测为知识点，使用实验教学法，设计一个 45 分钟的公开课，准备参加单元检验公开课展示会。 ③要求：内容完整，课程设计科学，教案内容详实，课件制作精美，符合教学规律。 2. 个人完成：

续表

教学过程（教学内容及环节）
①学习实验教学法；②设计公开课；③参加小组交流活动 （二）小组思考： 1. 使用实验教学法应该注意的问题有哪些？ 2. 实验教学法在本门课程中还可以应用到哪些知识点？ 3. 使用实验教学法，教师应具备哪些素质？ （三）单元检验公开展示课的综合评价 1. 全体教师参加听课、评课。 2. 培训教师作综合评价。（登记教学效果评价表）

5）教学效果评价

实验教学法效果评价的主要内容有：情景内容设计和对知识的选择是否适合实验教学法；教师引导和课前的准备是否充分；形式是否生动、活泼；学生展示得是否真实、有效；学生的参与是否是积极状态；结论是否对企业有帮助；教学档案的建立是否完整、科学等等。见表16-3。

表16-3　　教学效果评价表

	评价项目	分值	A	B	C	D	E
			1.0	0.8	0.6	0.4	0.2
1	实验内容符合教学目标和教学内容	10分					
2	教学目标和教学内容的安排要合理	10分					
3	能加深学生对所模拟实验的内容的价值观的了解	10分					
4	模拟实验操作的情节清晰，内容充实，信息量大	10分					
5	教学环境良好	10分					
6	教学气氛愉快，活跃，角色扮演者有安全感	10分					
7	模拟实验内容能反映或联系专业发展的新思路，新概念，新成果	10分					
8	能给予学生思考、联想、创新的启迪	10分					
9	学生达到教学的知识目标和技能目标的比例高	10分					
10	能有效地利用各种教学媒体	10分					
对本节课的教学内容、方法、手段等的具体指导意见或建议： 签字： 年　月　日							

16.3 在会计专业教学中应用实验教学法应注意的事项

1）实验教学法在销售预测授课中应用的条件和场合

要运用实验教学法进行本项内容的教学，所需要的条件主要有：合格的指导教师（该教师要有良好的组织能力、逻辑思维能力、反映能力，要有市场分析能力和丰富的市场营销知识以及企业预测的实践技能）、动手能力强的学生、合理的教学场所的布置以及恰当的案例设计。实验教学法在本课程中有以下内容可以使用本教学法：①筹资管理；②长期投资管理；③短期经营管理；④预测业务；⑤预算业务等。

2）实验教学法在销售预测授课中运用应注意的几个关键点

实验教学法的运用弹性较大、实践性较强，教师应视实际教学情境的需要加以调整。在运用中，要注意分析多方面因素，判断什么时候适宜于使用模拟实验教学，同时将教学目标、教学内容、教学媒体、教学环境以及教学组织等问题考虑在内。具体地说，包括如下注意事项：

（1）选择的案例要具有典型性，具有行业特点，需要进行的会计处理方法要具有适用性。比如，本节的内容是销售预测，所以，选择案例时，一定要注意选取与企业接近的案例，最好找一个企业实际工作中常用的案例。案例的选择可以通过有关调研整理，也可以通过对规范性公司的经营资料进行整理形成。要选取存在的问题相对来说具有代表性的案例，使学生学以致用。因此，选择案例时可以充分利用现实生活企业财务活动的例子。

（2）选择的案例内容应该充实。内容的充实是指案例涉及的公司要具有真实性，数据资料要齐全。同时，需要解决的销售预测问题要明确，知识性要强。通过案例教学，能够使学生更加容易理解企业销售预测的有关知识点和方法。

（3）选择案例要与现代科技相结合。销售预测案例涉及许多数据，信息量大，如果单纯地利用 WORD 文档，学生难以把握案例的内在逻辑，难以发现问题，花费的时间过长，容易疲劳。因此，在案例制作过程中要使用彩色照片、彩色标识和图表，结合动画制作、利用声音图像来加强教学效果，在教学过程中充分利用多媒体、网络、幻灯、录像、实物投影、VCD 等高科技技术和现代化的教学手段，让学生有身临其境的感觉，真正融入到解决问题和学习财务知识的氛围中去。

参考文献

1. 石伟平、徐国庆主编:《职业教育课程开发技术》,上海教育出版社,2006年版。

2. 邓泽民、赵沛主编:《职业教育——教学设计》,中国铁道出版社,2006年版。

3. 邓泽民主编:《职业分析手册》,煤炭工业出版社,1999年版。

4. 郑金洲编著:《教学方法应用指导》,华东师范大学出版社,2006年版。

5. 徐国庆著:《实践导向职业教育课程研究:技术学习范式》,上海教育出版社,2006年版。

6. 赵志群著:《职业教育与培训 学习新概念》,科学出版社,2007年版。

7. 马成荣主编:《职业教育课程开发及项目课程设计》,江苏科学技术出版社,2007年版。

8. 霍秉坤主编:《教学方法与设计》,香港商务印书馆,2004年版。

9. 郑金洲主编:《基于新课程的课堂教学改革》,福建教育出版社,2003年版。

10. (英)东尼·博赞著,张鼎昆、徐克茹等译:《思维导图丛书(全六册)》,外语教学与研究出版社,2005年版。

12. 何水:"思维导图在教学应用方面的价值初探",《中国校外教育》(理论),2007年第1期。

13. 肖月华:"思维导图在财经法规教学中的应用",《科技资讯》,2007年第1期。

14. 马晶:"思维导图在教学中的应用探讨",《长春工程学院学报》(社会科学版),2009年第4期。

15. 陈强:"生本教育"与"引导文教学法",《科技创新导报》,2009年第26期。

16. 陈卓:"引导文教学法在高职建筑专业教学中的应用",《科技创新导报》,2009年第35期。

17. 张葵葵、张政:"引导文式工单在汽车发动机检修教学中的实践",《武汉职业技术学院学报》,2009年第4期。

18. 蔡笑岳:《心理学》,高等教育出版社,2005年版。

19. 张燕镜:《教育学》,北京师范学院出版社,1991年版。

20. 李学农、王晓柳:《教育研究的理论与实践》,南京师范大学出版社,2001年版。

21. 福勒:《调查研究方法》,重庆大学出版社,2004年版。

22. 贺启春:"教育科学研究方法及发展趋势",《贵州教育学院学报:自然科学版》,2006年第4期。

23. 林虎、李珍:"现代教学方法改革的五大特性",《现代教育科学》,2004年第3期。

24. 边燕杰:《社会调查方法与技术》,社会科学文献出版社,2006年版。

25. 风笑天:《现代社会调查方法》,华中科技大学出版社,2008年版。

26. 杨思斌："实践性法学教学方法与模式探讨"，《皖西学院学报》，2004 年第 2 期。

27. 柯浚哲："头脑风暴法"，《中国研究生》，2003 年第 2 期。

28. 谭志敏、郭亮："头脑风暴法在教学中的运用及其注意要点"，《继续教育研究》，2007 年第 2 期。

27. 冯文权："预测头脑风暴法"，《科学决策》，1997 年第 4 期。

28. 袁玲玲："一种创造性的教学方法——头脑风暴法"，《山东教育科研》，1998 年第 5 期。

29. 陈斯卫："基于行动导向的《物流管理基础》课程教学方法改革初探"，《中国集体经济》，2009 年第 8 期下。

30. 姜大源：《职业教育学新论》，教育科学出版社，2007 年版。

31. 叶昌元、冯建平："行为引导型教学法"，浙江省劳动和社会保障厅技工教研室，2001 年 11 月。

32. 赖平生："行动导向教学法探讨"，《各界·科技与教育》，2008 年第 5 期。

33. 徐静："模拟教学法的内涵阐释"，《苏州职业大学学报》，2005 年 2 月第 1 期。

34. 于敏："模拟教学法与会计教学"，《职业技术教育研究》，2006 年第 2 期。

35. 陈光："模拟教学法在高职《基础会计》教学中的运用"，《中国成人教育》，2006 年 12 月。

36. 刘海静："浅析会计教学中的模拟教学法"，《河北工业大学成人教育学院学报》，2007 年 6 月第 2 期。

37. 张艺："德国'四阶段教学法'在中职实训类课程教学中的应用"，《现代企业教育》，2007 年第 4 期下。

38. 夏莹："实习教学中四阶段教学法"，《职业技术》，2006 年第 18 期，总第 58 期。

39. 陈炉山："中德职业教育教学方法比较研究"，《高等农业教育》，2005 年第 2 期。

40. 王秋榕："浅谈'四阶段教学法'在计算机实习教学中的运用"，引进与咨询，2005 年第 7 期。

41. 《职业院校大中学生认知领域和情意领域特点与教育对策研究》课题组。

42. 孙国庆："浅议对学生非智力因素的培养"，职业教育研究，2004 年第 10 期。

43. 张丽霞、许继英、张云昌："试论非智力因素与学习质量的关系"，边疆经济与文化，2004 年第 11 期。

44. 杜永红、冯涌："非智力因素在学习中的作用及其培养策略"，《教育与教学》，2005 年第 3 期。

45. 魏晓彤："'人力资源管理'课程的情景模拟教学法"，《中国职业技术教育》，2004 年。

46. 邓瑾轩、段和军、史烽："关于建立管理学情景模拟实验体系的构想"，《桂林电子工业学院学报》，2004 年。

47. 董爱伟："学员逃走了"，《中国音乐教育》，2004 年。

48. 蒋国涛："成人高等教育教学特点及实施方法"，《中国成人教育》，2004 年。

49. 高朝钢："努力为开放教育学员创造学习条件"，《北京教育（高教版）》，2004 年。

50. 贯长宽、袁淑鸣、肖和平："情景模拟法在'外科护理学'实验教学中的应用"，《护理研究》，2004 年。

51. 何京："培养栋梁之才——法国 ENA 办学扫描"，《山西教育》，2004 年版。

52. 周丽萍、周俐："情景模拟与实践结合的手术室带教模式探讨"，《护理管理杂志》，2004 年。

53. 梁振江、刘朋军、李华明，等："大学化学实验教学的改革与实践"，《海南师范学院学报（自然科学版）》，2005 年第 2 期。

54. 郭伟强、杜志强："开放式实验教学模式的新探索"，《实验室研究与探索》，2003 年第 5 期。

55. 罗正祥："理论基础与工程实践并重，培养创新型人才"，《实验技术与管理》，2006 年第 23 期。

56. 苗艳丽："关于提高学生创新精神和实践能力的对策研究"，《实验技术与管理》，2006 年第 23 期。

57. 陈振林、罗杨合："分析化学实验教学改革的双向构想"，《广西梧州师范高等专科学校学报》，2006 年第 9 期。

58. 王栋松："在计算机课程教学中开展项目教学法的研究"，《职业教育研究》，2005 年第 11 期。

59. 万良、黄锦祝："网页制作技术课程改革探索"，《中国职业技术教育》，2007 年第 7 期。

60. 贺平："项目教学法的实践探索"，《中国职业技术教育》，2006 年第 22 期。

61. 费添林："思维导图在计算机'项目教学法'中的探讨"，《中国期刊网》，2009 年 2 月 18 日（www.chinaqking.com）。

62. 功玲："浅析思维导图教学法"，《黑龙江科技信息》，2000 年第 4 期。

63. 赵国庆、陆志坚："'概念图'与'思维导图'辨析"，《中国电化教育》，2004 年第 8 期。

64.（美）A.F. 奥斯本著，王明利等译：《创造性想象》，广东人民出版社，1987 年版。

65. 谭志敏、郭亮："头脑风暴法在教学中的运用及其注意要点"，《继续教育研究》，2007 年第 5 期。

66. 刘倩、王毅、朱春艳："头脑风暴教学法在临床实践教学中的应用"，《当代医学》，2007 年第 21 期。

67. 陈万明："案例教学的针对性原则及其运用要领探讨"，《中国大学教学》，2006 年第 11 期。

68. 郑文昭："试论案例教学法的应用"，《中国成人教育》，2006 年第 11 期。

69.（美）朱迪思·H·舒尔曼编，郅庭瑾译：《教师教育中的案例教学法》，华东师范大学出版社，2007 年版。

70. 谢利民：《教学设计应用指导》，华东师范大学出版社，2007 年版。

71. 李冲锋：《教学技能应用指导》，华东师范大学出版社，2007 年版。

72. 中国注册会计师协会编：《审计》，经济科学出版社，2009 年版。

73. 刘明辉：《审计》，东北财经大学出版社，2009 年版。